경기도 산이제
인천 동막도당굿 연구

김헌선

x

경기도 산이제
인천 동막도당굿 연구

김헌선

머리말

이 책은 경기도 산이제 동막도당굿 연구 결과이다. 산이는 경기도 한강 이남의 세습남무를 지칭하는 것으로, 화랭이, 재인, 선증애꾼 등으로 일컫는 무당 집단의 은어이다. 이 집단의 굿을 현장에서 관찰하고 그 의의를 서술하고, 무가를 채록한 결과를 엮었다.

지금부터 32년 전인 1984년 4월 2일에서부터 4월 3일까지 경기도 인천시 동춘동 동막마을에서 동막도당굿이 있었다. 음력으로 3월 2일에서 3월 3일까지였으니 일반적인 방식의 당제일을 정한 해안가 마을의 도당굿이었다. 이 도당굿판의 당주는 조한춘과 서간난이었던 것으로 짐작된다. 이 굿판에 대한 정보를 듣게 된 것은 우연한 일이었다. 한국정신문화연구원 예술연구실의 최종민교수님과 최헌선생님, 그리고 송혜진 동학이 굿을 보러간다고 해서 우리 한국학대학원생 여섯 명은 굿을 보러 길을 나서게 되었다.

한국학대학원의 동학이었던 신태수·홍흥구·김대현·신연우·노미원·김헌선 등이 함께 나서서 인천행 전철을 타고 들어가서 하룻밤을 꼬박 새우면서 굿을 보게 되었다. 도착한 장소에 야트막한 동산에 바다가 멀리 보이고 아직 갈지 않은 논이 있었으며 도당의 도당할아버지와 도당할머니에게 당주텃가리로 자리한 마을의 도당 당산이 모셔져 있는 전형적인 형태의 도당굿을 하는 곳이었다. 마을 어른들이 챙겨주신 맛조개로 무친 것으로 일품이었던 음식이 생생하게 기억되는 마을이었다. 현재는 모두 아파트촌이 되어버린 잊지 못할 그곳이다.

우리가 도착하니 이미 당주굿은 모두 마무리가 되었으며, 황토가 깔려져 있는 특별한 장소였음이 기억될 따름이다. 당주집의 문턱에서 발길을 돌려서 악사 일행과 무당 일행을 따라서 가면서 거리부정과 함께 상산에서 초부정굿이 진행되는 것을 볼 수가 있었다. 상산도당에는 마을 노인네 몇 사람과 이용우산이, 조한춘산이가 있었으며, 얼마 후에 돌아가게 될 조한춘산이의 장모인 서간난, 그리고 조한춘산이의 부인인 전은순만신 등이 있었다. 동네노인들은 안반에 있는 고사떡을 먹으면서 막걸리를 곁들였다. 악사 일행은 김한국, 정일동, 전태용 등이 참가했으며 장차 벌어질 큰 판을 준비하고 있었음을 직감하게 되었다.

학문적인 목적으로 찾아온 인물로 우리 일행을 비롯하여 권오성교수님, 음악학의 구경을 목적으로 온 박범훈교수님, 나중에 오게 되는 한국정신문화연구원의 김한초교수님 등이 더 있었다. 권오성교수님은 녹음기가 가장 좋은 것을 썼는데, 난생 처음 녹음기가 그렇게 성능이 좋은 것을 들을 수 있었으며, 권오성교수님께서 이 녹음기를 헤드폰을 벗어서 들려주어서 귓청에 들렸던 생동감 있는 음악을 아마도 영원히 잊지 못할 것으로 기억된다.

굿판의 세 주체는 미지와 산이, 마을사람들, 구경꾼 등이라고 하는 점을 그 당시에는 어리숙하여서 알지 못하였다. 지금 그 시절이 그리운 이유가 바로 여기에 있는지도 모르겠다. 분간을 잘못하고 굿판이 좋아서 다녔을 그 당시의 심정을 다시 어디에서 구할 수 있는지 마냥 무엇인지 모르고 살았을 때에 그 열정이 그립고, 그 열정을 살려주는 공부와 학문이 여전히 익지 않은 것을 아쉬움으로 간직하고 있다.

나중에 연세대학교 김인회 교수님 일행이 도착하였다. 교육학에서도 굿을 조사해서 연구하는가 하는 의문이 있었지만 그 당시로서 잘 나가던 기계인 영상장비를 갖추어서 굿을 찍던 것은 이례적인 현상이었다. 정문연 측에서도 이 굿을 촬영하고 있었지만 장비의 기종이 다른 점도 그때에 알았다. 정문연의 기종은 프론트로딩 퍼헤드방식으로 독일쪽의 장비였으며, 김인회교수님의 기종은 일본 쪽의 것으로 기억된다.

밤이 이슥해서 바야흐로 굿판이 무르익게 되었는데, 마을 사람들이 점차로 많아지고 굿판에 밝힌 전기불과 밖에 피운 화톳불의 따뜻한 기억이 서로 교차되고 있다. 인천 바닷바람이 매섭고 차가운 것을 톡톡히 기억하고 있다. 한 밤중이 되어서 무감서는 일이 잊혀지지 않으며 우리에게 무감서는 비용을 대고 춤을 추도록 했던 김한초 교수님은 이 세상에 계시지 않는다.

마을사람들이 차려준 맛있는 저녁 밥상을 특별하게 기억한다. 갯가에서 나는 맛조개 무침의 어물로 한 상을 잘 차려준 저녁 밥맛도 잊을 수 없다. 어느 집의 방을 빌어서 외지에서 들어온 사람들을 융숭하게 대접하고 술도 가져다주면서 여러 가지 안주를 주시던 그 인정은 어디로 갔다는 말인가? 이 사람들의 전통과 인정이 헛되지 않아야 함을 거듭 생각한다. 사람이 그리운 시절이 되었다. 사람은 자신의 전통과 인정에 충실할 때에 새롭게 거듭 난다. 하루가 다르게 변하면서 달라지는 것을 어떻게 설명할 수 있는지 의문이다.

나에게는 그날 밤의 기억이 지워지지 않는다. 초저녁에 잠깐 굿을 보던 동네 어르신들이 모두 내려가서 초저녁잠을 주무시고 밤이 깊은 12시경에 모두 올라오셔서 자리를 가득 메운 것이다. 몰려오는 졸음과 추위에 떨던 우리는 이 무슨 기이한 일인가 거듭 의문을 가지면서 다음에 벌어질 일은 상상도 할 수 없었다.

많은 동네노인들이 오시자 터벌림을 진행하면서 여러 산이들이 더불어서 쇳풍장 가락을 치고 이용우노인이 이영만(이영수)산이와 함께 공수답을 주고받았다. 이때에 동네노인들이 이 굿을 보러 왔는데, 이 굿이 바로 군웅굿 가운데 군웅노정기가 가장 화려한 굿이었다. 대략 밤 1시경에 시작해서 새벽이 훤히 밝아오는 때까지 진행되었으니 굿의 본질적인 예능이 바로 이런 것에 있었음을 우리는 알 수가 있었다.

최종민 교수님께서 이러한 대목이 판소리의 발생과 깊은 관련을 시사하면서 말씀해주셨는데, 지금 보면 아주 적확한 지적이었다. 그 후에 이에 대한 논문의 주제를 잡고 씨름한 일도 지금 보면 이 굿판의 기억이 아니었던가 싶다. 굿판에서 어정에 돈을 쓰는 현상을 이 굿을 통해서 명확하게 볼 수 있었다. 이용우산이가 동네 노인들과 주고받으면서 별비를 달라는 장면이 눈에 선하다. 징에 돈이 수북하게 쌓이던 일을 잊을 수 없다.

군웅노정기가 끝이 나고 다시 한 번 그런 굿거리가 있었는데 바로 뒷전이었다. 뒷전의 대목 역시 매우 길게 굿꾼과 깨낌꾼이 서로 한 바탕 길게 노는 대목인데, 여기에서 조한춘산이가 조금만 참섭하고 이내 돈을 들고 사라지게 되었다. 그래서 굿판이 흥이 깨질 조짐이었는데, 이에 굴하지 않고 이용우산이가 뒤에 굿을 이어가는 대목은 지금도 거듭 평가할 수 있는 예인의 본질이지 않았나 싶다.

그래서 굿판이 마무리가 되고 정신이 없이 굿판을 떠나서 정문연의 기숙사로 되돌아오게 되었다. 그로부터 4년이 경과되면서 이용우산이가 교통사고로 사망하고, 국가 중요무형문화재 제98호가 되면서 이 굿이 경기도 도당굿으로 지정되었다. 그러나 본질이 사라진 굿이고, 음악과 무용, 그리고 연희쪽에서 이 굿을 중요무형문화재로 지정하자는데 마지못해서 응락했다고 하는 것이 장주근 선생님의 증언이다.

이용우 노인과 같은 분이 사라지고 전태용산이나 조한춘산이가 사라지면서 산이의 명맥이 위협받고 있는 것은 바로 어쩔 수 없는 상황이라고 말해야 하는 것인지 잘 모르겠다. 현재도 그러한 명맥과 맥락이 없는 것은 아니지만 실제 연행의 시간이 짧고 능력이 모자라 굿판이 온전하게 유지되지 못하는 것은 아닐까 하는 생각이 든다. 이용우노인이 했던 여러 가지 굿거리와 장단이 소중한 것은 이 때문이다.

우리의 과거, 우리들의 전통은 쉽사리 사라지지 않을 것이다. 그것을 기억하고 전달할 수 있다면 그것은 일정한 의의를 부여받을 수 있다. 본 사람만큼 잘 아는 사람도 없을 것이다. 그런데 아는 것이 적고 현재의 식견으로 과거로 접근하는 일이 과연 가능한지도 의문이다. 과거에 대한 적확한 재구를 현재의 식견으로 정리하는 것은 우스꽝스러운 일이지만 이제 기억을 간추리고 장면을 음원으로 확인하면서 이에 대한 기억을 더듬어 나가는 일이 필요하다.

이 머리말은 감상적으로 기술되었지만 모두 진실을 담고 있다. 학문적인 접근이 긴요하지만, 대상에 대한 열정을 살리고 장면의 실감을 주기 위해서 일단 이 자료를 정리하고 1984년의 소중한 기억을 갈피에서 꺼내기로 한다. 이 전통을 새삼 일깨우고 우리의 기억의 아련한 빛을 물깨우기 위해서라도 이 일은 필요한 작업이다.

이 경기도 산이제 도당굿의 무가집은 사라진 전통에 대한 복원의 임무도 가지고 있다. 이용우노인의 자료가 여러 가지가 있으므로 이들의 자료를 통괄적으로 정리해서 내기로 한다. 그렇게 하는데 있어서 일단 1984년본 자료와 문화재청에서 낸 음원자료를 총괄적으로 정리하기로 한다. 그리고 개인적으로 소중하고 있던 필사본도 집합시킬 필요가 있다. 장차 그렇게 되기를 희망하고 일단 음원자료가 있는 것부터 시작해서 자료 전반을 개괄하면서 정리하기로 한다. 이 저작에서 연구편에 악보가 중복되는 점이 불가피했다.

저마다 다른 목적으로 쓴 글이지만, 악보가 동일하게 사용되면서 중복 인용이 있었음을 언급한다. 그러나 글은 다른 목적으로 기능하므로 논지의 변화나 영향은 없을 것이다. 지영희 장단은 이제 시작 단계의

연구 결과이고, 오래 전에 썼던 글이나 경기도 산이제 굿 장단 연구에
없어서는 안될 것이므로 함께 묶는다. 경기도 산이제 동막도당굿을 중
심으로 국립문화재연구소 CD, KBS 도당굿 음원의 무가도 함께 묶는다.
한성준 재인의 마지막 제자인 하진옥의 자료도 마찬가지로 재인의 전통
이 뿌리 깊은 것임을 밝히기 위해서 병기한다.

2019년 2월 22일에
1984년의 동막도당굿이 있었던 날
그로부터 35년 뒤에 산이굿을 조금 알고 나서
그리고, 이용우산이의 명복을 빌면서

김헌선 삼가 씀

목차

머리말 / 3

• 연구편 •

경기도 동막도당굿의 총체적 연구 ················· 15
― 굿의 내력, 갈래, 층위와 위계, 연구 전망을 중심으로

   1. 1984년 동막도당굿 내력 ················· 15

   2. 1984년 동막도당굿의 굿거리와 실제적 면모 ················· 21

   3. 경기 남부 산이굿의 갈래 ················· 27

   4. 경기도 남부 도당굿의 층위별 위계 구성 ················· 32

   5. 경기도 동막도당굿의 총체적 연구 전망 ················· 43

   6. 자료학에서 이론학으로의 전환 ················· 52

화성재인청의 인물과 경기도 도당굿의 예술성 ················· 57
― 이용우(李龍雨, 1899~1987)와 이동안(李東安, 1906~1995)을 예증삼아

   1. 머리말 ················· 57

   2. 화성재인청 재인의 기능과 예능 ················· 61

   3. 경기도 도당굿 재인의 예술성 ················· 74

   4. 마무리 ················· 98

경기도 도당굿 춤의 전통과 혁신 ································· 103
― 이애주 춤의 체용(體用)적 관점―

1. 이애주 춤의 체용 ································· 103
2. 이애주 춤의 체 : 전통 ··························· 105
3. 이애주 춤의 용 : 혁신 ··························· 114
4. 이애주, 춤의 화두 ······························· 119

지영희 경기도 남부 무속 장구 장단 17가지 ··········· 121

1. 진쇠장단 ····································· 122
2. 진쇠겹채 ····································· 122
3. 푸살 ·· 125
4. 터벌림 ······································ 126
5. 권선 ·· 128
6. 봉등채 ······································ 129
7. 올림채 ······································ 130
8. 겻마치 ······································ 132
9. 자진굿거리 ··································· 132
10. 당악 ······································· 133
11. 가래조 ····································· 134
12. 배다리 ····································· 134
13. 배다리모리발뻐드래 ························· 136
14. 부정놀이 ··································· 136
15. 도살풀이 ··································· 137
16. 도살풀이모리 ······························· 140
17. 살풀이 ····································· 140
18. 살풀이모리 ································· 141
19. 지영희 당부의 말 ··························· 142

한성준과 하진옥의 예술시대 ···························· 145

1. 춤 전승의 요체와 기억의 증언 ···················· 145
2. 과천 찬우물 임씨가문과 시흥 하진옥의 가계 ········· 147
3. 하진옥의 존재와 의의 ···························· 153

경기도 도당굿의 연행자와 예술적 가치 ·············· 157

1. 산이, 경기도 도당굿의 연행자들 ···················· 158
2. 경기도 도당굿 산이의 예술적 가치 ················· 172

• 자료편 •

1984년 인천 동막도당굿 ·························· 189

1. 도당 모셔 들이기 ·································· 190
2. 돌돌이 ··· 192
3. 장승고사 ······································· 196
4. 시루말 ··· 205
5. 시루고사 ······································· 211
6. 제석굿 ··· 212
7. 본향굿 ··· 232
8. 대안주-관성제군, 장군, 본향, 별상, 도당 ··········· 233
9. 삼현-무감서기(무건서기) ·························· 249
10. 군웅굿(터벌림-공수답-군웅노정기) ················· 249
11. 뒷전 ··· 302

이용우와 지갑성의 경기도 남부굿 마달 ···················· 352

1(CD-14). 제석섭채 ··· 352

2(CD-15). 제석청배 ··· 357

3(CD-16). 제석노래가락 ······································· 362

4(CD-17). 제석만수받이 ······································· 365

5(CD-18). 조상굿청배 가래조 ································· 367

6(CD-19). 조상굿 섭채 ·· 375

7(CD-20). 조상굿 오니굿거리 ································· 378

8. 남창 서낭 굿 중거리 ······································ 381

9. 남창 새성주굿 푸살 ······································· 383

10. 남창 새성주굿 고사 덕담 ································· 386

11. 남창 대동굿 손님굿 공수답 ······························· 389

12. 남창 손님굿 ··· 392

13. 남창 뒷전 대동굿 ·· 395

14. 부정청배 ··· 398

15. 여창 손님굿 ··· 401

16. 손굿(집굿) ··· 402

17. 조상청배 ··· 402

18. 긴쇠 ··· 406

경기도 도당굿 시나와 마달 ·································· 408

1. 경기도 도당굿이란 무엇인가? ······························ 409

2. 경기도 도당굿의 연주자, 화랭이들 ························· 410

3. 경기도 도당굿의 음악과 마달 ······························ 412

4. 1977년본 경기도 도당굿 음악의 의의 ······················ 427

연구편

·
·
·

경기도 인천 동막도당굿의 총체적 연구

화성재인청의 인물과 경기도 도당굿의 예술성

경기도 도당굿 춤의 전통과 혁신

지영희 경기도무속장단 17가지

한성준과 하진옥의 예술시대

경기도 동막도당굿의 총체적 연구

— 굿의 내력, 갈래, 층위와 위계, 연구 전망을 중심으로 —

1. 1984년 동막도당굿 내력

이 굿에 참여하게 된 근본적 계기는 1984년 4월 2일에 한국정신문화연구원 예술연구실에서 경기도 도당굿을 조사하러 간다고 하는 연락 때문이었다. 무속에 관심을 가지고 있었지만 근본적인 굿판 체험이 적었던 필자로서는 그야말로 권리풍광이나 지상면목으로서의 굿에 관심이 많았다. 간혹 중요한 굿판에 가서 참여한 체험이 있지만 굿다운 굿, 굿판에서 이루어지는 살아 있는 굿을 만나지 못했다. 굿의 본지풍광이나 본래면목을 만나게 되는 계기가 되었으므로 이 점을 소중하게 여기고 당시 동학들과 굿판을 찾아 나서게 되었다.

첫 번째 굿판이 이처럼 소중한 것이 될 줄은 아무도 예측하지 못했다. 필자도 이 체험이 나의 반생을 사로잡게 될 줄은 꿈에도 생각하지 못했었다. 처음에 만난 인물이 이용우이고, 이용우는 그 후로도 오랫동안 무속 연구의 화두처럼 작동하였다. 무속이라고 하기보다는 굿 연구의 공안이었다고 해도 과언이 아닐 것이다. 그만큼 이용우는 소중한 인물이었으며, 단박에 위대한 굿판의 전통, 경기도 산이 또는 화랭이의 진정성에 막바로 가닿을 수 있었다. 그것이 나의 학문적 근간이 되었던

1986.04.12. 동막도당굿 뒷전에 쓰일 정애비, 이용우산이 제작

1986.04.12. 동막도당굿의 거리부정, 조한춘산이

1986.04.12. 동막도당굿 당주굿의 황토물림 황토배설

1986.04.12. 동막도당굿 도당할아버지 모시기

셈이다.

한국정신문화연구원에서 월요일에 한다고 하는 연락을 받고서 인천까지 전철을 타고 가서 다다른 그곳은 현재 아파트가 들어섰으며, 마을의 전통이 없어져버린 그리운 곳이 되었다. 당주굿부터 하면서 이 굿이 다음 단계의 비약이 이루어질 줄은 아무도 몰랐다. 그저 굿을 본다고 하는 기쁨만을 간직하고 솔나무 숲에 차려놓은 굿당에 마침내 도달하여 여러 굿거리를 밤을 새우면서 보게 되었다. 불밤을 새우면서 굿을 한다고 하는 선굿꾼의 증언이 헛된 것이 아니었다.

이 굿은 자연적 조건 속에서 재현된 마을의 도당굿으로 1984년 4월 2일부터 3일(음력으로 3월 2일에서 3일)까지 경기도 인천시 동막 동춘동에서 있었다. 이 지역에서 마을굿을 하는 이유는 간단하지 않다. 도당굿의 전통이 있던 마을이기는 하지만, 마을굿으로 하던 전통이 사라지고 소강상태에 있었는데 마침 조한춘을 중심으로 굿을 재현하자는 흥정을 하고 마침내 마을 사람들이 호응하여 본격적인 굿을 하게 된 곳 가운데 하나이다. 그러므로 엉성한 자연조건과 인공조건이 만나서 이룩된 굿판이었다고 할 수 있다.

굿판에 참여한 여러 소인들이 존재하는데, 그 가운데 핵심적 인물은 마을 사람과 굿을 담당하는 사제자들이다. 마을 사람들은 굿판을 익숙하게 알고 있으며 굿의 관습, 특히 도당굿의 관습에 능동적으로 대처하는 인물들이었다. 도당굿의 굿판에 참여하는 마을 사람들은 철저하게 남성 중심으로 구성된다.

굿판의 굿거리별 음식을 준비하는 인물들은 모두 남성이고 이들을 화주라고 하거나 당주라고 하여 그들만의 전통인 물목에 의거해서 굿판을 준비하는 인물들이다. 그러나 마을 사람 가운데 더욱 중요한 부류는 역시 굿판에 참여하는 구경꾼들이 동네 노인들이다. 이들은 굿판의 별비를 담당하는 인물들로 굿거리를 꿰뚫고 있으면서 적시적소에 사제자들과 실랑이를 하면서 굿판을 흥정하면서 개입하는 인물들이다. 마을에서 상당주 노릇을 하는 인물은 고경식 노인으로 신대를 주로 잡는 인물이기도 하다.

굿판에서 더욱 중요한 구실을 하는 인물들은 더 말할 나위없이 사제자들이다. 사제자들은 크게 여성과 남성으로 갈리고, 남성 가운데서는 악사와 남무등이 요긴한 구실을 하는 것이다. 악사로 참여하면서 굿의 바라지를 드는 인물들이 있고, 이와 달리 주된 굿거리를 하는 핵심적인 화랭이들이 있다. 이들은 중요한 굿거리에서 핵심적 구실을 하면서 일정하게 굿판을 이끌어가는 구실을 한다고 하겠다.

굿판에 사제자들로는 중심이 된 굿당주는 서간난, 조한춘, 전은순, 고윤자, 황치선 등이 있었고, 화랭이로 참여한 인물들은 이용우, 이영수(이영만) 등이 있다. 굿당주인 서간난은 그때 이미 중풍을 앓아서 몸이 불편한 상태이고, 사위가 곧 조한춘이었다. 조한춘의 부인이 전은순 만신이었다. 이들이 주축이 되어서 도당굿판을 재건하고자 노력하여 마을 사람들과 연계하고 굿판을 크게 벌이는 일을 하였던 인물들이다.

이와 달리 굿판을 연구 대상으로 조사자들도 있었다. 가령 굿판에서 녹음을 하던 인물들로 학자로는 연세대학교 교육학과의 김인회교수님과 제자, 한양대학교 권오성교수님, 한국정신문화연구원 예술연구실의 최종민 교수, 최헌, 송혜진 등이 있으며, 사회연구실의 김한초 교수와 박맹수, 이와 달리 한국학대학원 학생들로 김헌선, 신연우, 노미원, 송혜진, 신태수, 홍흥구, 김대현 등이 있었다. 그밖에 음악을 공부하면서 연주하러 온 중앙대학교의 박범훈교수님 등도 더 있었다. 이외에도 한국정신문화연구원 예술연구실의 의뢰로 촬영을 하게 된 경00씨의 영사기도 있었다.

이들 연구자들은 다양한 연구 기자재를 동원하여 굿 장면을 촬영하고 녹음하게 되었다. 일단 김인회 교수님의 촬영팀이 있었으며 당주굿에서부터 이튿날의 뒷전까지 충실하게 촬영하였다. 이와 달리 경00의 기자재는 프론트 로딩 식스 헤드(Front Loading Six-Head) 방식으로 독일쪽의 기자재였다. 이와 달리 김인회 교수님의 기자재는 일본 회사의 제품으로 기억된다. 이와 함께 녹음기들도 있었으며, 녹음기는 여러 가지가 있었으며 소니사의 것들이 우선적으로 눈에 들어왔다. 그리고 권오성 교수님의 녹음기 역시 독일쪽 기종으로 기억된다.

굿판에 주체적 인물과 달리 조사자들이 많은 것도 문제로 된다. 그렇지만 마을의 구경꾼이 훨씬 우세하였으며, 이들의 참여는 절대적이었던 것이었다. 게다가 여기에 참여한 인물들은 굿을 저해하기보다는 오히려 굿판을 달구었다고 하는 점에서 일단의 의의가 있다. 굿판에 이미 젊은이들이 없어졌으므로 일도 대신하고 심부름도 대신하여 많은 도움이 되었다고 기억된다. 마을 사람들이 조사자들을 위해서 저녁을 차려주고, 동시에 음주를 제공한 것은 이러한 사정과 무관하지 않다.

동춘동 동막부락의 도당굿은 전통적으로 음력으로 3월 2일에서 3일까지 하는 굿으로 전형적으로 갯가의 도당굿 성격을 띄고 있는 것이었다. 마을의 당주가리가 있으며 이 당주가리에 옷을 입히고 장승도 새로 세우는 일을 하면서 마을의 안녕과 풍농 및 풍어를 기원하는 굿이었던 것으로 기억된다. 마을의 노인네들이 굿에 익숙하고 관습적으로 굿의 맥락에 참여하면서 돈을 써야 할 때를 안다고 하는 점에서 이 굿은 매우 전통적인 굿이었음을 부인할 수 없다.

하루 낮과 하루 밤의 깊은 추억은 우리의 마음을 흔들기에 충분하였다. 특히 불밤을 새우면서 하는 밤굿은 이용우 노인의 독무대였는데, 낮에 보여준 잠시 동안의 연행과 자못 다르고 밤에 초저녁 잠을 자고 올라온 마을 노인들을 감동시키기기에는 충분한 것이었다고 할 수 있다. 군웅노정기마다 별비를 쓰고 이 별비를 걷기 위해서 안달하는 사람들은 굿판을 예술판으로 전환시키는 소중한 존재들이었다. 이용우 산이는 그러한 구실을 하는 적절한 인물이었으며, 굿판에서 판소리판으로 혁신하는 실제적 증거가 거기에 담뿍 담겨 있었다. 그 굿판은 그렇게 나의 학문 여정을 바꾸어놓았다.

2. 1984년 동막도당굿의 굿거리와 실제적 면모

1984년도에 거행된 굿거리와 실제적 면모를 적어서 다시 정리한다. 저간에 정리한 것은 필자의 음원으로 정리된 것이므로 이를 김인회 교수 촬영본에 의거해서 다시 정리한다. 음원의 도착이 있었으며, 동시에 영상 자료가 분명하여 시간적 흐름에 의거해서 이를 체계적으로 파악할 수 있었다. 뒤늦게라도 굿거리의 순서를 바로잡을 수 있었으므로 이를 위안으로 삼고자 한다. 굿거리의 순서는 다음과 같다.

1984년의 동막도당굿은 상당주 집인 이준명씨 집에서 시작되었다. 당주굿은 당주집을 위하여 하는 굿으로 명실을 비롯하여 고사떡을 해놓고 진행하는데 크게 두 가지 방식이 동원되었다. 한양식굿과 경기도 산이제굿이었는데 이것은 크게 한양식 굿의 방식을 선택하여 하는 것을 볼 수 있다.

부정굿은 도당굿에서 크게 세 차례 진행하는데 그 굿의 실상을 그 자체로 보여주었다. 거리부정, 앉은부정, 선부정 등이었는데 이 가운데 거리부정은 재불넘기를 하면서 부정한 사람을 가리는 구실을 하였다. 이용우산이의 앉은부정은 다부지고 모지게 가락에 맞추어서 진행하는

1984년 동막도당굿 굿거리 구성과 면모

굿거리	산이·미지	특징	장단	춤	복색
당주굿	서간난·전은순·정윤자·조한춘·이용우·정일동·김한국	李俊明 상당주집 한양식 (부정)+산이제	당악, 자진굿거리	도무, 맨손춤	쾌자
거리부정	같은 미지(전은순)·산이	재불넘기	자진굿거리	부정물놀림, 맨손춤	
부정굿	이용우산이	앉은부정	오니섭채 모리 발뻐드레		은하몽두리 부채방울
선부정굿	서간난미지	선부정	부채방울 춤, 부정물놀림, 맨손춤	부채방울 춤, 부정물놀림, 맨손춤	
신대마련 신대잡기	이씨할아버지 고경식노인	손없는 참나무대			
도당모시기	전은순미지	당의 터줏가리앞	당악, 자진굿거리, 굿거리	도무, 거성	빗갓 홍천익
돌돌이	조한춘산이 정일동장구	우물 장승 (오방목신)	고사소리와 타령	목검춤	쾌자
시루말	이용우산이	시루말 본풀이	오니섭채 모리 발뻐드레		
시루고사 시루돋음	서간난미지	고경식노인			평복 방울
제석청배	이용우산이	제석본풀이	오니섭채 모리 발뻐드레		
제석굿	정윤자무녀 황치선박수	한양식굿	제석청배 불사노랫가락 중상노랫가락	부채방울춤, 들어숙배나숙배 장삼춤, 바라춤, 전물놀림	고깔 장삼
공새면과 무건서기	악사와 산이	공삼현과 무건서기	삼현육각 염불 반념불 굿거리		
산바라기 12거리	황치선 정윤자 장구	한양식이 도당굿에서 들어온 것을 볼 수 있다	굿거리, 당악, 타령 도드리, 굿거리, 타령, 당악, 마누라노랫가락	들어숙배나숙배 거성, 도무, 허튼 춤 사슬세우기(소머리) 거성, 도무, 허튼 춤	빗갓, 홍철륙, 쾌자, 병거지, 부채

삼현	이용우·정일동·조한춘·이영수·김한국	공삼현 가락 연주하다	염불 반념불 굿거리		
무감	서간난미지		굿거리, 타령, 당악	허튼춤	쾌자 부채 방울
본향바라기굿	서간난미지	명잔 복잔 주기(열두쟁반기), 쌀점	당악, 자진굿거리, 섭채	활개춤	홍천릭 부채 방울
터벌림	조한춘 이용우 이영수	쇠풍장 산이들의 특장 발휘 이용수 넘어짐	터벌림장단, 겹마치기	쇠풍장춤 (쇠발림춤)	두루마기, 쇠
군웅굿 / 군웅굿	서간난미지	숭어 전물을 중시하고 쇠머리 전물을 함께 쓴 것을 중시한다	부정놀이, 섭채, 올림채, 겹마치기	부채 방울춤, 장삼춤, 전물놀림춤, 징춤(천근부치기), 활춤	빗갓홍철륙, 쾌자, 부채 방울
군웅굿 / 쌍군웅	서간난미지+이용우산이	군웅굿 탁상을 두고 서로 주위를 돌면서 춘다	터벌림, 겹마치기, 자진굿거리	쌍군웅춤, 장삼춤	홍철륙, 쾌자
군웅굿 / 군웅 노정기	이용우산이 이영수고수 정일동고수	공수답으로 하는 천지조판 고사소리 별비받기	공수답, 삼공잽이 판소리의 모든 장단 등장한다	공수답춤, 부채춤, 활춤, 쇠춤, 수비물리는춤	부채, 쾌자
손굿	서간난 미지 조한춘 산이	당 주위 돌며 액막기	섭채, 자진굿거리	부채춤, 방울춤	쾌자, 방울 부채
도당모셔 보내드리기	정윤자 고경식노인	신대에 다시 도당신 올려서 당줏가리로 보내기	당악, 자진굿거리, 굿거리	도무, 거성,	
중굿	조한춘 산이	조한춘 산이가 자신의 장기로 삼는 굿거리	엇머리,타령	허튼춤, 수비물리는 춤	고깔장삼
뒷전	이용우 산이 조한춘 산이	굿꾼과 깨낌꾼 사이의 깨낌, 굿꾼의 뒷전	타령, 자진굿거리, 판소리의 장단	깨낌춤 1, 2	오쟁이

것을 볼 수 있으며 탁월한 능력이 구현되는 면모를 볼 수 있다. 굿이 단순하지 않고 산이와 미지의 협화에 의해서 이루어지는 겹굿의 면모를

보이고 있다.

이 지역의 마을굿은 당줏가리에 모셔진 당주를 모시는 것인데 이 당주굿의 특성은 신대를 장만하여 여기에 도당신을 모셔오는 것이라고 하겠다. 도당신을 굿당에 모셔다 두고서는 이른 바 돌돌이를 하는데 돌돌이는 새로 만든 장승과 마을의 공동우물 터에 가서 여러 가지 고사소리를 하고 굿을 하는 것을 고하는 순서이다.

시루말, 시루고사, 시루도듬은 굿의 처음을 알리는 것인데 창센신화가 구연되고 미지가 이어서 이러한 굿의 행위를 하는 것이 이 절차이다. 시루고사와 시루도듬은 굿을 준비한 것의 정성을 고하는 절차이다. 이 절차를 통해서 경기도 남부 산이제굿의 면모를 알 수 있으며 이용우 산이의 구실에 의해서 이러한 절차를 분명하게 확인하게 된다. 오래된 문서를 알고 이를 구연하기 때문에 산이굿의 진면목을 알 수 있다.

제석청배와 제석굿의 겹굿에 의해서 이 절차가 진행되었다. 그런데 정윤자 무녀는 선굿을 한양식으로 진행하여 굿의 본디 모습을 상실하였다. 인적 구성이 그렇게 된 사정은 잘 모르겠으며 원래의 산이제 굿 형태는 아니다. 제석청배는 산이굿의 형식으로 진지하게 진행되었으나 그 점은 온전하게 부합되지 않았던 것으로 보인다.

도당굿에서 하는 일종의 공짜로 하는 구경거리가 있다. 이것을 공새면이라고 하는데, 마을 사람들의 도당굿 물목에는 이것이 '공거리'로 되어 있다. 그 말은 아무런 상차림을 하지 않아도 결과적으로 훌륭한 음악을 들을 수 있다고 하는 구경거리라고 하는 점에서 공거리라고 하는 것이다. 공새면은 두 차례 있었다. 그 거리마다 마을사람들과 구경꾼이 함께 무건을 서는 일을 하게 된다. 그렇게 마을 공동의 축제가 된다고 하는 것을 분명하게 한다. 산바라기로 하는 열두 거리를 진행하였다. 이 굿은 가지가지 열두거리라고 하는 특정한 구성 방식을 하는 굿인데 이 사실이 곧 이 굿이 한양식굿이라고 하는 결정적인 면모이다. 산바라기로 하는 굿을 도당굿에서 하였기 때문에 굿이 산이제의 전통적 굿이라고 말하기는 어렵지만 이 굿거리를 통해서 일련의 의미를 추구하는 별도의 방식이 도입되었으며 마을의 아낙네들이 공수를 받는 일이 벌어졌다.

다시 삼현이 연주되고 서간난을 중심으로 무건서기 또는 무감서기를 하였다. 다음으로 정체가 모호한 굿을 하였는데 진적에 해당하는 굿이 아닌가 짐작되지만 성격이 불분명하다. 부채와 방울을 들고 하는 굿이므로 이 굿의 성격 상 일정한 신찬을 대접하고 명잔과 복잔을 주면서 별비를 걷는 행위를 하는 것으로 이해된다.

터벌림은 여러 가지 이칭이 있다. 가령 현장에서도 나온 말이지만 터잽이, 그루백이 등이 이 절차이다. 산이들이 저마다 두루마기를 입고 터벌림과 겹마치기, 그리고 자진굿거리 장단에 맞추어서 전진과 후진, 사방치기 등의 행위를 하면서 특징적인 쇠풍장과 쇠발림을 하는 것인데 매우 단아하고 우아한 면모를 보인다. 터벌림을 통해서 일련의 쇠꾼들의 모습을 보이는 특징을 구현하는 것은 이례적인 것이 아니라 판놀음의 일환으로 놀아지는 것이라고 할 수 있다.

군웅굿은 도당굿에서 가장 크게 여기는 굿거리이다. 마을의 좋지 않은 악귀를 징치하는 굿으로 군웅이 그러한 기능을 한다. 그런데 산이제 굿에서는 이것을 독특한 판소리의 방식과 흡사한 형태로 발전시켰다. 북부의 군웅굿에서 군웅이 일정한 놀이를 하는 것과 대조적이다. 판소리의 진정한 시원적 모습을 알 수 있는 적절한 사례가 아닌가 한다. 군웅굿은 삼단계로 진행되는데 도당굿의 아름다움과 춤사위, 음악적 짜임새를 알 수 있는 적절한 예증이 된다.

손굿은 떠돌이신격인데 액막이를 위해서 서간난미지가 꼼꼼하게 청배를 하고 액막이을 위해서 굿당을 도는 행례를 한 셈이다. 손굿을 통해서 일련의 놀이를 반복한 것인데 손님노정기를 하지 않았으며, 굿을 미지가 주도한 점에서 중요한 부분이었다고 판단된다. 1982년도의 자료에서는 이용우가 〈손님노정기〉를 했던 것과 비교된다. 조한춘이 〈군웅노정기〉를 했던 것과 대조를 보인다.

모셔온 도당을 제자리로 전좌하게 하고 동시에 일련의 굿을 진행하였다. 중굿은 아주 특별한 굿거리이다. 조한춘만이 하는데 과연 독자적 굿거리를 볼 수 있는지 의문이 있다. 중타령을 중심으로 중을 풍자하는 일련의 놀이를 하는 것인데 굿하는 도중에 마을 사람들이 순서를 옮기기도 하므로 자의적으로 하는 굿인지 아니면 마을의 물목에 있는 것인지 궁금점이 많은 굿거리 가운데 하나이다.

뒷전은 깨낌과 굿꾼의 뒷전이 행해지는 특정한 굿거리라고 할 수 있다. 이 굿거리는 뒷전을 확대한 방식인데 이 굿거리를 통해서 일련의 놀이와 판소리, 굿거리의 예술적 전환을 알 수 있는 요긴한 굿거리임이 분명해졌다. 뒷전에서 이용우가 한 구실을 〈군웅노정기〉에서 한 것 이상으로 요긴한 의미를 가지고 있는 것이라고 하지 않을 수 없다. 뒷전을 통해서 산이제 도당굿의 진면목을 엿볼 수 있었다.

전반적인 외모만 파악하게 되면 경기도 남부 산이제굿과 한향식 굿이 합쳐져 있는 복합적 성격을 가지고 있는 굿 자료임이 선명하게 드러난다. 이것을 어떻게 평가해야 할지 쉬운 문제는 아니다. 산이제 굿판이 현저하게 약화되고 있는 현상을 일정하게 반영하면서 한양굿과 산이굿이 불편하지만 함께 동거하는 현상으로 보아도 타당한 해석이다. 산이들의 굿이 안간힘을 쓰면서 간신히 전승되는 지점이 바로 이 굿이라고 하지 않을 수 없다.

그러한 제한점에도 불구하고 위대한 산이인 이용우가 자신의 특장을 발휘하면서 이따금씩 긴요한 구실을 하여 산이제굿의 모습이 어떠했겠는가 하는 점을 알려주는 중요한 기록 가운데 하나임을 분명하게 하고 있다. 산이제의 특장은 역시 자신들의 본풀이를 하는 청배인 오니섭채나 특정한 굿거리에서 춤을 추면서 연행을 하는 판패개제 성음이 드러나는 것이라고 할 수 있는데, 이 굿에서는 이러한 면모가 이용우에 의해서 유감없이 발휘된다. 이용우가 〈군웅노정기〉와 〈뒷전〉을 연행한 것은 매우 주목할 만한 사례이다.

산이들만의 특성을 멋지게 구현하는 터벌림과 같은 굿거리를 구성하게 된 것도 소중한 면모이다. 특히 쇠풍장을 치면서 쇠발림의 단아함을 보이는 이들의 노력과 기량은 좀체로 모습을 드러내지 않는 것들이라고 할 수 있다. 산이의 굿거리를 통해서 우리는 일련의 전통적인 산이들만의 훌륭한 판을 연상하게 하는데 이들의 기록이 일부이지만 선명하게 드러나 있어서 소중한 가치를 지니고 잇는 자료라고 하지 않을 수 없다.

3. 경기 남부 산이굿의 갈래

경기도 남부의 굿은 여러 갈래가 있다. 집굿과 동네굿, 집굿과 마을굿 등의 구분이 적절한 예증이 된다. 그리고 다시금 집굿에서 하위 구분이 가능한데 집굿에서 재수굿과 진오기굿으로 갈라지게 된다. 재수굿은 봄과 가을로 하는 굿으로 흔히 봄에는 재수굿이 있고, 가을로는 성주굿 또는 새성주굿 등이 있었던 것으로 증언된다.

경기도 화성이나 수원, 장말 등지에서 산이굿의 흔적이 발견된다. 이 굿을 체계적으로 정리할 수 있는 것은 아니지만, 일부 현지에서 채록된 자료에서 산이굿의 흔적이 있음이 확인된다.[1] 그러나 이 굿을 진정하게

조사할 수 있는 시대는 산이패의 존재에 인식에도 불구하고 이미 소진
되었다고 하는 생각이 든다. 현재 남아 있는 현지조사의 사례에 입각하
여 산이굿의 전통적 갈래를 정리하면 다음과 같다.

경기도 남부 산이들의 굿 가운데 진오기굿 역시 핵심적인 것 가운데
하나이다. 그런데 이 굿의 실상을 명확하게 드러나지 않는다. 다만 몇
가지 자료가 있어서 이 굿의 실상을 우리는 접근할 수 있을 뿐이다. 진
오기굿에서 중요한 거리들이 있는데 가령 그러한 굿거리가 바로 새남노
정기와 같은 것들이 일정한 의의가 있다고 판단된다. 그렇지만 이 굿거
리의 특성을 현장에서 굿으로 하는 경우는 아주 드물고 하나의 자료만
이 이 전승에서 활발한 기능을 했던 것으로 기억된다.

산이들이 하는 굿으로 마을의 도당굿이 있다. 집굿은 쉽사리 소멸하
고 재수굿과 진오기굿은 이제 거의 찾아보기 어렵다. 다만 마을 단위의

---

1) 김태곤, 『한국무가집』 3권, 집문당, 1978. 심복순을 중심으로 하는 굿의 사례가 조사되어
   보고된 바 있다.
2) 이보형조사, 1983년 2월 12일 경기도 수원시 매교동 긴천길씨댁 조사 경사굿. 경사굿이
   라고 했으나 오히려 안안파굿에 가까운 사례로 평가된다.
3) 1981년 11월 6-7일에 조사된 경기도 인천시 율목동 새남굿 자료 근거하여 작성한다.
   대주와 기주에 관한 정보가 자세하지 않다.
4) 마을굿의 사례는 두 가지가 촬영되고 조사되었다. 1982년의 조사된 사례와 1984년에
   조사된 사례인데, 둘다 동막도당굿이다. 김인회교수님의 촬영본이 그것이다.
5) 성주를 붙이면서 새로이 집을 지었을 때에 하는 굿으로 새성주굿에서 푸살 장단에 흔히
   하는 굿을 이른다. 성주받이와 약간 다른 굿을 의미한다. 인천시 율목동의 사례에 근거한다.

도당굿이 간신히 명맥을 유지하고 있을 뿐이며, 이제 석양의 저물 무렵
이 되었다고 하는 점을 인정하지 않을 수 없다. 그런데도 불구하고 산이
들의 굿으로 하는 마을 단위의 도당굿은 현재 그 명맥만이 있을 뿐이고
그렇기 때문에 거의 존재감이 없는 것을 인정하게 된다.

경기 남부굿은 일단 화랭이 집안을 중심으로 연행하는 굿이라고 하
는 공통점이 있다. 산이들의 존재가 이제는 미미하게 되었지만, 전통적
으로 집굿이든 마을굿이든 산이들의 활약은 절대적이었던 것으로 추정
된다. 산이들이 참여하게 되면 굿이 안팎으로 구성되며 겹굿이 되는 특
징이 된다. 그런데 이 굿이 도당굿에서는 분명하게 확인되는데, 집굿에
서도 마을굿과 동일하게 발현되는지 그것은 의문이 있다. 미지와 산이
들의 대립과 조화에 의해서 굿이 진행되는 것은 사실이다.

집굿 가운데 새남노정기의 존재 역시 이러한 각도에서 해명해야 마
땅하다. 경기도 남부의 집굿 가운데 진오기굿 또는 새남굿에서는 일정
하게 바리공주가 구송되지 않는다고 전한다. 바리공주를 구연하지 않
고 이에 대응하는 굿거리를 구성하는데 그것이 곧 〈새남노정기〉이다.
새남노정기에서는 산이가 굿을 진행하면서 징으로 새남노정기를 하는
것이 특징이다. 새남노정기는 망자를 인도하는 굿으로 이른 바 〈죽엄의
말〉이라고 하는 마달로 널리 알려져 있는 것이다.[6]

집굿에서 새남노정기 또는 죽엄의 말을 확대하여 굿을 전개하는 방
식은 이른 바 달아짓기 형식으로 작은 굿거리를 자신들의 예능을 발현
하기 위한 굿거리로 깊은 의의를 부여할 수 있는 굿거리라고 할 수 있
다. 미지들이 하는 굿거리를 확대하고 개편하여 자신들의 굿거리로 화

6) 김헌선, 「경기도 남부 산이제 새남굿의 〈죽엄의 말〉 연구」, 『종교와 노래』, 민속원, 2012,
301-333쪽. 〈죽엄의 말〉이 곧 〈새남노정기〉라고 하는 것으로 전승되는 점을 이 자료에서
증명하였다.

하게 하는 능력이 집굿과 마을굿의 중요한 연결점이라고 할 수 있다. 노정기라고 하는 형식은 일종의 산이들이 주로 단골로 작곡하는 굿거리 확대 방식이라고 하지 않을 수 없다. 그 점에서 집굿과 마을굿은 산이들에게 자신의 능력 발휘를 하는 적절한 예능판이었던 것으로 추정된다.

마을굿에서 하는 방식은 집굿과의 공통점을 전제로 하고 있지만, 마을굿에서의 굿판 확대 방식은 전혀 다른 방식에 의존하고 있다. 그것은 단순하지 않으며 미지와 산이라고 하는 일면적 관계를 혁신한다. 그렇게 해서 산이들이 집단적으로 참여하면서 굿판을 예능판으로 바꾸면서 갖가지 기능과 예능을 발휘하는 특징이 있으며, 그것을 통해서 일련의 마을굿에서 보여주는 모든 놀이판을 구성 가능하도록 조성하게 된다.

더욱 다른 점이 있다. 그것은 음악의 구성과 내용이 전혀 다르게 되어 있다고 하는 점이다. 한양굿의 기세가 점차로 확장되는 경기도 남부 굿판의 변질에도 불구하고 경기도의 굿제는 완강하고 오히려 본질적인 속성을 버리지 못한 채 점차로 자신들의 전통을 잃어가고 있었던 것으로 판단된다. 그런데도 불구하고 몇 가지 굿에서 이들 음악은 아주 독자적인 특성을 가지고 연행되었는데 그것은 가락의 구성과 장단이 남다른 점이라고 하지 않을 수 없다.

일단 가장 중요한 사실은 경기도의 도살풀이-모리-발뻐드레 등의 기본적 특징을 버리지 않으며, 이 장단 속에서 이른 바 시나위가락과 같은 육자배기토리를 구성하는 점을 잊지 않는다고 하는 사실이다. 그런 점에서 경기도의 굿 장단은 여전하게 남부의 전통을 유지하고 있음이 분명하다. 집굿에서 재수굿과 새남굿에서 이러한 전통은 선명하게 살아 있다. 거리별로 유다른 특색을 가진 장단도 있지만 기본적으로 거리별로 가래조-모리-발뻐드레 등과 같은 특징적인 것을 제외하고는 일반적으로 거의 같은 점을 볼 수 있다.

우리가 아는 특정한 장단의 구성은 그 이전부터 전승되는 자료를 통해서만 기억으로 전승될 뿐이다. 이러한 굿이 실제로 어떠한 구성을 하고 있는지 그 실상을 비추어보면 놀랍게도 불과 몇 가지 장단만이 살아 있을 뿐이고 온전하게 그 굿거리 전체가 그렇게 되어 있는 것은 아니다. 그런 점에서 예외적으로 올림채, 새성주굿의 푸살장단, 진쇠, 겹마치기 등의 가락만이 일부 전승될 따름이고 현행의 도당굿을 모태로 하는 일반적인 무용 장단의 굿거리와는 준별되는 특성이 있다.

우리는 무엇이 진실한 것이고 사실에 해당하는지 우리는 명확하게 인식할 수 있다. 굿거리에서 활용되는 장단은 불과 얼마 되지 않는다고 하는 사실이다. 그런데 이 경기도 도당굿의 장단이 일부 확대되고 과장되어서 굿 밖에서 온전하게 전승되었던 점은 참으로 커다란 문제를 야기하게 된다. 오히려 자체의 전승에서 이루어지는 일련의 굿 속 장단보다 춤사위의 장단으로 이어지면서 실상과 동떨어지는 현상을 보이고 있는 점을 잊지 말아야 하겠다.

춤을 잘 추게 하려면 장단은 오히려 가락을 번다하게 하지 않으며 잔가락과 변채를 많이 쓰는 것은 아니다. 그런데 현행 도살풀이 장단과 같은 것들은 소종래가 모호한 채로 굿 장단의 변이가 심하고 소박한 맛을 잃어버렸다고 하는 점이 문제이다. 굿판 속에서 자라나면서 이것이 일정하게 변형되는 과정을 명확하게 연구한 적은 없지만 경기도 도당굿의 장단이 산이들에 의해서 소박하게 연행되었다고 하는 점을 실제로 확인할 수 있었다.

그리고 특정한 부면에서 산이들만의 독자적인 장단이 쓰이게 되었는데 그것으로 우리가 꼽을 수 있었던 것은 공수답, 군웅노정기, 뒷전 등에서 활용되는 가락이 이러한 현상을 대변한다고 할 수 있다. 판소리 장단과 일부 겹치지만 삼공잽이와 같은 장단은 아주 인상적인 대목이라

고 하지 않을 수 없다. 그런 점에서 산이들의 굿 장단에 대한 섬세한
통찰이 요구된다.

무엇이 진상인가? 이 점이 분명해졌다. 가령 지영희, 지갑성, 이용우
등의 녹음이나 기록에 전적으로 준신하면서도 굿에서 벗어나 새롭게 가
다듬어진 장단에 우리가 그간에 너무나 경도되었던 것은 아닌가 하는
의문이 생기게 된다. 굿의 실상을 알면서 과거의 영상 기록에 너무 매달
리는 것도 문제이지만 굿의 실상을 담은 기록을 통해서 우리는 일정하
게 경기도 남부 산이굿의 실상을 필요 이상으로 확대하여 해석하는 것
을 경계한다.

굿에서 보이는 일련의 전통을 확장하면서 이어가는 점이 소중하지만
전통을 과대 포장하고 굿을 존중하지 않은 지난날의 경기도 남부 산이
굿을 실상대로 시정하여야 할 사정이 생겼다. 산이굿에서 발견되는 한
양굿과의 불가피한 연대 역시 인정하여야 한다. 그 점에 대한 일련의
이해 역시 새롭게 바라보아야 할 문제라고 생각한다.

4. 경기도 남부 도당굿의 층위별 위계 구성

하나의 대상을 구조적으로 분석하는 일은 전체와 부분, 총체와 개체
등을 입체적인 관점에서 파악하는 일이다. 굿이라고 하는 대상 자체가
복잡하고 산만한 것 같지만 엄격한 준거를 통해서 움직이고 멈추는 것
을 볼 수 있다. 그러므로 대상을 체계적으로 파악하면서 이를 운용하는
위계를 상정하고 다루는 것은 매우 긴밀한 의의가 있다. 그런 점에서
도당굿의 층위와 위계를 밝혀서 논하는 것은 긴요한 연구 과제이다.

층위 이론은 새삼스러운 것은 아니다. 구조적 층위가 존재하고, 층위

론은 구조적인 현상을 해명할 수 있는 요긴한 방식 가운데 하나이다. 하나가 다른 하나를 포섭하고 있는 양상이 있으므로 이를 단계별로 나누어서 층위로 구분하는 것은 매우 주목할 만한 가치를 지닌다고 판단된다. 층위론은 대상의 성격을 대립적으로 인식할 수 있는 소중한 면모를 가지고 있다.

층위론은 굿의 이해 과정에서도 요긴하므로 이를 몇 가지 차원으로 구분하면서 말할 수 있다. 이 점에서 층위론은 몇 가지로 연구 관점으로 구분할 수 있다.

가) 굿 일반의 이해를 위한 관점
나) 특정한 굿 이해을 위한 관점
다) 개별적인 굿거리 이해를 위한 관점

가) 나) 다)의 모두를 위한 일반적인 이해와 함께 개별적인 것을 한꺼번에 연구하는 것이 이러한 관점에서 필요한 견해이다. 견해의 차별성을 온통 정리하면서 이를 하나로 일관되게 구성하는 것은 학문적 견해에서 가장 선명한 이해에 도달할 수 있다. 이 점에서 이러한 관점에서 굿 이해의 일반적인 이해를 도모하는 방안을 구성하도록 한다.

경기도 도당굿을 층위별로 이해하면서 전체와 부분의 관계를 아는 방법이 긴요하다. 그 점을 간명하게 드러내기 위하여 이를 다음과 같은 위계 구성의 층위를 상정하면서 간단하게 표로 제시하면 다음과 같다.

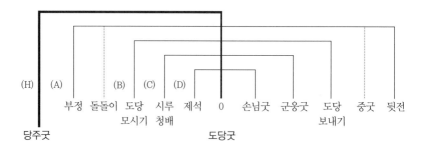

(H)은 당주굿과 도당굿의 대립을 말하는 구체적 증거이다. 세습무의 굿에서 당주굿은 긴밀한 의의가 있으며, 흔히 굿장모집굿이라고 하는 용어로 구체화된다. 굿장모집굿을 해야만 굿덕이 있는 것처럼 당주의 굿과 마을의 굿이 긴밀한 조화를 이루어야만 한다. 당주굿과 마을굿인 도당굿이 있다고 하는 사실 자체가 경기도 남부 도당굿의 주요한 특징을 이룬다고 할 수 있다. 이 대립이 집굿과 도당굿을 가르는 중요한 준거가 된다.

당주굿은 간단하게 하며 열두 거리를 모두 하는 것은 아니다. 고사상을 차려놓고 이를 통해서 당주의 안녕을 기원하는 것이 특징적인 면모이다. 집굿에서 하는 고사굿 정도의 의의를 지니고 있으며 이를 통하여 당주굿의 전통을 통하여 산이들과 당주집 사이의 지속적 관계를 환기하는 것으로 되어 있다.

(A)는 일반적인 굿의 구성 방식과 일치한다. 서두와 결말, 시작과 끝이 이 구성의 요점이다. 서울 지역뿐만 아니라, 다른 지역의 굿에서 서두와 결말이 있는데 이것이 부정과 뒷전이라고 하는 용어로 경기도 굿에서도 쓰인다. 그런 점에서 일반적인 굿의 구성과 일치하며 굿을 둘러싸고 있는 바깥의 구성이라고 할 수 있다.

그러나 (A)에서부터 차이점이 생긴다. 이 차이점은 간단하지 않으며 매우 복잡한 양상을 가지고 전개된다. 부정은 단순하게 구성되지 않고 거리부정, 앉은부정, 선부정 등으로 여러 가지로 전개된다. 그러므로 복합적인 구성을 하고 있으며 단일하지 않고 복합적이며 다차원적으로 전개되는 특성을 가지고 있다. 그 점에서 공통점과 차이점을 지니고 있다고 판단된다. 그 점은 〈뒷전〉에서도 마찬가지이다.

(B)는 도당굿에서만 확인되는 것으로 (A)에 의해서 포괄되는 속의 구성 층위라고 할 수 있다. 마을의 주신인 도당신을 청하고 다시 보내는 절차이다. 청신과 오신이라고 하는 여러 가지 특성을 가지고 있는 부분이라고 하지 않을 수 없다. 그런데 이 신격은 굿판에 모시고 보내는 정도의 의의가 있으며, 마을의 성격에 따라서 이 층위는 굿판에서 이루어지기도 하고, 신을 모신 위치에 따라서 다르게 구성되는 것을 볼 수 있다.

도당굿에서 이러한 성격이 발견되는 굿거리를 구성하는 핵심적인 부위라고 생각되며, 그러한 절차를 통해서 일련의 변화를 볼 수 있으며, 강신무권이나 세습무권에서도 거의 같은 절차로 진행되는 것을 볼 수 있다. 삼각산 도당굿에서도 이러한 현상이 있으므로 이를 일반화할 수 있다고 생각한다. 그러나 부군당굿에서도 이러한 구성이 있는지 자세하지 않다. 경기도 남부의 도당굿에서 이러한 절차가 구성되는 것은 흥미로운 부분이다.

(C)는 (B)에 의해서 포괄되는 특성을 지닌 것이라고 할 수 있다. 도당신의 안에서 일반적인 신들에 대한 거리별 진행을 나타내는 것이라고 할 수 있는데 이들 신은 굿거리별로 다르게 구성되며, 굿거리마다의 특성을 가지고 있다. 앞의 두 거리는 단조로운 구성을 하고 있는 것이라면, 뒤의 굿거리들은 산이들이 크게 활약하는 것이라고 하지 않을 수 없다.

산이들의 적극적 참여와 소극적 참여가 굿거리에서 일반적인 차별성을 가지고 있으며, 적극적 참여가 소극적 참여가 시간이나 질과 양에 있어서 매우 이례적으로 확장되는 특성을 지니고 있으므로 이를 특정하게 강조하는 것이다. 도당굿의 경우에는 후반부의 선굿들이 가장 강조되면서 소중한 기능을 수행하는 것을 이로써 알 수가 있다.

(D)는 개별적인 굿거리 하나만을 선택하여 보여주는 것이라고 할 수 있다. 굿거리별로 다시 서두와 결말 등의 구성 법칙이 있으며 이를 통한 일련의 변화와 개별적 굿거리의 특성을 만날 수 있다. 굿거리에서 청배를 하고 신을 초청하며, 신과 화합이 이루어진 다음에 다시 신을 보내는 특징이 있다. 신들은 거리마다 다르게 청배되고 신의 성격에 의해서 일반적 성격을 구현하는 것을 볼 수 있다.

그러한 개별적인 구성 법칙이 서로 깊은 관련을 가지는 것은 아니지만 일반적인 위계 구성에서 가장 낮은 차원의 특성을 보이고 있기 때문에 높은 차원의 위계와 서로 무슨 관계를 이루는지 우리는 새롭게 인식하면서 볼 수가 있다. 명백하게 이러한 차원의 논의는 개별적이고 세부적인 논의만 가능하고 전체적인 윤곽을 잡기 어렵지만 결과적으로 전체와 깊은 관련을 가지고 있음을 부인할 수는 없다.

(H)(A)(B)(C)(D)는 서로 어떠한 관계를 맺는지 따질 필요가 있다. 이들은 서로 밀접한 관련이 있으며, 이 가운데 어느 하나를 결하고 있을 수 없다. 서로 밀접한 관련성 속에서 일련의 가치와 의의를 가지고 있는 것이 바로 이들의 관계라고 할 수 있다. 이들의 상관성을 말하는데 있어서 요긴한 것이 있다. 그것은 가령 양파껍질의 구성을 하고 있다는 점이다. 하나의 껍질을 벗겨내면 다른 껍질이 나타나고, 순차적으로 그러한 구성을 하고 있음은 분명하다. 까면 깔수록 하나의 층위가 다른 층위를 물고 있다고 하는 것이 그것이다.

그렇기 때문에 이들은 유기적인 구성을 하는 것은 아니고, 일정하게 호응이 있으며, 개별적인 것들의 서두와 결말이 모여지고, 이들의 간격에 일정하게 휴지가 작동하는 일련의 다충적인 충위의 껍질을 가지고 있는 구성이라고 하는 점을 부인할 수 없다. 그러므로 중심을 향해서 모이는 것도 아니다. 잘게 짜개면 잘게 보일 뿐 근본적으로 존재하는 인과성은 없는 것이라고 하지 않을 수 없다.

(D)의 대립은 그 자체로 하나의 굿거리를 구성한다. 하나의 굿거리는 복잡한 특성이 있어서 하나의 굿거리라고 해도 다단한 특성을 가지고 여러 굿거리의 부분이 모여서 하나의 굿거리를 이루게 된다. 청배와 오신, 그리고 송신이라고 하는 기본 특성은 물론하고 맺었다가 풀었다가 하는 특성이 일부 발견된다. 이 점에서 이러한 굿거리의 단편적 구성이 복합적으로 발전할 가능성이 있다.

일단 외견상 미지와 산이가 서로 협화하면서 겹굿으로 진행되는 특징이 있다. 산이가 먼저 앉아서 〈제석본풀이〉를 구송하면 미지가 춤을 추고 본풀이를 반복하면서 행한다. 산이가 하는 것은 장단이 오니섭채라고 하는 배다리 장단으로 하는 것으로 모리-발뻐드레의 특성으로 마무리되는 것을 볼 수 있다. 그러면 부정놀이 장단으로 춤을 춘 미지가 섭채-모리-발뻐드레로 하는 본풀이를 다시 구송한다. 불필요한 것 같지만 둘은 서로 깊은 관련이 있으며 동시에 일련의 의미를 갖도록 남자-여자의 청배 구조를 완성하는 특징이 있다. 미지와 산이의 결합이 굿을 풍부하게 하고 굿에 참여하는 다중적인 구성의 묘미를 거듭하는 특징을 이룩하게 된다.

미지는 본풀이의 청배를 한 것을 반복하고 본풀이를 다른 장단에다 구송하면서 신의 청배를 통하여 자신의 굿거리에 주신으로 작동하도록 유도한다. 그렇지만 더욱 중요한 사실은 미지는 자신의 몸으로 신의 구실을 하면서 여러 가지 세부적인 절차를 하게 되는데 그러한 굿거리의 절차는 당공수-거리노랫가락 등의 순서를 하면서 신과 인간의 합일을 도모하는 의례적 행례를 하게 된다. 산이가 본체라면, 미지는 작용을 하게 된다. 한 굿거리의 단편적 특성은 경기도 도당굿의 모든 굿거리의 구성 방식을 이해하는 소중한 전거가 된다.

이로부터 도출된 하나의 굿거리는 예외없이 거의 같은 겹굿을 구성하지만 이러한 복합적 굿거리 진행은 다른 굿거리의 이해에도 이해를 할 수 있는 일정한 지침을 제공한다. 여기에 일정한 패턴이 존재하는데 그 패턴은 경기도 도당굿 이해에 핵심적인 구실을 하게 된다. 이 패턴을 이해하기 위하여 필요한 것은 예증이다. 다음의 세 가지 사례를 보기로 한다.

1) 거리부정-앉은부정-선부정
2) 군웅청배-군웅굿-[터벌림-공수답]-군웅노정기
3) 깨낌-굿꾼의 뒷전[굿꾼에 의한 정애비징치-수비물리기]

1)은 매우 다양하게 이룩되는 여러 가지 예증을 보여주는 사례이다. 홑으로 구성되는 경기도의 모든 굿이 이와 같은 굿거리로 구성되는 것을 부인할 수 없다. 가령 여러 가지 굿거리를 모두 이에 귀속시킬 수 없지만 거의 동일한 범위 내에서 이러한 굿거리의 구성과 의의를 규명할 수 있을 것으로 보인다. 그러므로 D)의 사례는 단순하지 않으며 여러 가지를 생각하게 하는 예증이 되면서 경기도 굿거리의 이상적인 방안을 해결할 수 있는 것이라고 간주된다.

2)는 산이가 진행하고, 미지가 이어받고, 산이와 산이가 서로 합쳐서 이룩되는 특징이 있다. 그러한 점에서 이 굿거리는 서로 복합적인 성격을 가지고 있는 다양한 의미를 생성하는 굿거리 가운데 하나이다. 이와

달리 손님굿에서도 거의 같은 양상이 반복되는 모습을 볼 수가 있다. 이러한 대립 속에서 패턴을 알아볼 수 있다.

3)은 산이와 산이에 의해서 진행되는 특별한 굿거리라고 할 수 있다. 산이들이 깨낌을 하고 동시에 굿꾼 혼자서 굿거리를 연행하면서 입체적인 놀이를 벌이는 것은 이 굿거리의 패턴이 단순하지 않음을 보여주는 입체적인 것이라고 하지 않을 수 없다. 산이의 굿과 산이의 놀이가 어우러지는 패턴을 보이고 있다. 이 점에서 산이와 산이의 굿놀이는 가장 소중한 전통이라고 하지 않을 수 없으며, 경기도 남부굿에서 보이는 고도의 창조라고 하지 않을 수 없다.

(D)는 서로 깊은 관련이 있는 것으로 제석굿과 손굿의 굿거리는 서로 대립한다. 한쪽의 신은 무엇을 만들고 이루려는 신격이라고 한다면, 다른 한쪽은 만든 것을 파괴하는 특성이 있다. 한쪽은 붙박이로 머물러 있는 신이라고 한다면, 다른 한쪽은 옮겨다니면서 질병을 옮기고 사람에게 부정적인 구실을 하는 신격이라고 하지 않을 수 없다. 신의 성격을 통하여 대립적인 면모를 구현하는 층위를 일차적으로 대립하면서 다룰 수 있다. 그런데 부정적인 구실을 하는 신을 매우 놀랍게 평가하면서 이 신들에 대한 놀이를 다양하게 벌리는 것은 이례적인 현상이다.

(C)는 고차원한 대립이다. 생성에 관련된 신과 파괴에 관련된 신이 서로 대립한다. 신들이 맞서면서 생산에 관련된 신격이 단아한 절차의 굿거리를 진행하였다면, 이와 달리 이를 파괴하는 신격은 굿거리 자체를 굉장하게 확대하고 번화하게 진행하는 특징이 있다. 손굿과 군웅굿은 둘 다 마을의 파괴자를 기리는 굿거리이지만 한쪽은 생명을 앗아가는 신이고, 다른 하나는 생명을 앗아가는 좋지 않은 신격을 물리치는 직능을 하고 있다. 그 점에서 둘은 떠돌이 신이지만 동시에 마을의 안녕을 기리기 위하여 크게 하는 점에서 일치되는 특징이 있다.

마을굿에서 가장 핵심적인 대립을 이루고 있는 신들의 대립이라고 할 수 있으며, 시루말과 제석굿은 생명의 옹호자이기 때문에 간단하게 모시고, 생명을 위해하려는 대상을 장황하게 물리치는 기능을 하는 손 님굿과 군웅굿은 노정기로 길게 하는 성격이 있다. 이러한 점에서 마을 굿의 면모는 서로 깊은 대립을 하고 있으며 동시에 이 대립의 층위를 통해서 한껏 그 속성이 명확하게 드러난다.

떠돌이로 돌아다니는 신격에 산이들이 집중되면서 예전에 볼 수 없 었던 심각한 변이가 이루어졌다. 그것은 노정기를 과대하게 포장하면 서 이를 통한 일련의 변화를 시도하게 되었으며, 때로는 산이가 굿꾼으 로 소리를 담당하고, 때로는 산이가 잽이로 북을 담당하게 되었고, 때 로는 산이가 일련의 터벌림꾼으로 쇠풍장을 치면서 자리를 정리하고 굿 을 하면서 구경거리를 풍성하게 하는 특징을 갖추게 되었다. 그렇게 해 서 산이들이 일거에 굿을 발전하고 굿판을 연행판으로 확장하는 일련의 변화를 시도하게 되었다고 할 수 있다. 그 점에서 심각한 변이가 굿거리 에서 변환되어 나타나게 되었다.

그것은 경기도 도당굿의 심각한 변이이고 이 변이는 예술사를 변환 하는 중요한 기능을 하는 것이라고 해도 지나치지 않는다. 굿판에서 예 능판으로 전환하면서 굿꾼은 자신의 임무를 새롭게 자각하고 굿판과 굿 놀이를 확장하면서 새로운 변이를 일으킬 수 있는 요긴한 발전을 획책 하였다. 이들의 문화적 전략은 많은 부분에 있어서 이들의 예술적 기능 과 작용을 새롭게 하는 중대한 것이었다고 하지 않을 수 없다. 그 점에 서 이들의 새로운 작용과 변화는 예술적 상승과 그 효과를 확대하는 자 리였다고 하지 않을 수 없다.

부정적인 신이나 마을의 해를 끼치는 존재를 물리치는데 노정기 형 식을 차용하여 함께 굿풀이의 형식이나 굿놀이 형식으로 확대하는 것은 이례적인 전환이다. 본풀이의 대상을 확장하는 일보다 굿놀이를 통하거나 굿풀이의 형식으로 대상을 확장하는 것은 본풀이로 할 수 없는 일정한 변이와 변화를 도모하는 것이라고 이해되는데 이 점에서 군웅노정기나 손님노정기는 예능판으로 전환하는데 매우 유리한 마을의 공동 굿거리로서 작동한 것으로 이해된다. 본풀이로 고정된 신은 변개가 불가능하다. 그러나 외지에서 들어오는 신에 대한 풀이나 놀이는 얼마든지 개조가 가능하기 때문에 이러한 개작을 하지 않았나 추정된다.

(B)는 마을굿의 공통적 형식을 창조하는 점에서 서두와 결말이다. 이 굿거리의 서두와 결말은 도당신의 내외신을 초치하여 마을굿의 복합적 전개를 가능하게 하는 구실을 한다. 이 신들이 있으므로 마을굿이 가능하고 마을굿에서 생성과 파괴의 신격을 모두 초치하여 원본대로 굿을 하고 개작이 가능한 신격은 개작이 가능한 신들로 거듭 전환하면서 이들을 통한 굿판의 예능화를 가능하도록 하였다. 그러므로 B)는 서로 깊은 관련이 있으면 마을굿을 포괄하는 중대한 원리로 기능한다. 마을신을 초청하고 이 신들에 의해서 새로운 차원의 기능을 하도록 하는 점은 이례적인 기여라고 생각한다.

(A)는 굿의 서두와 결말이다. 그러나 이 굿거리는 청신과 송신이라고 하는 커다란 테뒤의 신격적 직능에 의한 것이지만 이 굿거리의 서두와 결말도 다른 신들의 모든 것을 결정하는 중요한 굿거리이므로 이들이 단순화될 수 없다. 부정굿이 확대되고, 뒷전이 확대되는 점은 동일하다고 할 수 있으며, 뒤전을 한껏 고양하여 예술적 기능이 철저하도록 하는 것은 이례적인 현상이라고 할 수 있는 것은 아니다. 그것은 도당굿이기 때문에 가능하고 유희적이고 축제적 성격이 가능한 데서 이러한 변화가 모두 가능한 점을 알 수 있다.

(H)는 당주굿과 도당굿의 관계로 굿 자체의 대립이며 개인집 굿이 도

당굿이고 도당굿이 개인집의 굿으로부터 비롯된다고 하는 것을 보여주
는 명징한 증거이다. 당주굿을 통해서 일반적인 굿의 관계를 해명할 수
있는 단서를 이룩한다. 당주굿을 통하여 집굿과 마을굿을 매개하는 것
이다. 집굿에서 마을굿으로 마을굿의 서두를 집굿으로 보여주는 중요
한 구실을 하게 된다. 당주굿과 집굿의 상관성을 통해서 일정한 특징을
발현하는 방식에 차이점을 구현한다.

(D): 생성과 파괴
(C): 굿판과 예능판
(B): 마을신의 청배와 송별
(A): 굿의 서두과 결말
(H): 개인굿과 공동체굿

 (H)(A)(B)(C)(D)는 서로 깊은 관련이 있다. 그러나 대립에서 모두 파
괴, 예능판, 끝, 뒷전 등이 소중한 점을 인정할 수 있다. 전반부의 엄숙
성과 신성성은 대거 퇴조하고 후반부의 세속성과 예술성에 입각한 풀이
와 놀이가 강화되는 것은 굿의 일반적인 속성이기도 하고 마을굿의 일
반적 속성이기도 하다. 그 점에서 마을굿의 일반적인 속성은 서로 깊은
관련이 있으며 이들의 변화와 상승, 그리고 예능사에서는 일정한 변화
가 있었을 것으로 추정된다. 그 점에서 이 대립적 층위는 경기도 도당굿
을 이해하는데 매우 유용한 준거가 된다.
 앞에서 살핀 단순한 포함관계가 확대되고 서로 깊은 클러스터의 관
계를 표리적으로 갖추고 있는 점이 확실하게 증명된다. 이 점에서 도당
굿의 위계 구성에 깊은 면모가 개입되어 있으며 서로 분리되지 않는 의
미를 가지도록 하고 있다. 굿은 산만하지만 산만하지 않은 특징이 있고,
굿을 통해서 이룩되는 놀라운 변화의 원리 또한 일정한 체계를 이루고

있는 점을 절감하게 된다. 그러한 점에서 굿을 통하여 일련의 예술적 발전과 변화를 꾀한 것으로 이 관계는 새롭게 조명될 수 있는 준거를 갖추고 있는 것으로 판명되었다.

5. 경기도 동막도당굿의 총체적 연구 전망

1984년 경기도 동막도당굿에 대하여 말할 차례이고 산이굿의 전통을 온전하게 리록한 것에 대한 연구의 총합적 관점을 논할 순서이다. 그것은 김인회 교수님이 촬영한 자료가 온전하게 현장을 기록하고 있기 때문에 가능한 것이다. 경기도 도당굿의 전통을 현장에서 촬영하고 기록하여 일단의 가치와 의의를 증명할 수 있게 되었다. 경기도 굿의 전통을 산이굿으로 한정하였을 때에 현재 남아 있는 가장 분명한 대상이 곧 동막도당굿이 때문에 이 자료에 근거하여 총체적 연구를 제언하고 이에 대한 탐색 가능성을 논하는 것은 그러한 관점에서 유용한 것이라고 하지 않을 수 없다.

총체적 연구는 남부 도당굿의 대상을 다학문적 관점의 공동 연구를 말하는 것은 아니다. 한 연구자가 할 수 있는 다면적 가능성을 열어두고 이를 통한 입체적 연구를 단일하게 하는 것을 말한다. 그러한 면모를 다음과 같은 그림을 그려놓고 가능성의 향배를 정하는 것이 바람직하다.

전통연희 갈래를 가무악희(歌舞樂戱)의 관점에서 다루는 것이 바람직하다. 근본적 요소를 중심으로 이들의 결합 양상을 다룰 수 있기에 적절하기 때문이다. 그러한 양상의 분할과 조립에 의한 그 방향을 통해서 일련의 이론 구성이 가능한데, 그것을 정리해서 보이면 다음과 같다.[7]

　　'歌'는 바로 율문으로 된 것을 말한다. 이는 대상을 아주 협소하게 규정한 것으로, 확장하자면 말·재담·일부의 이야기 등을 포괄하는 언어예술적 요소를 말하는 것이다. 언어예술은 문학적 관점에서도 중요하다. 전통연희에서 '歌'가 지니는 특징은 시간적 질서에 의해서 연희가 구성되는 근간을 제공하는 요인이다.

　　'樂'은 음악이다. '樂'은 부수되기도 하고, 주도적인 구실을 하기도 한다. 재담을 전달하거나 이야기를 전달하는 과정에서 거의 절대적인 기능을 하며, 핵심적인 구실을 하는 것이라고 할 수가 있겠다. 음악은 시간예술이어서 시간의 경과를 통해서 입체적 논의를 할 수 있는 요인이 되는 것이다. 시간예술인 악은 우리 전통연희의 가장 빛나는 대목이기도 하다.

　　'舞'는 춤으로, 이를 달리 무용이라고도 한다. 무용은 단순한 몸동작과 구분된다. 시간예술적인 속성이 우세한 음악에 의해서 행위예술의 공간적 구성을 일정하게 구현하므로 공간예술적 성격이 우세하다. 시간예술과 공간예술이 합쳐져 있는 복합예술적 특징이 있다. 춤은 전통연희에서 가장 존중받지 못하는 것일 수 있다.

---

7) 김헌선, 『한국전통연희론』 2권: 연구편, 7쪽. 이 저작의 일부를 가지고 와서 여기에 재론하기로 한다.

'戱'는 일종의 놀이이다. 이는 한자말로 본디 글자는 '戲'이다. 놀이는 공간구성과 몸짓, 그리고 행위 등이 서로 합쳐져 있는 것인데, 이 요소는 연희의 다른 면에서 구현되는 핵심적인 면모라고 할 수가 있겠다. 연희의 골격이 여기에 있는 것이라고 하겠다. 놀이의 구성에 있어서 이러한 특징이 드러나야 하는 것이라고 하겠다. 놀이는 일정한 행위를 전제로 하지만 모두 '歌'와 깊은 관련을 가진다. 희는 집약체 노릇을 하므로 가운데에 자리한다.

가는 무가를 포함한 경기도 남부 동막도당굿의 노래 전체를 포괄하는 대상을 말한다. 산이의 마달과 미지의 마달로 이중적인 구성을 하는 것이 특징이며, 미지와 산이, 산이와 산이, 산이와 미지의 결합 축이 존재한다. 산이는 자장단에 마달을 조달하고, 미지는 산이의 장단에 맞추어서 마달을 주어댄다. 장단의 구성이나 전개가 색다르다. 산이는 혼자 마달을 할 때에 거의 자장단에 오니섭채 장단에 한다. 이와 달리 미지는 섭채장단에 마달을 주어댄다. 오니섭채와 섭채는 교묘하게 대응하면서 일정하게 연행을 상관되면서도 배타적으로 하게 된다.

그러나 마달을 할 때에 더욱 중요한 비약이 있다. 그것은 마달을 하는데 군웅노정기, 손님노정기, 뒷전 등에서 길게 산이 혼자서 사설의 국면에 따라서 장단을 배분하고, 동시에 아니와 창을 번갈아 가면서 하는 특징적인 대목이 있다. 고사소리를 하고 판소리와 흡사한 판패개제 성음을 사용하기 때문에 이것은 판소리의 발생에 대한 비밀을 해명하는 단서로 유력하게 사용될 전망이다. 판패개제 성음을 사용하는 산이들의 일정한 예술적 성취와 함께 판소리를 생성시킨 강력한 증거가 가에 있음이 확인된다.

악은 더욱 중요한 국면이라고 하지 않을 수 없다. 거리마다 산이들의 장단에 의해서 미지들이 춤을 추거나 산이들이 춤을 추면서 특정하게 연행을 하는데 악과 무는 서로 깊은 관련이 있으며 서로 부정할 수 없는 중요한 관계를 형성한다. 경기도의 무악 장단이 지니는 가능성을 악과 무의 차원에서 우리는 새삼스럽게 재인식할 수 있다. 악무의 분리 불가능한 사실을 염두에 두고서 이를 함께 논하고 동시에 경기도 동막도당 굿의 가능성을 이 관점에서 재론할 수 있을 가능성이 있다.

동막도당굿을 비롯하여 악과 무에 긴요하게 쓰이는 장단을 정리하면 다음과 같은 장단들이 있다. 푸살과 같은 예외적인 장단인데 여기에 함께 소개하여 산이들이 사용하는 장단의 의의를 부여하도록 한다. 동막 도당굿과 일정한 거리가 있지만, 새성주굿에서 중요한 기능을 하는 장단이 바로 푸살 장단이다. 광목을 대들보에 걸고서 이를 산이들이 돌아가면서 노래를 하는 것으로 춤과 장단이 어우러지는 푸살 장단이 있다. 장단의 면모는 다음과 같이 되어 있다.

푸살

1	2	3	4	5	6	2	2	3	4	5	6	3	2	3	4	5	6	4	2	3	4	5	6	5	2	3	4	5	6
덩		덩		덩		덩						궁	따	다	따	따	궁	궁		굴		딱			딱		궁		궁	따

산이들이 자신들의 굿판을 마련하기 위해서는 특정한 거리와 장단이 있는데 그것이 바로 터벌림이라고 하는 것이다. 터벌림은 터잽이, 그루백이, 공거리 등으로 지칭한다. 터벌림은 터를 벌린다고 하는 것으로 여러 산이들이 나와서 쇠풍장 가락을 치면서 쇠발림을 하고 자신들의 쇠기량을 발휘하는 기능을 하는 굿거리이다. 이를 터잽이라고 하는 것은 터를 잡는다고 하는 것으로 거의 동일한 뜻이고 터벌림과 상통한다. 그루백이 는 어의는 미상이지만 이것을 통해서 동일한 직능을 수행하는 것을 볼 수 있다. 공거리는 당주들이 사용하는 용어로 구경거리를 보여주는 아무 것도 상차림을 하지 않는 거리로 인식하고 있다. 가락은 다음과 같다.

터벌림

1	2	3	2	2	3	3	2	3	4	2	3	5	2	3	1	2	3	2	2	3	3	2	3	4	2	3	5	2	3
덩			따	다		따						궁			따	다		따	따	궁	궁				따		따	궁		따	굽

반설음은 굿거리를 시작하기 전에 하는 특정한 장단으로 미지가 부채와 방울을 들고서 굿거리의 서두에 춤을 추는 것을 반설음이라고 한다. 경기도 도당굿 장단의 가장 우아한 춤을 볼 수 있는 대목으로 반설음을 통해서 일정하게 굿거리의 서두에 대한 상징적 의미를 부여하고 특히 부채와 방울을 쥐는 방식이 서울굿과 반대로 되어 있어서 경기도 도당굿의 특징을 선명하게 보여주는 사례이다. 왜 이 장단의 명칭을 반설음이라고 하는지 이해하기 쉽지 않다.

반설음

박자	1	2	3	2	2	3	3	2	3	4	2	3	5	2	3	6	2	3	7	2	3	8	2	3	9	2	3	10	2	3
내는형	덩			덩			덩			따			따	다		따	구	궁	궁			따			따	궁		따	다		따
기본형	덩			궁			따			따	궁		따	다		따	구	궁	궁			따			따	궁		따	다		따
맺는형	덩			궁			따	다		따	궁		따	다		따	구	궁	구	궁		따			따	궁		따	딱		

모리 장단은 가락을 바짝 몰아서 쓰는 것으로 경과구처럼 작동하는 것이 모리 장단이다. 모리 장단은 가령 도살풀이-모리-발뻐드레, 오니섭채-모리-발뻐드레 등의 전개 속에서 이루어지고 복잡한 장단에서 다른 장단으로 이행할 때에도 이러한 장단을 활용하는 것을 볼 수 있다. 모리 장단의 실제를 보이면 다음과 같다.

모리

박자	1	2	3	2	2	3	3	2	3	4	2	3
기본채	궁	따	따	궁	따	따	궁	따	따	궁	따	따
변 채	덩		궁	덩	다라	라	궁	따	따	궁	따	따

군웅굿을 연주하는데 쓰는 장단이 곧 올림채와 같은 것이다. 군웅굿을 하는 절차가 미분하면 복잡하지만 대체로 다음과 같은 장단으로 연행하는 데 활용한다. 쌍군웅춤을 출 때에 미지와 산이가 서로 맞서서 춤을 추게 되면, 이와 같은 올림채 장단을 활용하는 것을 볼 수 있다. 올림채 장단은 혼소박으로 이루어져 있는 특정한 장단인데, 동일한 장단으로 집을 짓는 것으로 알려진 〈진쇠장단〉과 같은 사례가 아주 적절한 예증이 된다.

이제 진쇠는 굿에서 전승되지 않고 실제로 일정한 춤에서만 전승되므로 전승이 단절되고 약화되는 것을 볼 수 있다. 이 점에서 군웅굿에서 장단은 축소되고 소극적으로 전하는 것을 확인할 수 있다. 더불어서 넘김채와 연결채 등이 더 있으며 이들이 하나의 흐름 속에서 일정하게 기능을 한다.

겹마치기장단은 터벌림에 이어서 치기도 하고, 진쇠 장단에 이어서 치기도 하고, 올림채에 이어서 치기도 하는 특정한 장단이다. 주로 사방으로 돌면서 방수같은 것을 밟으면서 연행하는 것이 겹마치기장단이라고 할 수 있다. 이 장단을 통해서 일련의 장단이 집을 짓고 고르게 복합되어 연결되면서 일정한 흐름을 형성하는 것이 주요한 특징이다. 경기도의 남부 도당굿에서 음악적 연쇄가 흥미롭게 이루어지는 것이다.

겹마치기장단은 두 종류인데 하나는 터벌림을 할 때에 쓰는 장단과 달리 사방치기를 할 때에 겹마치기장단이 약간씩 다르게 연주되는 것을 볼 수 있다. 가령 지영희가 말하는 장단과 지갑성이 말하는 장단이 서로 다른 점을 알 수 있다.[8) 이 장단의 차별성에 대한 진지한 토론이 있어야 한다. 겹마치기장단의 차별성에 대해서는 이 터벌림 장단의 겹마치기

---

8) 성금연편, 『지영희민속음악연구자료집』, 민속원, 2000. 겹마치기장단 항목에서 한 말이다. 지갑성의 장단은 1977년에 녹음된 자료집에서 그 실체를 알 수 있다. 겹마치기라고 하는 장단의 둘 사이에 일정한 거리가 있다.

장단과 춤 장단, 무가 구연 장단 등으로 널리 활용되면서 가장 신비로운 맛을 내는 장단은 도살풀이장단이라고 할 수 있다. 도살풀이는 충청도나 전라도에서 연주하는 살풀이장단과 기본적으로 장단을 놓고 구성하는 방법이 다른 것을 볼 수 있다. 가장 경기도다운 특징을 보여주는 것이 바로 도살풀이 장단이라고 하겠다.

올림채

박자	1	2	3	2	2	3	2	4	2	3
내는형	더궁		따	궁		덩		궁		따
기본형	덩	따	따	덩	따	덩	따	덩	따	따
모리	덩		따	궁		따	구	궁	따	따
맺는형	덩		따	궁		따	구	궁	딱	

넘김채

박자	1	2	3	2	2	3	2	4	2	3
넘김채	덩		더	덩		덩		덩		따
	덩		더	덩		덩		궁	딱	

연결채

박자	1	2	3	2	2	3	3	2	3	4	2	3
연결채	덩	덩	드르	덩	덩		덩	덩	드르	덩	덩	

겹마치기

박자	1	2	3	2	2	3	3	2	3	4	2	3
내는형	덩			덩			덩		따	닥	궁	
기본형	덩		궁		따	구	궁		따	닥	궁	
	덩		따	따	궁		궁		따	따	궁	
맺는형	따	따	궁		따	구	궁		따	닥	궁	

도살풀이장단을 통해서 춤을 추는 것이 가장 우아하게 구현되는 것이 이 장단이라고 할 수 있다. 경기도 남부의 장단을 도살풀이 장단이라

고 하는 것은 그러한 각도에서 대단히 중요한 의의를 부여해도 지나친 것은 아니라고 할 수 있다. 도살풀이장단은 홑으로 쓰이지 않고 장단을 점차로 몰아서 이른 바 장단의 특성을 보이면서 변화하는 모리, 발뻐드레 등과 같이 구성되는 것을 볼 수 있다. 이 점에서 도살풀이장단은 경기도 남부의 산이들이 갈고 다듬은 대표적 장단임을 이로써 알 수 있다.

도살풀이

박자	1	2	2	2	3	2	4	2	5	2	6	2
내는형	덩	덩	더 더 덩		떡		덩	따	궁	따 구	궁	따 닥
기본형	덩		따		궁		따	따	궁	따 구	궁	따 닥
맺는형	덩		따		따 다 닥		따	따	궁	따 구	궁	따 닥

경기도 북부나 한양 지역의 굿에서 당악이라고 하는 것을 쓴다. 장단에서 마무리를 할 때에 쓰는 특징적인 장단이라고 할 수 있는데, 이 지역에서는 이를 쓰지 않고 대신에 자진굿거리라고 하는 경쾌하고 신명나는 장단을 쓰는 것이 예사이다. 경기도의 남부 지역에서만 쓰는 특정한 장단으로 자진굿거리를 쓰면서 춤이나 음악을 마무리하는 특징이 있다. 이 점에서 경기도 북부에서 당악으로 마치는 것과 깊은 차별성을 지니고 있다.

자진굿거리

박자	1	2	3	2	2	3	3	2	3	4	2	3
내는형	덩		더	덩		더	덩		더	궁	따	구
기본형	덩		따 구	궁	따	구	덩	다	다 구	궁	따	구
맺는형	덩		궁		따	구	궁		따			

경기도 남부 도당굿의 중요성은 무악에 있다. 무와 악은 서로 분리되지 않고 면밀하게 연결되는 특성이 있으므로 이를 근간으로 하여 도당굿의 총체적 연구의 관점으로 활용하여야 할 것으로 보인다. 무와 악이 발달하여 여기에서 파생된 것들 모두를 고려하면서 점검한다면 경기도 남부 도당굿이 그 자체로 가장 생산력이 왕성한 굿이었으며, 그 굿이 일련의 무형문화재로 전환한 것 역시 묵과할 수 없을 정도로 영향이 막대하다고 할 수 있다.

그러나 분명하게 할 점이 있다. 그것은 도당굿과 도당굿을 근간으로 하는 무용인 춤은 일정한 거리가 있다고 하는 사실이다. 도당굿의 굿판이 무용으로 전환된 것은 아니다. 무용으로 전환되는 과정에서 현재의 굿판에서 사용되지 않은 장단과 가락이 있으며, 그것은 오래된 무용의 전통 속에서 우러나온 것들과도 관련을 지울 수 있는 것도 있음이 확인된다. 그런 점에서 도당굿의 전통과 일정하게 관련을 지니면서도 특화되는 특성을 가진 것들이 있음을 우리는 생각하지 않을 수 없다.

가령 진쇠와 같은 장단이 대표적 본보기이다. 이 장단의 소종래가 불분명하다. 전하는 바에 의하면 진쇠는 제석굿과 같은 것에서 유래되었으며 그것이 태평무로 나아갔다고 하는데 과연 그런지 깊은 의문이 있다.[9] 고관대작들이 임금님 앞에서 추는 춤이 곧 이 춤이었다고 하니 합당한 것인지 그렇다면 어떠한 의의가 있는지 다시 고민하지 않을 수 없다. 그런 점에서 진쇠의 정체는 여전히 오리무중이라고 하지 않을 수 없다.

총체적 연구는 개별적 연구와 구분된다. 개별적 연구를 많이 하는 것은 바람직하지만, 더욱 이상적인 안은 개별적 연구와 공동 연구를 확장

---

9) 朴憲鳳 외, 『진쇠의 十一長短』, 文化財管理局, 1970.

하여 논하는 것이라고 할 수 있다. 개별 연구와 공동 연구에 일정한 분
야의 연구만 할 수 있을 뿐이고, 단일한 연구자에 의한 총체적 연구가
가장 시급한 과제이다. 가무악희 전반을 모두 다루면서 일관된 방향으
로 연구를 집약하는 것이야말로 바람직한 이상이라고 생각한다.

총체적 연구는 필요한 것이기는 하지만 도달할 수 없는 이상이 되어
서는 안된다. 연구자 능력의 개인적 한계가 있기도 하고, 동시에 연구
영역의 특성이 있지만 총체적 연구는 연구를 위해서 꼭 필요한 방법론
적 통일성을 가지고 있는 것임이 분명하다. 총체적 연구를 통해서 방법
론적 다양성을 기초하면서도 동시에 총체적 연구의 통일성을 지향해야
마땅하다. 그런 점에서 총체적 연구를 지향하는 것은 거스를 수 없는
학문의 대세이다. 낮은 차원의 연구에서 높은 차원의 연구를 위한 노력
이 필요한 것이 사실이다.

6. 자료학에서 이론학으로의 전환

굿을 연구하는데 자료가 가장 긴요한 것은 누구나 아는 일이다. 그러
나 자료가 능사는 아니다. 자료는 어차피 관찰자의 참여나 시공간적 제
약 때문에 문제의 소지를 항상 안고 있다. 현장의 참여자가 상황을 정확
하게 파악하고 자신의 육안과 심안으로 관찰하고 기억하는 것이 굿을
잘 연구하는 지름길이다. 사람의 마음, 사람의 눈을 가지고 연구하는
것이 가장 분명한 연구의 수단임을 절감한다. 기자재는 보조적 수단에
불과한 것일 따름이다.

하나의 자료에 눈이 멀어서 자신이 관찰하지 않은 대상을 연구하는
것은 거의 무모한 일이 될 수도 있다. 그러나 자료를 통해서 입체적 연

구를 할 수 있는 기본적 단서를 찾고 이를 통해서 식견을 넓혀 가는 것은 현장 체험을 하지 못한 학자들에게 요긴한 방법이 될 수도 있다. 문자로 알고 있는 것을 더욱 확장하고 효과를 극대화하는 것이 선학들의 체험이 된다. 김인회 교수가 촬영한 자료는 경기도 남부 도당굿을 위해서 절대적인 준거가 되는 것은 이 때문이다.

김인회 교수가 촬영한 1984년본 동영상은 한 시대의 앞서 나가는 기록물이었음이 자명해졌다. 그러한 노력은 일단의 과거 미화로 치우쳐서는 안된다. 우리가 섬기자고 이 자료를 학술회의 주제로 내건 것은 전혀 아니다. 그 자료의 시대적 의의를 인정하면서도 동시에 시대적 한계를 준열하게 반문하면서 연구의 지침으로 삼는 것이 바람직하리라고 판단된다. 이 자료를 구실삼아 우리는 경기도 남부 도당굿의 인공적인 조건의 자료가 아닌 자연적인 조건의 자료를 비로소 마주할 수 있게 되었다.

산이들이 연행하는 실상을 어느 정도 파악하게 된 것은 커다란 행운이다. 그러나 김인회교수님의 자료와 비견될 수 있는 자료가 적지 않아서 이 역시 비교가 문제가 된다. 가령 1982년에 조사된 동막도당굿 자료로 아르코(ARCO)의 것을 들 수 있다. DVD로 5장으로 되어 있다. 1984년에 조사된 동막도당굿 자료로 DVD로 6장으로 되어 있다. 1986년도 우이동의 전씨굿당에서 한 자료로 DVD로 6장으로 되어 있다. 각기 상이한 촬영자들이 상이한 조건 속에서 녹화된 것을 알 수 있다. 자연조건의 자료는 1982년본과 1984년본이라고 할 수 있으며, 인공조건의 자료는 1986년본이다.

이 세 가지 영상 자료에 대한 비교 연구가 필요한 것은 당연하다. 메타데이타도 완전하지 않은 상태이지만 이들 자료를 중심으로 새삼스러운 논의를 하는 것은 한 촬영본이 굳건하게 존재하기 때문에 가능하다.

이것을 들어서 저것을 비교하면서 논의를 하면서 동영상을 통한 과거 학문의 자료를 연구하여야 할 것으로 보인다. 그 점에서 선행 연구는 일정한 결함이 있다. 촬영본을 중심으로 가능한 입체적 연구가 가능하게 되었다는 뜻도 된다.

촬영본마다 각기 의식의 중심으로 된 인물은 이용우 산이이다. 1982년본에서는 이용우 산이가 〈손님노정기〉와 〈뒷전〉을 맡아서 연행하였으며, 이와 달리 조한춘 산이는 〈군웅노정기〉가 있다. 그에 견주어서 1984년본의 자료에서는 이용우 산이의 전승 자료인 〈군웅노정기〉와 〈뒷전〉이 현장에서 녹화된 것은 산이의 독자적 면모를 알 수 있는 이례적인 사례이다. 그러나 더욱 중요한 사실은 1986년본의 사례에서는 인공조건이기는 하지만 이용우 산이의 자료가 강조되어 있고 특별한 면모를 과시하지만 이 자료에서는 자연조건의 자료가 아닌 것을 볼 수 있다.

하나의 자료로서 지니고 있는 의의는 개별적 논의를 하는데 유용한 것이라고 하지 않을 수 없다. 그것을 통해서 개별적인 논의를 하는 것은 바람직하지만 다른 자료에 의해서 문제가 생길 수 있는 약점이 있다. 개별적인 이론을 통해서 여러 가지를 점검할 수 있는 다음 단계의 이론을 수립하는 것이 바람직하다고 생각한다. 개별 이론과 다음 단계의 이론은 더 다른 이론을 구성하기 위해서 필요한 것이지만 일반 이론적 각도에서 논하는 것은 매우 주목할 만한 가치가 있는 것이라고 할 수 있다. 그것을 위한 일반 이론적 각도에서 논의가 가능해야만 새로운 이론으로 발전할 수 있다.

우리 굿 연구사에서 자료의 기록 수단에 일정한 변화가 있었다. 구전 전승으로부터 말로 전하는 것을 기억하던 단계에서 문자로 대상을 기록한 단계, 특정 장면을 사진으로 촬영한 단계, 녹음으로 기록한 단계 등을 거쳐서 마침내 동영상으로 촬영하여 기록한 단계에 도달하였다. 동영상 기록의 방식 역시 한결같지 않아서 기술의 진보와 쇄신에 의해서 여러 차례 질적 진화를 거듭하여 마침내 HD로 촬영하는 단계까지 이르렀다. 굿의 기록이 연구의 도달점일 수 없다는 것은 누구나 아는 진실이다. 그렇지만 좋은 자료가 더 나은 연구를 하기 위한 밑거름이 된다고 하는 사실은 부이할 수 없는 것이다.

우리는 개별적으로 촬영한 자료를 대상으로 경기도 남부 도당굿에 대한 일차 이론을 만들 수 있다. 그러나 이것은 거의 일차적인 개별 이론이지 다른 이론일 수 없다. 앞에서 말한 굿거리나 굿에 대한 이해가 이러한 이론의 산물이다. 그러나 굿의 일반적 특성을 중심으로 하는 이론은 아직 구성되지 않았다. 일반적 이론을 위해서 필요한 것은 굿의 모든 자료를 통해서 이룩할 수 있으며, 이것이 결과적으로 굿뿐만이 아니라 다른 연행 자료를 모두 포괄한 것이라고 할 수도 있겠다. 그 점에서 경기도 남부 도당굿은 특정한 대상이 되어야 한다.

굿의 일반이론에는 (가) 특정 굿을 통해서 구현된 것에서 추출된 이론, (나) 여러 가지 굿에서 이론적 타당성을 가진다고 검증된 이론, (다) 모든 굿에 적용되는 포괄적이고 총괄적인 이론이 있다. (가)는 굿에 관한 일차이론이고 개별이론이다. (나)는 굿에 관한 그 다음 단계의 이차이론이고, 굿에 관한 개별이론과 일반이론 사이의 중간이론이다. (다)는 굿에 관한 삼차이론이고 일반이론이다. 굿에 관한 일차이론 또는 개별이론은 아직 굿에 관한 보편적인 이론이기에 구조적으로 불완전하고 부족하다. 굿에 관한 이차이론 또는 중간이론은 이론이라고 할 수 있는 구체적이고 사실에 부합하는 필요조건은 갖추었다. 굿에 관한 삼차이론 또는 일반이론은 이론이라고 할 수 있는 충분조건까지 갖추었다.

김인회 교수가 촬영한 자료인 1984년의 경기도 인천 동막 도당굿은 특정한 굿을 통해서 이룩한 개별이론의 대상이 된다. 그러나 이러한 자료에 대한 천착과 탐구가 개별이론으로 머물러서는 안된다. 경기도 남부의 도당굿과 집굿, 진오기새남굿 등에 두루 타당한 자료를 확충하고 동시에 경기도, 전라도, 충청도, 그리고 경상도와 강원도의 동해안 등지의 세습무굿과 어떻게 같고 다른지 연구하는 것이 가장 중요한 것이라고 하겠다. 일반이론은 아니지만 굿에 대한 강신무권역까지 포괄하면서 전국의 모든 굿을 다룰 수 있어야만 일반이론을 수립할 수 있음은 물론이다. 그러한 안목이 갖추어져야 자료학에서 이론학으로 전환할 수 있다.

　아무리 좋은 자료라고 하더라도 시간과 공간의 제약을 받기 마련이다. 그 점을 겸허하게 인정하면서 우리가 지향하는 학문에서 자료가 어떠한 구실을 하는지 의문을 제기하면서 과거를 섬기지 않았을 때에 자료학에서 이론학으로 전환한다고 하는 점을 분명하게 인식할 수 있다. 자료학에서 이론학으로 전환되는 중요한 분기점을 설정하고 이론과 자료를 조화롭게 하는 안목이 필요하다고 하겠다. 자료학과 이론학의 갈등과 조화는 학문의 출발점이 되면서 동시에 도달점임을 절감하게 된다.

| 참고문헌 |

▸영상자료
김인회촬영, 《경기도 동막도당굿》 1-6, 1984년 4월 2-3일.

▸연구 자료
김태곤, 《한국무가집》 3권, 집문당, 1978.
김헌선, 경기도 남부 산이제 새남굿의 〈죽엄의 말〉 연구, 《종교와 노래》, 민속원, 2012.
김헌선, 《한국전통연희론》 2권: 연구편, 2013, 7쪽.(미간행 자료)
朴憲鳳 외, 《진쇠외 十一長短》, 文化財管理局, 1970.
성금연편, 《지영희민속음악연구자료집》, 민속원, 2000.
황루시, 《한국의 굿-경기도 도당굿》, 열화당, 1982.

화성재인청의 인물과 경기도 도당굿의 예술성

— 이용우(李龍雨, 1899~1987)와 이동안(李東安, 1906~1995)을 예증삼아 —

1. 머리말

화성에 재인청이 존재하였으며, 그 기원과 역사적 내력이 소중하다. 화성재인청이 있었다고 하는 사실은 매우 중요하다. 왜냐하면 화성에서 비상시적인 조직으로 재인청을 운영하고 그곳을 통해서 예술을 창달하고 장려했었기 때문이다. 근래까지 화성의 재인청에서 여러 가지 민속예능을 조장하고, 그곳에서 재능을 전수하고 사사한 인물들이 많았음을 증언한 이들이 적지 않았다. 재인청의 역대 기능이 다양하지만 화성 재인청은 근대적 여명기에 민속예술사에서 중요한 기여를 한 곳 가운데 하나이다.

이 글은 화성재인청에 대한 조명을 핵심으로 하지만 그 가운데서도 근대여명기에 활약한 인물을 들어서 이들의 공적과 예능, 그리고 민속예술사의 기능과 의의를 점검하는 것을 요점으로 한다. 화성재인청의 진정한 면모는 재인청의 예속성을 벗어나서 오히려 개인의 창조와 자유가 더욱 긴밀한 몫을 했을 가능성이 있으므로 이들을 중심으로 논의를 해야만 화성재인청의 면모가 분명하게 드러날 것으로 예견된다.

화성재인청의 핵심 인물 가운데 굿이라고 하는 맥락에서 살았던 인

1986.04.12. 동막도당굿 당산의 도당굿판

1986.04.12. 동막도당굿 당산굿 장소

물과 이와 달리 그것의 임무를 계승하면서 다른 곳에 가서 크게 활약한
인물로 양분할 수가 있다. 이 가운데 중요한 인물이 이용우와 이동안이
다. 이용우는 경기도 오산의 부산리 출신이고 도대방을 지낸 인물의 후
예이고, 이와 달리 이동안 화성의 향남면 출신으로 도대방의 소임을 맡
았던 인물이다. 두 인물을 예증삼아서 화성재인청의 면모와 의의를 말
하는 것이 이 글의 소박한 목적이다.

조선시대뿐만 아니라 역사 속에 특정한 직능을 맡은 예능인집단의
존재는 뚜렷하게 존재한다. 조선조의 재인은 여러 명칭으로 존재해왔
는데, 이들은 특정지역을 중심으로 독자적 조직을 운영해왔던 것으로
추정된다. 재인은 다층적 의미를 가진 용어로 여러 가지 이칭이 있다.
예컨대, 광대(廣大), 창우(倡優), 화랭이, 산이 등의 명칭으로 일컬어졌던
집단이다. 지역에 따라서 다른 재인청의 조직을 가진 사례는 아카마쓰
지죠(赤松智城)와 아키바 다카시(秋葉隆)가 낸《朝鮮巫俗の硏究》에서 확
인된다.1)

재인청 가운데 화성재인청은 수원에 있던 집단으로 전국적인 재인청
가운데서도 그 존재와 의의를 확실하게 보여주는 집단적 기구였다. 이
글은 화성 재인청의 의의를 부각시키고 화성재인청의 실상을 기록과 구
전의 양 측면에서 복원하고자 하는 것이 목표이다. 이를 성취하기 위해
서 이 글은 다음과 같이 작성해나갈 예정이다.

우선 화성재인청의 실체에 관한 문헌 자료를 검토하기로 한다. 기왕
의 논의에서 화성재인청의 존재는 구체적인 자료가 있으니 그것이 곧
경기재인청의 〈경기도창재도청안(京畿道唱才都廳案)〉〈경기재인청선생

1) 赤松智城·秋葉隆, 『《朝鮮巫俗の硏究》下卷, 屋號書店, 1938. 현재 재인청에 관한
논의는 모두 이 저작의 확대 재생산이라고 보아도 지나치지 않을 정도로 이 저작의 의의는
부인할 수 없는 것이다.

안(京畿才人廳先生案)〉2책 등이다. 이 책을 통해서 화성 재인청의 구체적 실상을 검토할 수 있으며 특히 이 문서를 간직하고 있는 화성 재인청의 대표적 인물이었던 이용우가계의 실상을 다시 한번 되돌아보는 계기가 되리라고 판단된다. 아울러서 화성군 향남면의 이동안 가계의 긴요성도 증명할 수 있으리라 추정된다.

두 번째로 화성재인청에 소속된 재인은 자신들을 두 가지 개념으로 파악하는 전통을 지니고 있다. 곧 '나라에 일이 있을 때에서는 칙령이 있을 경우에 산대를 꾸며서 놀이를 하고, 저들과 함께 재인청에 참여하여 연희를 한 뒤에 재인청의 역할로 관가에 번을 들면서 공희를 하고 집에 있을 때에는 다른 사람을 섬기고, 자신을 연마하는 것이 대저 천한 남성들의 임무이다(在國則勅使時造山爲戱 媚於彼人參廳後 廳役以爲番供於官家 在私則 事於人肥於己 盖賤丈夫之所爲也)'라고 되어 있다. 재인청이 필요한 두 가지 임무를 명시했다고 판단된다.[2] 그런데 문제는 공적 임무와 사적 임무가 어떠한 상관성을 지니고 있는지 도무지 알기 어렵다는 사실이다. 그런데 사적 임무 수행시의 단서가 남아 있으니 그것이 곧 현행 경기도 남부의 산이굿이라고 할 수 있다. 그러나 산이굿의 실상 역시 궤멸되어 없어졌으므로 현재 남아 있는 구전의 기록 자료를 가지고 이들 임무의 상관성을 점검할 수밖에 없는 실정이다.

경기도 남부의 굿은 이용우와 이동안이 생전에 참여한 굿과 녹음자료에 기반으로 해서 다루고자 한다. 이용우가 1984년과 1986년, 1990

년 등에 직접 참여해서 당시의 화랭이 집단이었던 이영수, 조한춘 등이
마을굿 단위의 연행을 기반으로 삼은 음반 자료를 주요 자료로 삼고,
아울러서 이러한 자료를 가지고 최종적으로 경기 재인청의 연행 방식
과 과정을 이해하고자 하는데 있다. 경기도 남부의 굿에 관한 통찰을
통해서 문헌 자료에 입각한 논의의 공전을 극복하고자 하는 의도에서
마련되었다.

2. 화성재인청 재인의 기능과 예능

1) 화성재인청의 소종래와 조직 및 기능

화성재인청의 조직에 대한 실체는 기왕의 논의에 의존하지 않을 수
없다. 아키바 다카시가 조선무속의 조사를 시행하던 때에 경기도 수원
군 성호면 부산리의 한촌에 사는 이종하의 집에 세 가지 책이 전하고
있음이 확인되었다고 한다. 이는 머리말에서 말한바 있으므로 이를 구
체적으로 확인할 필요가 있다.

〈경기도창재도청안(京畿道唱才都廳案)〉의 원문을 살펴보면 화성재인
청의 조직 이유와 운영방식을 검토할 수 있다.

> (가) 亞聖之訓曰 術不可以不擇 吾輩之所術 固已不擇之甚矣 然吾輩之賤役
> 朝廷旣不燭之 鄕邑亦俯憐之 使之齒於人數之末 則吾輩亦豈以賤役而自棄乎
> 故自古以來類類相從 亦廳而成결 設廳而成稧 列坐而成案 爲大房而領率爲領
> 率而遵大房 以爲吾廳規則 嗟我同稧四萬之人 豈可以自相蔑視而壞規哉(아
> 성께서 가르쳐 말씀하시기를 술은 택하지 않을 수가 없다고 하셨다. 우리들의
> 술은 이미 택하지 않은 것이 진실로 심하도다. 그러나 우리들의 천역을 조정에
> 서는 천하게 보고, 향읍에서 또한 가련하게 내려다보면서 우리를 사람들의

끝자리에 놓는다. 그런즉 우리 무리 또한 어찌 천역으로서 스스로 버리려 하는가? 그러므로 자고이래로 유유상종이라 하였으니, 청을 설치하고 계를 만들어 자리를 배열하고 안을 만들었다. 대방께서 영솔하시니, 영솔하기 위하여 대방을 따르는 것으로 우리 청의 규칙을 삼는다. 아, 우리 계원 4만 인은 어찌 스스로 서로를 멸시하고 규약을 깨뜨릴 수 있겠는가?)

(나) 盖吾輩所任 在國則勅使時造山爲戱 媚於彼人參廳後 廳役以爲番供於官家 在私則 事於人肥於己 盖賤丈夫之所爲也(대개 우리들이 맡은 것은 나라에서 칙사시에 조산위희(造山爲戱)하는 것이다. 저 사람들에 영합하여 청에 참석하고 공역(公役)에 응하여 관가에 이바지하고, 사적으로는 다른 사람들을 섬겨 자신을 살찌우니 대개 천한 장부가 하는 일이다.)

(다) 然甲辰時以前 勅行造山時 則所任自重矣 甲辰以後 旣罷造山之規則 吾輩便同閑散矣 猶有應役於官家 亦有立規於廳內 則豈敢絲毫忽慢哉(그러나 갑신 이전의 칙행조산(勅行造山)시에는 맡은 바가 스스로 중하였으나, 갑신 이후에 조산의 규칙이 깨지자 우리 무리들도 곧 한산해지게 되었다. 여전히 관가의 공역에 응하고, 또 청내에 규칙을 세웠으니 어찌 감히 조금이라도 소홀하고 태만하겠는가?)

(라) 噫 惟我同稧諸君之在京畿 若四萬之人 咸廳我訓戒 咸遵我約束 大抵吾輩業雖下賤 心則良善 爲人之道 爲人之事 豈必讓於人哉(오직 우리 계원들만도 경기도에 대략 4만 인이니, 모두 청의 훈계를 따르고 우리의 약속을 좇는다. 대저 우리 무리들의 업業이 비록 하천하다고는 하지만 마음은 선량하여, 사람의 도리를 행하고 사람의 일을 하는데 어찌 반드시 다른 사람들에게 겸양해야만 하는가?)

(마) 然則吾廳節目終始矑列於前 座目下篇 惟我諸君中 如或有違例背約 則爲大房者 斷當論報于戶判大監 極施刑配之典 嗟我諸君 咸遵我約束 以爲弊永好之地 幸甚(그런즉 우리 청의 조목을 시종 앞에 진열하여 놓는다. 우리

들 중에 만일 이 약속을 위배한다면 대방은 당론當論으로 결단하고, 호판대
감에게 아뢰어 극형의 법을 시행하라. 우리 모두는 약속을 좇아 폐단 없는
훌륭함을 영구하게 만드노니 심히 다행이다.)

丙申正月晦日

大房 朴聖國 謹序

(바) 一. 大房禮納前例 則先生子則三兩捧上是遣 新入者則六兩捧上爲齊(대
방 예납 전례는 선생의 자제는 세 냥을 위에 바치고, 새로 들어오는 사람은
여섯 냥을 위에 바친다.)

一. 大房或廳時 或有首上官同官中酗酒作亂者 是去等結笞五十度後永損爲
齊(대방 혹은 청에 위 상관과 함께 있으면서 술을 마시고 함부로 주사를 부
리는 자는 태笞 50대를 친 뒤에 영원히 쫓아버린다.)

一. 首上同官出入之時 不爲起動去等 各別結笞二十度爲齊(위 상관이 출입
할 적에 기동하지 않으면 각기 구분하여 태 22대를 친다.)

一. 山主 執綱圖帖者 則大房不爲施行 而自房中以可合出帖爲齊(산주·집
망·도첩자는 대방이 시행하지 않고, 스스로 방중에서 사람을 합하여 첩을
낼 수 있다.)

(가)는 재주와 재주를 가진 사람들에 관한 처지에 대해서 정의한다.
자신들의 무리를 천역이라고 규정하고 천역의 처지에서 함께 힘을 합쳐
서 모여야 하는 점을 강조하고 있다. 스스로의 처지를 모면하지 말고
스스로 정한 규칙을 지켜나가야 하는 점을 강조해서 말하고 있다. '대
방'을 따르면서 대방의 규칙을 정해야 하는 이유를 말한다. 그래서 계를
짜고 규칙을 정했음이 (가)에서 확인된다.

(가)에서 말한 무리들은 누구인가? 이들은 巫夫이고, 곧 巫夫契를 일
컫는다. 세습무인 화랭이들이 자신들의 결속을 다지기 위해서 그리고
다른 공식적 행사를 위해서 무부계를 결성하고 규약을 정했다고 보는

편이 적절하리라고 판단된다. 그러면서도 자신의 신분적 처지가 낮은 존재이지만 관과 민에게 필요한 존재임을 강조하고 있다. 평상시에는 굿을 통해서 백성과 접촉하고 살고 있으나, 칙사나 사신 행렬이 올 때에는 관에 동원되어서 재주를 팔아야 하는 처지에 있는 존재임을 말하고 있다.

(나)에 그러한 실상이 거듭 강조되고 있다. 자신들의 소임은 사신의 행렬이 올 때에는 산대희놀이를 하고 관가의 일을 돕는다고 되어 있으며, 사가에 있을 때에는 사람들의 일을 돕고 굿과 같은 것을 해서 재주를 비옥하게 한다고 했다. 그렇기 때문에 자신들은 바람직한 존재라기보다는 양쪽에 걸쳐 있는 천박한 존재임을 강조했다.

조선 전기와 조선 후기의 사정이 약간씩 차이가 있다고 생각되는데, 대부분 무계출신이 구실을 했음을 부인하기 어려운 형편이다. 조선후기의 재인은 여러 가지 이칭이 있고, 기능에 따라서 소릿광대, 줄광대, 어릿광대, 고사광대, 선굿꾼 등의 노릇을 했던 것으로 짐작된다. 평상시에는 여러 가지 기예능으로 먹고 살다가 나라의 행사가 있을 때에는 동원되어서 갖가지 기예를 가지고 이바지했다.

(다)에서는 갑진년 이전에는 사신행차시에 산대를 설치하고 노는 때의 각자 소임이 스스로 자중했으나, 갑진년 이후에는 산대의 놀이와 규칙이 무너져서 자신들의 무리가 한산하게 되었다고 했다. 그러나 관가의 행사에 여전히 응하고 있으며, 규칙을 세웠으니 자신들의 규칙을 소홀이 하겠는가 말하고 있다.

갑신년의 해를 기준삼아서 재인청이 활성화되던 때와 그렇지 않은 때를 말하고 있으며, 갑신년 이후에 한가하게 되던 때를 반성하고 조직을 재정비하는 단계라고 보인다. 조직이 활성화되지 못한 것은 특별한 사건이었다기보다는 이들 조직이 다른 각도에서 번성하고 쓰임새가 많

아졌기 때문일 수도 있다. 갑신년의 행사가 무엇인지 알기 어려우나 일
정한 계기가 되었던 해라고 추정된다. 1824년 5월에 작성된 갑신완문에
등장한 각도의 소임들이 모여서 행방회를 갖추고 전국적 기구를 갖춘
일을 말하고 있기 때문이다.[3]

(라)와 (마)에서는 무부계의 일원으로서 가져야 할 마음의 자세를 가
다듬어서 제시한 것으로 보인다. 계원의 일원으로 갖추어야 할 덕목과
규약 절목을 말하는 대목이다. 자신들의 마음이 선량하다고 했으며 동
시에 약속의 절목을 정하고서 어기지 말자고 했다. 어길 경우에 제재가
따를 수 있음을 말한다.

(바)에서는 규약을 네 가지 말했으니 자금 조달의 방법을 말해서 선
생의 자제는 세냥을 바치는 것으로 하고, 신입자는 여섯 냥을 바치라고
되어 있다. 술을 먹고 행패를 부린 사람들은 태형 50대와 영구히 제명
처분을 하고, 윗사람들이 오고 갈 때에 인사하지 않은 사람은 태형 20
대를 친다고 했고, 산주와 집강의 도첩은 대방이 시행하지 않고 스스로
방중에서 도첩을 낼 수 있다고 했다.

〈경기도창재도청안〉은 1824년 5월에 작성된 갑신완문의 준거를 삼
아서 좀 더 조직을 강화하기 위한 수단으로 작성된 것으로 병신년에 수
정된 것이다. 전국적인 조직망을 확장하기 위한 수단의 일환으로 꾸며
진 것이다. 조선시대에 재인청은 경기도, 충청도, 전라도에다 재인청을
두었으며, 재인청은 지역에 따라서 신청, 악사청, 광대청, 화랑청 등으
로 부르기도 했으며, 그 존립 시기는 1748년에서부터 1920년까지 존속
하고 있었음이 확인된다.

---

3) 김동욱, 『한국가요의 연구』, 을유문화사, 1961, 301-302쪽. 전국적 기구를 재정비하고
동시에 무질서한 사신 행차의 행사를 통제하기 위한 수단이었던 것으로 추정된다.

재인청은 각도마다 도청을 두었으며, 그 조직의 장을 대방(大房)이라고 했으며, 두 사람의 도산주(都山主)가 관장했다.[4] 한 경기도(道)를 좌우(左右)로 나누고, 좌도 도산주(左道 都山主)와 우도 도산주(右道 都山主)를 두고서 관할했으며, 산주(山主)는 대방(大房)을 보좌해서 중요 사항을 논의한 것으로 나타난다. 그 밑에다가 집강(執綱) 네 명, 공원(公員) 네 명, 장무(掌務) 두 명을 두었는데, 집강과 공원은 오늘날의 간사에 해당하며, 장무는 서무에 해당한다. 군재인청(郡才人廳)의 장은 청수(廳首)라 했으며, 그 밑에도 공원(公員)과 장무(掌務)가 있었다. 계원은 세습무당 당골이고, 무악 연주의 화랑, 줄타기, 물구나무서기 등의 곡예를 하는 재인, 가무와 예능을 하는 광대 등도 포함했다.

여기서 한 가지 주목되는 사실은 재인청 조직의 분포에 있다. 대체로 경기도, 충청도, 전라도 등이 신청이나 화랑청 또는 재인청을 두었다고

---

4) 赤松智城·秋葉隆, 『朝鮮巫俗の硏究』 下卷, 屋號書店, 1938.
　　이 문서의 보관자 이씨는 세습 11대에 이르는 무가(巫家)이며, 현재 무녀 5명 재인(才人) 6명을 포함하여 세 집으로 나누어져 있다. 융희(隆熙) 2년(서기 1908년)에 도산주(都山主)였던 이종만(李鍾萬)의 말에 의하면, 재인청(才人廳)은 광대청(廣大廳)·화랑청(花郞廳)으로도 칭하며, 경기·충청·전라 삼도의 각군에 존재하는데, 각도에 도청(都廳)이 있고, 그 장(長)을 대방(大房)이라 칭한다. 대방(大房) 아래 도산주(都山主) 2명이 있고, 좌도도산주(左道都山主)·우도도산주(右道都山主)로 칭하며, 한 도(道)를 좌우로 나눈 곳을 관할하는 형식을 취하고 있다. 산주(山主)는 대방(大房)을 보좌하고 중요 사항을 평의(評議)하는 역할을 하며, 그 아래에 집망(執網) 4명, 공원(公員) 4명, 장무(掌務) 2명이 있고, 집망(執網)과 공원(公員)은 간사에 해당하며, 장무는 서무계이다. 이것에 비해 군(郡) 재인청(才人廳)의 장(長)은 청수(廳首)라 칭하고, 그 아래에 공원(公員)과 장무(掌務)가 있다. 계원은 단골집 즉 세습 무가(巫家)만으로 한정되어 있고, 오로지 무악(巫樂)을 반주하는 화랑, 거꾸로 서서 줄넘기 등의 곡예를 연기하며 동시에 무악(巫樂) 연주자이기도 한 재인(才人), 가무(歌舞)를 하는 예인도 있고, 무악(巫樂)을 하는 광대가 포함되어 있다. 무녀도 역시 그 감독을 받고 있다. 대방(大房)은 재인청의 규범을 위반하는 자에 대해서는 제재를 가할 수 있는 권리가 주어진다. 각군 재인청의 청수(廳首)도 역시 죄가 가벼운 것은 스스로 처분하고, 이것을 대방(大房)에게 보고하였으며, 죄가 무거운 사람은 이것을 대방(大房)의 허락을 얻어 호송하여 그 처단을 했다.

되어 있으니 이것이 풀어야 할 의문이다. 이것에 관한 해답은 쉽사리 마련될 수 없다고 생각한다. 이에 관한 의문은 육자백이권의 무속음악 어법과 깊은 관련이 있다. 예컨대 현재 남아 있는 경기도 도당굿의 무속 음악어법, 은산별신굿의 음악어법, 전라도의 음악어법 등이 왜 동일한 장단이나 선법을 구사하는지 참으로 의문이 많은데 이러한 음악어법의 동질성은 재인청의 조직 구성과 깊은 관련이 있으리라 짐작된다. 세습 무당의 음악에서만 공통점이 발견되기 때문이다. 과연 이것이 정당한 추정인지 의문이나 그것이 일정한 관련이 있는 실마리로 되는 것은 타당한 근거가 되리라고 생각한다.

2) 화성재인청의 명인들: 이용우와 이동안

이용우와 이동안은 여러 모로 대조적인 삶을 살았던 인물이다. 이용우는 굿판인 어정판을 떠나지 않고, 그것을 매개로 집중적인 삶과 예술을 향유하였다면, 이와 달리 이동안은 일찍이 중앙으로 진출하여 고급 예술을 중심으로 하여 자신의 예술을 창조하고 전승한 점에서 남다른 삶을 살았다. 이용우는 방내의 삶을 살았으며, 이동안은 방외의 삶을 살았던 인물이다. 그렇지만 탁월한 예술성을 가지고 있었으며, 동시에 일정한 의의를 가진 것임에 중요한 가치를 부여할 수가 있다.

이들이 지니고 있는 기본적 자질은 모두 굿판에서 우러난 것이고, 그것을 부정하지 않았다고 하는 점에서 주목을 요한다. 굿판의 자산을 활용하고 이것을 근대예술적 관점에 적용하고 응용하는가 하는 점은 남다르다고 할 수가 있으나, 거의 같은 면모를 지니고 있으며 공질적인 장단의 속을 알고 장단과 마달, 장단과 춤 등을 함께 한 점에서 이들은 서로 깊은 관련성을 지니고 있음이 확인된다. 이들의 생평을 정리하고 이들의 삶과 예술을 개략적으로 이해할 필요가 있다.

화성재인청의 명인은 여럿이고 계보를 구성하고 있는 점은 널리 알려진 바이다. 그 가운데 중요한 인물은 둘이다. 이용우와 이동안이다. 이용우와 이동안의 전통적 면모는 오늘날 수원 화성 재인청의 주목하는 것과 맥락을 함께 하는 것을 알 수가 있다. 이 두 인물의 간략한 일생을 정리하면서 이들의 명인적 면모를 이해하도록 한다.

이용우는 집안이 매우 주목할 만한 인물이다. 1899년에서 경기도 화성군 오산읍 성호면 부산리에서 출생한 무속인이다. 흔히 세습남무를 이르기를 산이 또는 화랭이라고 하는데 이러한 인물의 특성을 이른 바 전형적인 인물로 평가된다. 대략 11대에 걸쳐 무업을 대물림한 전통적인 세습무가 출신의 화랭이로 이름이 높다.5) 이용우의 면모를 알 수가 있는 여러 자료가 있어서 주목된다. 특히 남긴 음원이나 영상이 다수 확인된다.6)

(1) 이용우

이용우는 1899년 경기도 화성군 오산면에서 출생한 경기도의 대표적인 화랭이었다. 약 11대에 걸쳐 무업을 대물림한 전통적인 세습무가 출신으로서, 부친인 이종하도 화성 재인청 출신이었다. 이용우가 참여하

5) 김헌선, 『경기도 도당굿의 현지 연구』, 집문당, 1994.
  김헌선, 『한국 화랭이 무속의 역사와 원리』, 지식산업사, 1997.
6) 『경기도 도당굿 시나위와 마달』, 1977, KBS녹음 자료.
  『경기도 수원시 매교동 김천길씨댁 집굿-안안팎굿』, 1981.03.21.(이보형녹음)
  『경기도 새남굿』1, 1981. 11.06~07. 경기도 인천시 율목동(아르코자료집)
  『경기도 도당굿』1982. 용인 민속촌 자료(정인삼녹화자료)
  『경기도 도당굿』, 1986. 아르코자료집(우이동 전씨굿당, 오마금 이용우 오수복)
  『경기도 인천 동막도당굿』, 1984.04.03.-04. 현장 영상 자료(김인회교수)와 음원 자료
  (김헌선소장)
  『경기무악』, 국립문화재연구소, 2000.(이보형녹음자료)

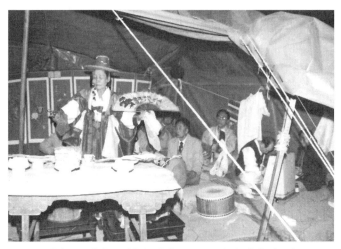

경기도 동막당굿 이용우 산이(1986), 오수복 미지 시루말

는 도당굿에서는 화랭이가 가장 중요하게 취급하는 군웅노정기나 뒷전은 이용우가 도맡아서 연행했다고 한다. 또한 이용우는 판소리나 대금, 꽹과리, 춤 등에도 능숙한 다재다능한 명인이었다.

이용우는 계모였던 박금초로부터 8세부터 판소리를 배웠으며, 부친이 이끄는 창극단을 따라 전국을 유랑했는데, 이 때 함께 다닌 명창으로 송만갑과 이동백 등이 있었다고 한다. 서울의 단성사 등에서도 공연을 하였다고 한다. 15세부터 20세까지는 광무대를 비롯해서 단성사 등을 따라 전국 각지를 유랑하며 소리를 했다고 한다. 22세 되던 무렵에는 대금 공부를 통해서 잽이로서 도당굿을 다녔다고 한다.[7] 이 대금 공부를 한 인물이 바로 평택의 김부억쇠라고 한다. 김부억쇠는 경기도 평택군 청궁면 양감리의 인물이었다고 한다. 김부억쇠에게서 배운 가락은 각별하고 대금의 "김"이나 대금의 "가락"이 특별하였다고 전한다.

---

7) 이자균, 『경기무악』, 국립문화재연구소, 2000.

경기도 동막당굿 이용우 산이(1986), 김순덕 미지 산바라기

이후 숙부인 이종만에게서 6년 동안 "당굿" 또는 "도당굿"에 필요한 춤, 노래, 무악 장단, 마달(문서), 굿의 진행 제차 등을 본격적으로 배우면서 화랭이의 길로 접어들게 된다. 30세 무렵부터는 다시 창극단을 따라 나서면서 틈틈이 도당굿에도 참여하였다. 이후 도당굿에만 전념하여 당대 최고의 화랭이로 이름을 날렸다.

이동안은 1906에 경기도 화성군 향남면 송곡리에서 출생하였다.[8] 향남면의 송곡리는 전통적으로 세습무계가 번성하였던 곳이다. 이 곳을 흔히 후대의 인물들의 증언이기는 하지만 "도배 이씨"의 화랭이들 고장이라고 하는 것을 들을 수가 있다. 이동안의 할아버지 이하실(李夏實)은 단가와 피리를 잘 하는 인물이었다. 작은 할아버지인 이창실(李昌實)은 줄타기의 명수였다고 한다. 이동안의 아버지인 이재학(李在學)은 악기

---

8) 이규원, 『우리 전통 예인 백사람』, 현암사, 1995.
   이동안, 『한국민족문화대백과사전』, 한국학중앙연구원, 2016. encykorea.aks.ac.kr

와 젓대와 피리 등을 배울 수도 있었으나 그것을 실현하지 않고 서당에
다니게 되었다고 한다. 이들 집단은 모두 재인청의 도대방을 지낸 경기
도 세습무 집안인 셈이다. 당시 화성 재인청은 오늘날 예술인총연합(예
총)과 같은 기능의 예술인 총괄기관으로 악(樂)·가(歌)·무(舞)·음(音)·
곡(曲) 등 전통적인 예능 교육을 담당하기도 하였다.

(2) 이동안

이동안은 구체적으로 14세 때에 남사당패를 따라 나서서 그곳에서 김
석철이라고 하는 인물에게서 일정한 기예를 전수받았다. 그리고 광무
대에서 김인호를 통해서 본격적인 춤을 전수받았다. 그리고 박춘재를
통해서 일정하게 경기소리와 잡가 등을 전수받을 수 있었다.

이동안은 화성 재인청을 중심으로 하여 여러 계통과 경로를 통해서
배운 경기살풀이·태평무·승무·진쇠춤9)·검무·신칼대신무10)·희극
무·선달무·북춤·소고춤 등을 비롯하여 17가지 또는 36가지의 춤에
능했다고 전한다. 어름산이(줄타기)·대금과 태평소·남도잡가에 이르
기까지 다양한 기예의 소유자였다. 이동안 자신도 14세 때에 3대째(달리
2대째) 도대방을 지낸 인물이다. 재인청은 3년 뒤 민족혼을 심는다 하여
일제가 해산시키니, 그는 바로 조선왕조의 마지막 재인청(혹은 神廳이라
고 함)의 도대방(都大房) 노릇을 하게 되었던 사정이다. 이동안은 13세까
지 서당에서 한학을 배웠다. 14세 때에 남사당패에 홀려 무단 가출을
했고, 1920년 박승필에게 발탁되어 광무대 및 원각사, 문낙정에 출연하
게 되면서 10여 년간 본격적으로 예인의 수업을 받게 되었다.

---

9) 윤미라, 『이동안 진쇠춤』, 삼신각, 1992.
　　김상경, 『진쇠춤-재인 이동안의 춤세계』, 금광, 2015.
10) 정범태 외, 『이동안: 신칼대신무』, 열화당, 1992.

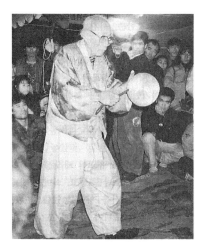

경기도 부천 장말 도당굿에서
쇠풍장을 하는 이동안 명인 1991.11.15.

재인청 출신이며 당대의 춤 명인이었던 김인호(金仁鎬) 선생에게 30여 종의 전통 무용과 장단을 배웠다. 광무대 시절 김관보(金官寶)에게 줄타기를, 장점보(張點寶)에게 대금과 피리, 해금을 배웠으며, 방태진(方泰鎭)에게 태평소를, 조진영(趙鎭英)에게 남도잡가를, 박춘재(朴春在)에게 발탈을 배웠다. 재인청의 기능과 예능이 출중하였던 것은 이러한 사정 때문이다. 그렇지만 이동안은 굿판인 어정보다 예능 세계로 진출하게 되었다.

당시 이동안의 인기는 세상을 뒤흔들었다고 전한다. 신문의 기사에서 그러한 사정을 보여주고 있다. 이동안이 줄을 타면 소 두 마리 값을 받는 최고의 대우를 받았고, 열광한 구경꾼 등의 팁은 하룻밤에도 한 달 봉급을 넘었다. 24세 때는 수원 권번 선생을 하였다. 1983년 6월 1일 중요무형문화재 기예능보유자로 지정을 받았다. 화성 재인청에서 교육한 인물로 주목되는 인물들이 더 몇 있으나 자세하게 거론하지 않기로 한다.

재인청의 산이는 출입을 핵심으로 한다. 자신의 터전에 머물러 있을 때에는 굿판에 충실하고 그곳에서 재능을 발휘하면서 근근이 살아간다. 그것이 생업이고 천직에 종사하는 것임을 분명하게 한다. 그렇지만 나라나 관아에 행사가 있을 때에는 출전하여 가무악을 제공하고 종사하는 것이 요점이다. 출과 입에 근본적 면모를 갖추었음이 확인된다. 이용우는 안에 치중한 면모를 확인하고, 이동안은 밖에 종사하는 면모를 과시

하였다.

　게다가 두 사람은 어정판의 존재들이 그러하듯이 어정판에서 머물러 있지 않고, 다른 연희판에서 자신의 재능을 연마하기도 하였다. 이용우는 서모인 박금초를 따라서 국극단과 같은 데서 활동하고 창극을 하기도 하였다. 반면에 이동안은 춤의 세계로 나아가 무대예술가로서의 경험과 실전을 하게 되었다고 해도 과언이 아니다. 이용우와 이동안에게 특별한 체험이 있었음이 확인된다. 어정판에 머물러서 예능을 발휘하는 것에 그치지 않고 젊었을 때에서 자신의 재능을 실험하기 위해서 새로운 탐험을 한 것도 비슷하다.

　이용우의 삶은 불행한 것이었고 정당한 평가가 이루어지지 못했다. 무형문화재로 지정되지 못했으며, 여러 가지 시도를 하였으나 운이 따라주지 않아 중요한 음원과 영상을 남겼음에도 불구하고 결과적으로 일정한 지위와 명예를 가지지 못했다. 그런데도 불구하고 이용우의 문건이나 자료는 그 빛이 가시지 않고 있다고 해도 과언이 아니다. 그의 유산이 온전하게 전하지 못한 것을 이제 정리해야 할 책무가 남아있다.

　이동안의 삶은 고난이 있기는 했어도 말년의 그의 역량과 기량을 인정받아 발탈의 문화재로 지정된 것은 다행스러운 일이었다. 정작 그 예능의 본령은 정당하게 평가받지 못하였다. 그것은 다행 중 불행이었다. 불행은 춤의 정수가 이어질 계기를 마련하지 못했다고 하는 점이다. 탁월한 예능이 전승의 체계를 갖추지 못하게 된 것은 불행이라고 할 수가 있다. 이동안이 말년에 비참한 생을 마감하였다고 하는 것은 예술인의 진정한 것이 무엇인지 다시 생각하게 된다.

3. 경기도 도당굿 재인의 예술성

화성재인청과 인연을 맺은 인물들은 한결같이 모두 일정한 세습무가계의 산이 집안과 연결된다. 이용우의 집안과 이동안의 집안이 이에 적절한 범례이다. 이들은 모두 일정한 재인청의 대표자이거나 후손이었음이 분명하게 확인된다. 화성재인청을 매개로 하여 이들의 면모와 예능을 집중적으로 살필 필요가 있으며, 이들의 전통적인 능력을 다시 생각하면서 이들의 예술성을 평가할 필요가 있겠다. 그 점이 중요한 이유가 된다. 화성재인청은 산이들의 면모가 가장 중요하고 이들의 활약에 의해서 이들의 예술성을 전수하는 것이라고 보면 타당한 것이라고 하겠다.

〈경기도창재도청안〉을 보유하고 있는 인물이 경기도 수원군 성호면 부산리의 한촌에 사는 이종하의 집에 있다고 했는데, 이들의 가계가 전통이 있는 세습무가계였다고 한다.[11] 더욱 흥미로운 문서는 이용우의 고조부인 이계명(李啓明)의 효행을 표창하기 위해서 관에 등장(等狀)한 표창방(表彰方)의 문건이 이 집안의 확실한 내력을 보장하는 증거로 된다.[12] 이 표창방의 소지(所志)에서 신해(辛亥) 3월이라고만 표기되어서 1791년(정조15)인지 1851년(철종2)인지 판가름하기 곤란하지만, 아마도 1851년이 타당하리라 보여진다. 이로써 이용우 가계의 신뢰도는 높아진다.

일인 학자들의 현지 조사에 의하면, 이용우의 부친 이종하는 11대 세습무이고, 조사 당시에 무녀5명, 재인6명으로 구성되어 세집으로 나누

---

11) 김헌선, 「경기도 도당굿 화랭이 이용우의 구비적 개인사」, 『한국화랭이 무속의 역사와 원리 1』, 지식산업사, 1998. 이 책에 의거해서 이들의 기능과 임무를 기술하기로 한다.
12) 이와 유사한 등장문으로 이혜구선생이 소개한 바 있는 '팔도재인등등장(八道才人等等狀)'이 있다. 조선성악회에서 소중하게 간직한 문서이다. 이로 미루어 보건대 화랭이패와는 별도의 조직이 있었던 것으로 보인다.
   이혜구, 「송만재의 관우희」, 『한국음악연구』, 국민음악연구회, 1957.

어졌다고 보고하였다. 그러한 세습무가의 특징은 문헌적 자료와 함께
이용우 가계의 전통성을 보장한다. 확인 가능한 이용우의 윗세대를 재
구하면 다음과 같다.

1. 이계명(李啓明): 표창방[表彰方(高祖父)]
2. 이광달(李光達): 팔도도대방[八道都大房(曾祖父)]
3. 이규인(李奎仁): 팔도도대방[八道都大房(祖父)]
4. 이종하(李鍾河): 팔도도대방[八道都大房(父)], 이용우의 부친
   이종만(李鍾萬): 도산주[都山主(1908)(叔父)], 이용우의 당숙
5. 이용우(李龍雨, 1899~1987)

우선 이들의 직함을 이해하기 위해서 잠시 재인청의 조직을 살펴볼
필요가 있다. 재인청은 광대청 또는 화랑청이라 하는데, 경기.충청.전
라도에 도재인청을 둔다. 도청에는 대방을 우두머리로 해서 도산주를
두 명 두고, 다시 도산주 밑에는 네 명의 집강을 두며, 다시 집망 밑에는
네 명의 공원을 두며, 다시 공원 밑에는 두 명의 장무를 둔다. 군재인청
에서는 청수, 공원, 장무의 직급을 둔다. 팔도 도대방은 대방의 으뜸을
의미한다.

이용우 가계는 전통적인 세습무단을 운영하는 직책을 가졌는데, 일
제시대 이후에 이 조직이 와해된 것으로 보인다. 이 조직의 계원은 전통
적인 세습무로 한정되어 있고 소리, 줄타기, 땅재주의 연희를 할 수 있
는 화랭이의 모임이었던 것으로 보인다. 이 조직은 세습무단의 위계 질
서를 세우고, 조직원의 권익을 보호하던 단체로 보인다. 벌칙을 줄 수
있었던 것으로 보아서 상당히 규율이 엄격한 집단이었다.

한 가지 특기할 사항은 이러한 세습무집단의 조직을 운현대감(대원군)
이 장악한 바 있었고, 일제시대에는 일본인이 이와 유사한 8도사니도조

합을 결성해서 조합장직을 일본인이 관할한 사례로 이어졌다는 점이다. 이후에는 승공경신회 또는 대한경신회에 회장으로 전직경찰 간부가 당선된 악순환을 가져왔다는 사실에 주목할 필요가 있다. 이러한 조직에서 대방이나 도산주의 구실은 지대해서 이동백을 통정대부로 만들어 준 것도 이들이었음을 공언할 정도이다. 곧 이종하가 이동백을 벼슬아치로 만들었다는 것이다.

그러나 더욱 주목해야 할 사실은 이들 가계는 명실상부한 재능을 갖춘 화랭이 집단이었다는 점이다. 앞서 언급한 바와 같이 이종하는 춤의 명수였고 이종만은 당굿의 일인자였음이 명백하다. 특히 이종만의 오산 12제차를 문서만으로 검토해도 그가 굉장히 유능한 문서를 보유했고, 훌륭한 구비시인이었음을 알 수 있다.

이용우는 뼈대 있는 집안의 후예임이 이로써 입증되었다. 그러나 이 집안을 검토하면서 과연 이들 집단이 판소리 광대의 집단과는 어떻게 차이가 있는지 자세히 규명하지 못했다. 다만 18세기 이래로 막강한 힘을 발휘했던 판소리 광대와는 명확히 구분되는 어떤 차이점이 있었던 것은 분명하고, 그렇기 때문에 전라도 지역의 세습무계와는 다르게 세습무계임을 자부했던 것이 아닌가 한다. 이점은 뒤에 자세히 언급된다.

이용우는 선증애꾼으로 어정판을 많이 돌아다닌 인물이다. 선굿꾼 또는 선증애꾼이라고 하는 것은 세습남무를 일컫는 곁말이다. 이용우는 여러 기억을 더듬어서 경기도굿의 여러 가지 장단과 가락을 술회한 바 있다. 이러한 말은 대체로 지영희, 지갑성, 이충선, 임선문, 전태용의 말과 일치한다.[13] 굿판에서 사용하던 굿 음악이 실제로 관가의 사신 행차에서도 쓰였을 가능성이 있으므로 이를 구실삼아서 공역을 한 것을

---

13) 이에 대해서는 별도의 글을 준비 중이므로 상세한 보고서를 작성할 수 있을 것으로 본다.

경기도 동막 도당 당주가리(1986)

추정할 수 있을 것으로 보인다. 이용우와 대등한 처지에 있었던 인물이 화성의 향남면 출신인 이동안이다. 이동안은 부친이 화성재인청의 도 대방이었던 이재학(李在學, 1874~1946)의 장남인데 이동안은 어정판보다 다른 일에 더 많이 나서서 태평무, 신칼대신무, 진쇠춤 등에 탁월한 재 능을 발휘했던 것으로 보인다. 따라서 어정판에 많이 나선 이용우의 사 례가 더욱 적절하리라고 본다.

① 재인청의 마달 구송의 속새와 장단

이용우의 선증애꾼으로서의 예능을 볼 수 있는 굿의 거리를 대목별 로 보이고 이를 정리해서 해명하기로 한다. 재인청의 구성원의 임무는 들어와서 굿을 하는 것이다. 굿을 하면서 일정하게 자신의 본분에 충실 한 것이 기본적 면모이다. 이용우가 그러한 과정을 명확하게 보여주므 로 이를 중심으로 살필 필요가 있다. 산이들이 하는 기본적인 요건은

경기도 동막 도당 당주가리 돌돌이(1986)

마달을 구송하는 것이다. 마달을 구연하면서 이를 연행하는데 자신의
독자적인 장구 장단으로 겹굿을 하는 특징이 있다.

 "마달의 속새"를 구현하는 기본적 장단은 섭채(도살풀이), 오늬섭채,
가래조, 노랫가락, 오늬굿거리, 푸살 등이 그러한 면모를 보이고 있으
며, 이것이 기본적으로 가지고 있는 것이 가장 중요한 모습이라고 할
수가 있다. 마달의 속새를 체현하는 것이 몇 가지 장단으로 있는데 이것
을 정리해서 보이도록 한다. 마달과 장단, 장단과 속새 등이 일치하면
서 온전하게 구현하는 인물이 이제 드물어졌으므로 새로운 범형으로 다
룰 필요가 있다.

〈제석오늬섭채〉
대암 제석 소암 제석
　제불 제천 낙산 관악
석암 문전 쥔 제석 ~ 에이

제석본은 게 어디 제석본일러냐
천하궁 본이로구나
제석님의 어머니는 용궁뜰 용녀 부인
혼인 동중 인연 맺어
석 삼년 후에 한 두 달에 피를 모아
다섯 살에 반짐 받어 십삭만에 낳아놓니
저 애기 거동 봐라
팔자 하나 기박허고 사주 불길 하야
　　다섯 살에 부선망에 여섯 살에 모선망에
갈 바리 전햐 없어 아잡 삼촌 집에 가서
고공살이 허노라니 아재비는 내 아재비요
아주매미는 남의 전처 찬 밥뎅이 던져 주며 에이
　　이 밥 먹고 낭글 가라 아재비는 글을 배라
저 애기 거동 봐라
나무 연장 움켜 쥐고 나무를 가는구나

　이 장단은 제석청배를 하는 데서 쓰는 장단이다. 산이가 앉아서 장구를 치면서 잦게 몰아갈 때에 쓰는 장단이다. 무가 구연에서 흔하게 쓰이는 것으로 가령 이러한 장단을 사용하는 것은 〈시루말〉 〈손님굿〉 등의 사례에서 확인된다. 공통점은 산이가 앉아서 일정하게 장구를 혼자 치면서 불러나가는 것이라고 할 수가 있다. 이 청배의 앞대목을 일정하게 정간보로 정리하여 보이면 다음과 같다.

대	암	-	제	-	석	소	-	암	제	-	석
제	-	불	제	천	-	낙	산	-	관	악	-

　이 장단은 산이의 은어로는 오늬섭채라고 하며, 잦은몰이와 한배가 맞는 것으로 3소박 4박자로 되어 있다. 전라도의 씻김굿에서 사용되는

잦은 살풀이 장단과 한배가 통하는 장단이다. 제석청배에서 쓰이는 장단인데 선굿을 하는 미지의 제석청배와 중복된다. 미지는 도살풀이로 청배한다. 산이는 앉아서 하고, 미지는 서서 하며 산이가 자장단으로 하는 것과 산이가 비보위를 하면서 이를 타장단으로 쳐주는 것이 긴요한 가치를 지닌다.

산이 또는 화랭이가 앉은 상태에서 장구를 잡고 마달을 하는 것을 확인하게 된다. 필자의 경험으로 동막도당굿에서 앉은 청배로 이 마달을 이용우 화랭이가 제석굿에서 구연한 바 있다. 먼저 오늬섭채로 시작해서 모리를 거쳐서 발뻐드레로 마무리한다. 세 가지 청배 방식의 유형이 있다. 도살풀이-모리-발뻐드레의 유형, 가래조-모리-발뻐드레의 유형, 반굿거리-자진굿거리-발뻐드레의 유형 등이 그것이다. 이 가운데 〈제석청배〉는 이에 첫 번째 유형에 해당한다.

〈제석청배 도살풀이〉
에야 -
공심은 제레주요 제례 남산 본이로구나
집 터 잡으시니 삼이삼천 서른 수요
시물 여덟 땅을 마련 허궁천 비비천 삼화는 도리천
일심화경 되었느냐 천개는 어자하고 지벽이 여축하야
천야만야 이른 후에 일월성신 마련하는구나
대암 제석에 소암 제석 제불 제천 낙산 관악

이 장단은 제석을 청하는 미지에 의해서 이루어지는 도살풀이 장단이다. 산이와 다르게 미지는 일어서서 마달을 하면서 부채와 방울을 들고 이것을 연행한다. 미지가 일어서서 연행하는 것을 보비위를 하면서 장단을 주도하는 점은 특별하다. 해당되는 가락의 연주 부분을 일정하

게 장단으로 구성하여 보일 필요가 있다. 이를 정간보로 옮기면 다음과
같다.

덩	-	닥	닥	딱	-	닥	닥	궁	닥	궁	닥
에	야	-	-	-	-	-	-	-	-	-	-
공	심	은	-	제	례	주	요	-	-	-	-

　이 장단은 2소박 6박자로 된 장단으로 전라도의 살풀이와 한배가 맞
는 장단이다. 장단이 특별하고 신명나는 가락의 연주로 단순한 장단이
아니라 입체적인 장단의 면모를 갖추고 있다. 이 장단은 주로 청배에
사용되는 장단이다. 도살풀이로 시작해서 모리로 갔다가 발뻐드레로
마무리되는 장단인 점이 두드러진다. 도살풀이 장단은 경기도의 독자
적인 장단이고, 장단의 눈이 핵심적으로 연동되면서 가락의 입체적인
면모를 보여주고 있는 것이라고 하겠다.

〈군웅청배 또는 조상청배 : 가래조〉
(피리와 해금이 장고 장단에 맞추어서 가래조 장단을 연주한다. '합-따 쿵-
쿵-따 쿵-/3+2+3+2'이 한배가 되는 장단이다. 이것이 모두 다섯 장단이
연주된다. 먼저 한 장단은 장구만 연주한다. 나머지 네 장단은 피리와 해금
이 선율을 연주한다.)
　　　대월은 서른 날이요 소월은 이십 구일이요
　　　금년은 열 두 달이라 삼백은 예순 날이요
　　　동삼색 하삼색 추삼색 군웅 왕신 마누라
　　　신청 전물에 와겨서 나라님 전물로 나리오
(가래조 네 장단에 다시 피리와 해금이 선율을 연주한다.)
　　　하날은 언제 나며 땅 언제 나겨신고
　　　천지 읍신지하니

　　이 가래조 장단은 경기도 남부와 서울의 일부 지역에서 발견되는 것
과 서로 상통하는 특정한 장단이라고 할 수가 있다. 가래조 장단은 경기
도 남부의 가락에서 거리노랫가락이나 가래조 구송에 쓰이기도 하지만,
이것은 일정하게 특정한 신을 청하는 것에서 발견된다. 그 장단의 면모
를 핵심적으로 보여주는 점에서 가장 긴요한 가치를 가지고 있음이 확
인된다. 이 가래조를 장단의 구음과 사설을 정간보로 옮기게 되면 다음
과 같이 정리된다.

덩	-	따	쿵	-	덩	-	따	쿵	-
대	월	은	서	른	날	-	이	요	-
소	월	은	이	십	구	-	일	-	-

　　이 장단은 경기도에서 쓰이는 아주 드문 장단이다. 가래조는 조상굿
이나 군웅굿에서 쓰이는 독자적인 청배 장단이다. 가래조는 엇모리와
한배가 맞는 장단이다. 그런데 엇모리와 한배가 맞기는 하나 안밖으로
바꾸어서 치기 때문에 다소 기이하게 들린다. 또한 가래조는 전악과 소
리꾼이 서로 번갈아서 소리를 하기 때문에 악기의 선율과 소리꾼의 소
리 교대되는 기이한 체험을 하게 한다. 먼저 피리와 해금이 선율을 가래
조 장단에 맞추어서 하고 이어서 화랭이가 마달을 한다.
　　마달은 장단과 사설이 규칙적으로 붙는 것은 아니다. 불규칙하게 붙
으며 가변적인 붙임을 하는데 엇붙는 것은 아니다. 둘의 소리 교대에는
일정한 장단을 규칙적으로 반복하지 않고 피리와 해금은 대체로 네 장
단을 연주해서 고정적인 장단 운용을 한다. 우리 음악에서 이러한 방식
이 전혀 없었던 것은 아니다. 〈수제천(壽齊天)〉과 형식에서도 한 장단
가운데 앞에서 피리가 선율을 연주하고 난 뒤에 이를 이어서 해금과 대

금 등이 주선율을 받아 이어서 연주하는 연음형식(連音形式)과 일치한
다. 차이가 있다면 한 장단 내에서 교대하는 것과 다르게 가래조에는
몇 장단을 거푸 연주한 다음에 바꾸는 것과 일치한다.

〈푸살〉
공심은 제레주요 제래 남산본이로구나
집 터를 잡으시니 삼이삼천 서른 에이 ~
　　에이요, 에이 에이 에이요.
　　산이로구나
　　산이로구나
　　에이요, 에요 ~
높은 데는 밭을 갈고 얕은 데는 노을 풀어서
구백구식 씨를 던져 매거니 가꾸거니
에이요, 에이요,
　　에이요, 에이요, 에라 ~
　　산이로구나,
　　산이로구나
　　에이요, 에요~

　푸살장단은 새성주굿에서 쓰이는 장단이며, 가장 특별한 장단이다.
새성주굿을 할 때에 대들보에다가 광목을 늘이고 그것을 잡아당기면서
하는 소리이다. 앞소리를 대고 이것을 뒤에서 산이들이 받으면서 하는
소리인데 이것을 한층 강화해서 멋지게 하는 소리이다. 2소박 장단이
3 여느 장단 또는 보통 장단을 이루고 이것이 5개의 대박으로 불리는
것이 소리의 기본적인 패턴이다. 이를 정간보로 옮기면 다음과 같다.

산	이	로	구	나	-	산	이	로	구	나	-	산	-	이	-	-	-	로	-	-	-	-	-	다	-	-	-	-	-

중머리장단에 한 개가 더 붙어 있다고 보면 이해가 쉽사리 이루어지리라고 본다. 산이들은 이러한 장단을 통해서 자신들의 기예능을 연마해서 보여주고자 했던 것이다. 이러한 사설 말고도 다양한 여러 가지 장단을 선보이는 때도 있는데 그것이 곧 터벌림, 진쇠, 반설음 등에서도 나타난다.

경기도 지역의 푸살과 같은 유형의 장단으로 동해안의 자삼장단이 있다. 동해안에서는 자삼장단이 고산염불에서부터 비롯된 것으로 설명한다. 하지만 자삼장단은 경기도의 푸살을 가져다가 이식했을 가능성이 더욱 높다. 따라서 푸살은 동해안과 경기도 지역의 세습남무들의 장단 이식과 토착화라는 교섭사에도 일정한 의의가 부여되는 장단이기도 하다.

② 춤 장단의 전통

화성재인청이 활용한 것들은 무속적인 것에 머물러 있지 않았다. 무속에서 구연하거나 보비위를 하는 것이 본령이 아니다. 이것이 일층적이고 일차원적인 구실이라고 한다면 오히려 그 다음이 더욱 차원을 높여서 바라볼 수 있는 것이 춤이라고 하겠다. 그것은 무속의 춤을 전통적인 요소로 삼아서 새롭게 변형하는 차원이 가능하다. 그것은 이층집이 되고 동시에 2차원을 더하는 것이라고 할 수가 있겠다. 그것이 핵심적 소인이라고 하겠다.

화성재인청의 본연의 임무 가운데 하나는 춤 교육에 있는지도 모르겠다. 구체적인 증거가 춤으로 남아 있기도 해서이지만 춤은 화성재인청의 핵심적 면모를 드러내는 것이고, 이동안을 비롯한 여러 인물의 예술적 본거지가 된 것은 화성재인청의 춤이기 때문이다. 근대여명기 춤의 본산지 노릇을 했기 때문에 이러한 춤에 대한 본향을 화성재인청으로 삼기도 한다.

근대의 춤은 가장 어려운 것이고, 가무악희의 총괄적 성격을 지니고 있는 것이므로 이를 학습의 핵심에 두고 연마하고 전승하는 것이 당연한 것이다. 춤 학습과 전승 과정에 있어서 가장 긴요한 것이 바로 춤의 더미를 익히는 것이다. 마구잡이로 하는 것이 아니라 일정한 덩어리를 갖추고 있는 것이 가장 중요한 것이다.

그것이 구체적으로 발현되면서 춤의 이치를 익히는 것이 가장 시급히 해결되어야 할 문제이기 때문에 공히 이러한 전통과 맥락을 함께 하면서 화성재인청의 본거지를 활용하게 된다. 일반적으로 알려진 춤의 장단 유형이자 결합 양상이라고 할 수 있다. 그것의 구체적인 양상을 정리하여 보면 한성준을 비롯하여 김인호 등의 춤 자체의 맥락이 여기에 닿아 있다고도 할 수 있다.

이것은 경기도의 이동안을 비롯한 춤의 양상과 함께 내포제의 전통, 저포팔읍의 전통이 맥락을 함께 하는 것이다. 한영숙류를 비롯한 한성준의 춤사위에서 장단이 연결되는 유형이라고 할 수가 있겠다. 이러한 전승의 전통을 통해서 일정한 단위와 춤 장단에 입각한 춤사위를 발현하는 방식이라고 할 수 있으므로 일정한 것이라고 할 수가 있을 것이다. 전승의 구체적 발현과 실제적 구현을 검토하기 위해서 이러한 춤의 춤사위 연결과 장단을 함께 고찰할 필요가 있다. 네 가지 용례를 구체적으로 살펴볼 필요가 있겠으며, 이를 세부적으로 살펴볼 필요가 있다.

1) 푸살 - 터벌림
2) 반설음(터벌림) - 모리
3) 올림채 - 모리 - 넘김채 - 겹마치기
4) 도살풀이 - 모리 - 발뻐드래 - 자진굿거리

우리는 이상의 결합 방식에 대해서 주목할 필요가 있다. 대체로 전통적인 경기도 남부의 굿에서 발견되는 일정한 패턴을 유지하고 있으므로 이를 주목해서 말해야 한다.[14] 동시에 우리는 이 패턴이 어떠한 굿의 구성 요소에 근거하는 것인지 밝힘으로 해서 태평무의 전통이 굿에 입각하고 있는지 밝힐 수가 있을 것으로 판단된다.

태평무는 철저하게 경기도 남부굿의 전통에 입각하고 있다. 장단은 단순하게 구성되지 않고 복잡한 구성요소들을 결합하는 방식에 의존하고 있다. 게다가 더욱 중요한 사실은 구성요소를 운용하는 방식에서 더욱 다채로운 변형을 가미하는 것이다. 장단을 연주하면서 이 장단을 일정하게 다르게 만드는 것을 볼 수가 있다. 그렇게 해서 장단이 집을 짓는 것을 흔하게 볼 수가 있다.

장단이 집을 짓는다고 하는 사실이 매우 중요하다. 일차원의 운용에서 벗어나서 새로운 차원의 이차원 또는 삼차원의 입체화를 시도한다. 구성요소들은 기본적인 얼개를 유지하지만 다채로운 변이를 일으킨다. 춤사위가 화려해지고 다양해지게 되는 것은 이 때문이다. 다양한 원천이 다양한 구성요소에서 확인되지만 더 나아가서 새로운 차원의 입체화를 획책하기에 이른다.

위에 예시한 것은 기본적인 장단과 춤의 패턴을 보여주는 것이고, 본질적인 변화나 변이를 대상으로 하는 것은 아니다. 그런 점에서 기본적 면모만을 예시하는 것으로 이해해도 무방하다. 우선 이를 간단하게 살피고 이에 대한 평가를 내려야 할 것으로 판단된다.

1)은 푸살과 터벌림이 결합된 것으로 남부굿에서 근거한 것을 새롭게

---

14) 임수정, 『한국의 무속장단』, 민속원, 1999.
　　임수정, 「태평무의 반주음악 연구-한영숙류를 중심으로-」, 『한국음악사학보』 제29집, 한국음악사학회, 2002.

조합한 유형이다. 푸살은 새성주굿에서 쓰이는 장단이다. 새성주굿은
성주를 부칠 때에 남무인 산이들이 광목을 대들보에 걸고서 이를 잡아
당기면서 일정하게 춤을 추는 데서 유래한 것이다. 이 장단은 흔하게
쓰이는 것은 아니다. 이 장단을 서로 연결하면서 하나의 유형을 구성한
것이다.

　터벌림은 도당굿에서 쓰이는 장단으로 흔히 터잽이, 그루백이, 공거
리 등으로 지칭되는 것이다.[15] 도당굿의 굿판이 많은 관객으로 좁혀졌
을 때에 좁아진 굿판을 넓히려는 의도로 하는 굿에서의 행위이다. 그러
면서 삼진삼퇴를 하고 판을 고르고 넓히는 구실을 하게 된다. 푸살과
터벌림을 합치면서 하나의 유형으로 구성하면서 태평무의 전통을 확립
한 것으로 이해된다.

푸살

1						2						3						4						5					
1	2	3	4	5	6	1	2	3	4	5	6	1	2	3	4	5	6	1	2	3	4	5	6	1	2	3	4	5	6
덩		덩		덩		덩		궁	따	다	따	따	궁	궁		굽		딱			딱			궁		궁		따	

터벌림

1	2	3	2	2	3	3	2	3	4	2	3	5	2	3	1	2	3	2	2	3	3	2	3	4	2	3	5	2	3
덩			따	다		따				궁		따	다		따	궁		궁				따		따	궁		따	굽	

---

15) 터벌림 장단에는 견해 차이가 심각하게 나타난다. 임수정교수는 터벌림을 3소박과 2소박
　으로 된 혼소박이라고 하였는데 실상은 간단하지 않다고 본다. 김헌선이 이에 대해서 이미
　자세하게 논의한 바 있으므로 논의를 그쪽으로 미룬다. 김헌선, 「경기 판소리의 정착과
　형성 집단」, 『경기판소리』, 경기도국악당, 2005.

갱	-	-	갱	-	-	갱	-	개	갱	-	개	갯	-	개	(내드름)
갱	-	-	갱	-	-	갠	-	지	갠	지	개	갱	-	개	(암채)
갯	깽	-	갠	-	지	갯	-	개	갠	지	개	갱	-	개	(숫채)

2)는 반설음과 모리가 결합된 유형이다. 반설음은 전반적으로 본다면 두 개의 장단이 하나로 연결되는 장단이다. 3소박 10박으로 되어 있지만 이를 다시 둘로 갈라서 3소박 5박자로 나눌 수가 있다. 암채와 숫채로 갈라지는 것이 핵심적인 요건이다. 그 구성 방식에서는 농악의 3채 가락과 비슷한 형태로 되어 있다.

산이가 직접 쇠를 들고 치던 전통에서 유래된 장단이다. 이를 달리 터벌림이라고 하는 이들도 있는데 확언하기 어려운 면모가 있다. 이 장단은 두 가지의 특정한 장단으로 구성되는데 그것 가운데 하나가 모리라고 하는 장단이다. 모리는 섭채의 모리와 같은 장단에서 쓰이는 일종의 경과구이자 마무리에서 흔하게 나타나는 장단이라고 할 수가 있다. 이 장단의 유형은 남부굿의 전통적인 것이라고 할 수가 있다.

굿거리의 문맥이 불분명하나 대체로 남부굿의 전통과 연결되어 있으면서도 가장 특정하게 발달한 장단이라고 할 수가 있다. 춤사위가 화려하고 쇳가락을 놀리면서 연주하는 신명이 가득한 장단이 결합된 유형이라고 하겠다. 장단의 연주와 운용이 각별한 특징이 이 장단의 유형에 있는 셈이다.

반설음

박자	1	2	3	2	2	3	3	2	3	4	2	3	5	2	3	6	2	3	7	2	3	8	2	3	9	2	3	10	2	3
내는형	덩			덩			덩			따			따	다		따	구	궁	궁			따			따	궁		따	다	따
기본형	덩			궁			따			따	궁		따	다		따	구	궁	궁			따			따	궁		따	다	따
맺는형	덩			궁			따	다		따	궁		따	다		따	구	궁	구	궁		따			따	궁		따	닥	

모리

박자	1	2	3	2	2	3	3	2	3	4	2	3
기본채	궁	따	따	궁	따	따	궁	따	따	궁	따	따
변 채	덩		궁	덩	다라	라	궁	따	따	궁	따	따

3)은 경기도 남부굿의 전통적인 장단을 가장 잘 응집한 유형이다. 전통적 방식으로는 진쇠장단에 입각하여 동시에 올림채, 넘김채, 연결채, 그리고 겹마치기 등을 구현하는 것이 기본적 방식이라고 할 수가 있다. 장단의 신명이 가장 특별하게 조성된다. 그런데 현재 진쇠까지 여기에다 달아서 치지 않는다. 그렇기 때문에 이러한 장단의 구성은 춤을 위해서 극도로 집약되어 있으며 춤사위를 달구고 가능하게 하는 복잡한 형태로 발전시킨 것이라고 할 수가 있다.

올림채는 3소박과 2소박이 결합된 형태로 혼소박의 모습을 한 것이다. 가락이 타악 장단에서는 가장 변화무쌍한 것으로 알려져 있으며 이러한 장단의 기본적 틀이 다양하게 나타나기 때문에 기본적으로 경기도 남부굿에서 나타나는 형태를 모두 보여준다고 해도 과언이 아니다. 올림채는 내드림 형태, 기본형, 모리, 맺는형 등으로 다채롭게 구성된다.

쌍군웅춤에서 올림채라고 하는 위대한 굿거리가 파생되었으며 이를 통한 일련의 굿거리 구성에서 위대한 도당굿의 춤사위가 태평무로 승화된 것임을 절감하게 된다. 올림채 장단에 대한 일련의 의의가 있는 비약이 이 굿거리에서 이루어졌음은 숨길 수 없는 사실이라고 할 수가 있다. 올림채 장단에 대한 정확한 기록은 음원으로만 전하는 것이 아니라 실제로 살아있는 현장의 음악임을 다시금 절감하게 된다.

넘김채와 연결채가 있어서 다른 장단의 등장에 앞서서 경과구 구실을 하는 장단의 형태도 있음이 확인된다. 기본적으로 동일한 형태의 것은 아니지만 이어서 겹마치기라고 하는 특정한 형태가 다시 결합하면서 이채로운 특징을 가지고 있다. 겹마치기는 자진굿거리와 한배가 맞는 기본적 특징을 구현한다. 타악만으로 연주되던 것에서 이와 달리 이제부터는 삼현육각이 연주된다.

이와 같은 장단은 군웅굿을 진행할 때에 산이와 미지가 함께 쌍군웅

춤을 추면서 방수를 밟을 때에 연주하는 것이다. 장단의 특정한 면모가 살아나면서 좋지 않은 기운을 물리치면서 대무를 하는 과정에서 파생된 것이라고 할 수가 있다. 경기도의 남부굿을 계승한 유형이다. 군웅굿은 제석굿과 쌍벽을 이루는 경기도 남부굿의 풍성한 굿거리 가운데 하나이다.

올림채

박자	1	2	3	2	2	3	2	4	2	3
내는형	더궁		따	궁		덩		궁		따
기본형	덩	따	따	덩	따	덩	따	덩	따	따
모리	덩		따	궁		따	구	궁	따	따
맺는형	덩		따	궁		따	구	궁	딱	

넘김채

박자	1	2	3	2	2	3	2	4	2	3
넘김채	덩		더	덩		덩		덩		따
	덩		더	덩		덩		궁	딱	

연결채

박자	1	2	3	2	2	3	3	2	3	4	2	3
연결채	덩	덩	드르	덩	덩		덩	덩	드르	덩	덩	

겹마치기 또는 것마치기

박자	1	2	3	2	2	3	3	2	3	4	2	3
내는형	덩			덩			덩		따	닥	궁	
기본형	덩		궁		따	구	궁		따	닥	궁	
	덩		따	따	궁		궁		따	따	궁	
맺는형	따	따	궁		따	구	궁		따	닥	궁	

4)는 전형적으로 남부굿에서 흔하게 쓰이는 장단을 집약한 유형이다. 본래는 신을 청하는 청배 장단으로 쓰이던 것인데 이것이 승화되어 발전한 전형적 사례이다. 제석신을 청하거나 동시에 다른 여러 신격을 청

하는데 일반적으로 등장하는 유형이다. 산이들은 이를 흔히 섭채라고 하는데 이 섭채는 무가를 구연하거나 동시에 춤사위로 신을 구성하는데도 등장하는 것을 볼 수가 있다. 이 점에서 태평무를 구성하는 네 가지 국면 가운데 하나는 전형적인 도당굿의 형태를 충실하게 구성하는 요소라고 할 수가 있다.

도살풀이는 살풀이와 한배가 같지만 장단의 구성 요소에 차이가 있다. 2소박 6박자로 되어 있으며 마지막 2박자에 공박을 두고 무가를 구연하던 전통적 장단이라고 할 수가 있다. 여기에 한배를 채우기 위한 춤사위에 일정한 변이가 수반되는 것은 당연하다고 하겠다. 도살풀이의 장단은 경기도 남부의 산이들이 개척한 매우 긴밀한 장단임을 다시금 강조할 수가 있겠다.

모리와 발뻐드래는 도살풀이에 이은 특정한 장단인데, 그러한 구성 요소는 대체로 이러한 장단에 무가를 구연하면서 수비를 풀던 전통에서 비롯되었는데 춤사위에도 일정한 변이를 일으키게 되면서 발달시킨 특정한 형태임을 강조할 수가 있겠다. 특정한 형태의 일정한 법칙과 원칙을 가지고 있다. 구성 요소에서 일정한 의의를 가지고 있는 것을 볼 수가 있다. 자진굿거리는 여기에 종속시키지 않는 것인데 다채로운 전통을 계승하면서 일으킨 것이라고 할 수가 있으며 마무리의 장단으로 소중한 구실을 하는 것임을 인정할 수가 있다. 경기도 남부의 굿에서만 발견되는 마무리 장단으로 당악장단과 다른 특징이 있는 것이다.

도살풀이

박자	1	2	2	2	3	2	4	2	5	2	6	2
내는형	덩	덩	더 더 덩		떡		덩	따	궁	따 구	궁	따닥
기본형	덩		딱		궁		따	따	궁	따 구	궁	따닥
맺는형	덩		따		따 다 닥		따	따	궁	따 구	궁	따닥

자진굿거리

박자	1	2	3	2	2	3	3	2	3	4	2	3
내는형	덩		더	덩		더	덩		더	궁	딱	구
기본형	덩		따 구	궁	따	구	덩	다	다 구	궁	따	구
맺는형	덩		궁		따	구	궁		딱			

③ 집을 짓는 장단-춤 장단의 정수

굿이라고 하는 맥락에서 벗어나서 일정하게 예술적 도약을 한 부분이 바로 이 대목이다. 장단을 기초로 하면서 이를 새롭게 발전시킨 것이 바로 춤 장단의 정수를 구현하는 것이다. 진쇠 장단이라고 하는 독자적 면모를 과시하면서 장단을 집을 지으면서 치게 하는 것이 바로 이것이다. 본디 굿에서 일정한 거리에서 구현되었던 것을 특정하게 발전시키면서 새롭게 변화시킨 것이 바로 이 유형의 것이고, 예술적 세련도가 매우 높은 것이 이와 같은 것이라고 하겠다. 1층과 2층 위에 새롭게 한 층을 올린 것이 집을 짓는 장단이라고 할 수가 있다.

집을 짓는 장단은 성격이 각별한 것이고, 분할론의 관점에서는 그렇게 잘 요해되는 것은 아니다. 서양의 구체적 장단이 발현되고 기보하는 것은 분할론에 입각한 균등분할의 핵심을 이루고 있다. 그런데 서양의 균등분할론적 각도의 기보와 채록은 일정한 한계가 있다. 이것을 극복하고 색다르게 하는 방식으로 적절한 것이 바로 집합론이다. 벨라 바르톡(Béla Bartók, 1881~1945)이 헝가리 민요의 1만 2천 곡을 채보한 것을 바탕으로 일정하게 분할론의 관점으로 곡을 채보할 수 없었던 점을 통해서 새로운 이론을 구현하게 된다. 그것이 바로 집합론의 개념이 된다. 이를 구현하는 것이 집합론의 관점에서 이를 채보하고 실현하는 것이라고 할 수가 있겠다.[16]

장단의 배대가 균형이 맞지 않고, 분할론으로 해명할 수 없는 것이

요점이다. 장단이 불규칙하면서도 규칙성을 가지는 특별한 점이 매우
특별하고, 이점을 착안한 전통 예인들이 이것을 고려하여 흔히 "장단이
집을 짓는다"고 표현한 것이다. 그 점에서 장단의 분할과 불규칙한 점을
들어서 인상적으로 말한 사실을 주목할 필요가 있겠다. 분할론의 방식
으로 해명할 수 없는 것이 이러한 특징 때문이고, 그러한 사실을 들어서
벨라 바르톡이나 졸탄 코다이(Zoltán Kodály, 1882~1967), 쿠르트 작스
(Curt Sachs, 1881~1959)의 저작 등이 이러한 이론의 전거가 된다.[17]

③-1. 진쇠장단-올림채-넘김채-겹마치기-자진굿거리

진쇠장단의 일정한 모듬 떨기는 본래 굿에서 있었던 것을 활용한 것
이다. 구체적으로 확증되는 것은 아니지만 기원에 대해서 말하는 것을
보면, 진쇠춤은 "아황 여영 두 왕녀가 부왕의 병환이 낫기를 기원하여
추었다는 춤으로 현재의 도당굿이나 제석굿에서 춤"이라고 하였으며,
이와 달리 올림채춤은 "진쇠춤에서 따온 것이라고 하고, 제석거리에서
춤, 부정놀이 다음에 추는 것으로 올림채 중간에 천둥채가 나오고 다시
올림채로 돌아와서 겹마치로 끝난다"고 되어 있다.[18] 단일한 장단이 아
니고 여러 장단이 겹쳐져 나오는 것이 이 장단의 특징이라고 할 수가

16) Béla Bartók and Albert B. Lord. With a foreword by George Herzog,
   *Serbo-Croatian folk songs; texts and transcriptions of seventy-five folk songs
   from the Milman Parry collection and a morphology of Serbo-Croatian folk
   melodies*, Columbia University studies in musicology, no. 7, Columbia, 1951.
   Béla Bartók, "The Influence of Peasant Music on Modern Music (1931)". In *Béla
   Bartók Essays*, edited by Benjamin Suchoff, 340-44. London: Faber & Faber, 1976.
17) 이수경, 「분할,부가의 이분법적 닫힌 리듬론을 넘어 평화로운 공존의 열린 리듬론으로:
   쿠르트 작스 리듬론의 배경과 한계」, 『이화음악논집』 Vol.20 No.1, 이화여자대학교 음악
   연구소, 2016.
18) 朴憲鳳, 『진쇠장단외 十一장단-重要無形文化財調査報告書 第二十八號--一九六六
   年 十二月』, 文敎部, 1966, 11쪽.

있다. 그 장단의 틀을 보면 다음과 같다.

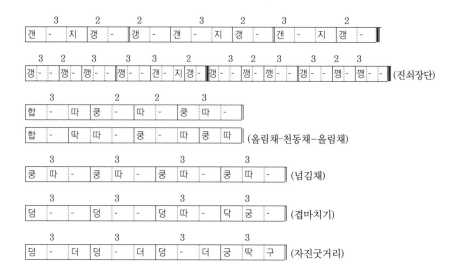

위 장단은 중요한 의미를 지니고 있는 장단이다. 진쇠는 곧 긴쇠라고 하는 데서 유래되었을 가능성이 있다. 진쇠장단의 하나의 모듬 떨기를 보여주는 사례이다. 진쇠장단에서 올림채로 갔다고 다시금 천둥채를 거쳐서 넘김채로 가고, 마지막으로 겹마치기로 가는 것이 이 장단의 특성적 전개과정이다. 춤 장단의 전개과정과 일치하나 전반적 전개는 혼소박장단에서 규칙적 소박장단으로 전개된다. 터벌림과 같은 장단도 구성 방식은 거의 동일하다. 장단을 만들어 가는 방식에는 차이가 있으니 3소박 5박자 장단을 변형시키는 것이다. 암채와 숫채로 바꾸어 치면서 변화를 주는 것이 차이가 있을 따름이다.

진쇠 장단은 장단이 집을 짓는 장단이다. 진쇠장단은 엇모리장단의 하위 요소인 3+2의 엇모리형 요소로 되어 있고, 이어서 청보 1장과 유사한 것을 네 차례 제시하고, 다시금 원래의 시작 리듬요소로 되돌아간다. 장단이 한 층으로 한 칸으로 되어 있지 않고 다시금 장단이 반복되다가 발전하는 악구형으로 진전되는데, 이것을 장단이 집을 짓는다고 한다. 집을 짓는 장단은 한국음악의 특성을 보여주는 것이고, 세계에 내세울 만한 장단이 아닌가 한다.

③-2. 터벌림-넘김채-겹마치기-자진굿거리(태평무)

이 춤은 달리 태평무라고 알려져 있으나 본디는 굿거리에서 선굿꾼이나 선증애꾼의 굿이 시작될 무렵에 추는 굿의 장단이라고 할 수가 있다. 터잽이나 터벌림, 공거리 등에서 연주하는 것이라고 할 수가 있다. 이 춤의 유래는 병의 완쾌를 기뻐하고 동시에 왕후와 시녀들이 함께 왕의 태평성대를 상징하는 것이라고 하였다. 그런데 이 춤은 사실 도당굿에서 잡귀를 물리치기 위해서 이 춤을 추었다고 한다.[19]

근대무용가로 활약한 거장 한성준이 이 장단을 근간으로 하여 이것을 다시금 민속무용으로 가다듬어졌다고 할 수가 있겠다. 화성재인청의 이동안 역시 계보를 달리하지만 김인호와 같은 인물의 춤 장단을 전수하면서 이와 같은 도당굿의 음악에 기초를 두고 새롭게 연마하면서 이러한 태평무의 장단에 의한 춤을 전승했을 개연성이 적지 않다. 그것이 근대무용가로서의 면모를 보여주는 긴요한 면모라고 이해된다. 터벌림춤은 주술에서 예능으로, 굿에서 춤으로 발전한 적절한 본보기라고 하겠다.

갱	-	-	갱	-	-	갱	-	개 ‖	갱	-	개	갯	-	개 ‖	(내드름)
갱	-	-	갱	-	-	갠	-	지 ‖	갠	지	개	갯	-	개 ‖	(암채)
갯	깽	-	갠	-	지	갯	-	개 ‖	갠	지	개	갯	-	개 ‖	(숫채)

19) 朴憲鳳, 『진쇠장단외 十一장단-重要無形文化財調査報告書 第二十八號--一九六六 年 十二月』, 文教部, 1966, 12쪽.

터벌림의 연쇄 장단은 장단이 집을 짓는 것이 아니고 내드름, 암채와 숫채를 번갈아가면서 앞으로 나갔다가 뒤로 물러서는 장단의 반복이 긴요하다. 이러한 장단의 주기와 춤사위가 일치하는 것은 매우 주목되는 현상으로 장단의 주기를 가지고 여러 가지 춤사위를 연주하는 것이 필요하게 된다. 이 장단은 특정하게 굿거리인 터잽이, 터벌림, 공거리 등으로 해서 연행하는 장단이다. 터벌림 하나만을 가지고 연주하지 않고, 다른 장단과 함께 위의 예시처럼 잇대어서 연주한다. 터벌림, 넘김채, 겹마치기, 자진굿거리 등이 이에 해당한다. 장단 하나로 되어 있는 것이 아니고, 다른 장단과 연쇄적으로 맞물려서 진행된다.

화성재인청의 산이들은 악을 중심에 두고 연마하였을 가능성이 있다. 악은 무악을 근간으로 하고 이 무악의 핵심을 원용하면서 장단 연주를 하였다. 무악을 근간으로 하면서 무가를 구연하는 것을 요점으로 하였다. 장단의 속을 알고 장단의 속을 통해서 속새로 무가를 구송한다. 이를 흔히 마달을 한다고 말하는 것을 볼 수 있다. 마달을 하게 되면 이 마달을 말버슴새를 놓아서 일정하게 속새와 토리가 결합하는 것을 구현하게 된다.

이것을 통해서 일정한 굿거리를 진행하게 되는데 그 과정에서 근간이 되는 것은 무악임이 발혀진다. 무악의 일정한 모둠은 굿거리의 진행 절차와 관련되면서 이것을 춤과 마달, 춤과 연행의 요소로 배분하면서 발전하는 것을 보게 된다. 이것을 음악적 밀도를 높이고 동시에 연희적 신명의 크기로 배분하게 되면 그것이 바로 춤이 된다. 춤이 경기도 남부의 도당굿에서 각별하였던 것을 취사선택하여 이것을 중심으로 새롭게 변형시키게 되면 이것이 바로 도당굿의 춤이 된다. 이것이 발전하여 일정한 도당굿 살풀이춤이 된다.

경기도의 도당굿 장단을 근간으로 하면서도 고도의 장단을 구사하면서 차원이 아주 높은 음악을 연행할 수 있을 것인데, 그것이 바로 특정

한 장단으로 구성된 것이다. 그러한 사례로 적절한 것이 바로 태평무를
비롯하여 진쇠춤이나 신칼대신무 등이 된다. 이러한 것들은 모두 재인
청에서나 이룩할 수 있는 수준높은 예술이라고 할 수가 있다. 본디 굿의
기본 맥락을 지니고 있었던 것이지만 이것들을 일정하게 가공하고 특정
하게 발전시키는 것이 기본적인 발전 단계이다.

화성재인청의 산이들이 가지는 그들의 예능에 중요한 사실들을 명제
로 정리해볼 수가 있을 것이다. 그것을 사실부터 정리하면 몇 가지로
정리된다. 이를 일정하게 정리하면 다음과 같다.

> 1) 가무악의 근간은 음악이고, 음악은 단순박, 복합박, 혼소박의 장단 등이
>   요점이다.
> 2) 혼소박이 경기도 산이 음악의 근간을 이루고 혼소박–복합박–단순박 등
>   의 모듬 떨기를 이룬다.
> 3) 장단이 가와 무의 기본으로 작용하는데 제의성에 부합하는 순차적 구성
>   을 이룬다.
> 4) 가무악의 절차를 근대적으로 가다듬어서 새로운 형태의 예술성을 가미
>   하여 태평무, 진쇠춤, 터벌림춤 등의 무용을 창안한다.

1)은 두루 아는 바와 같은 것이고, 이 점은 경기도 남부 도당굿에서만
그러한 것은 아니지만 적어도 근대민속예술이나 근대무용의 복판에 있
는 경기도 도당굿 남부의 산이들이 하는 장단의 틀을 고려할 때에 당연
한 현상이다. 장단이 일정한 원리를 가지고 발전 전개되는 특성을 이룬
다. 그것은 굿의 속성과 무관하지 않고 굿의 절차와 일치한다.

2)는 더욱 중요하다. 혼소박의 장단이 일차적으로 전개되고, 이 전개
에 입각하여 일정한 장단이 연쇄적인 질서를 이룩하면서 무질서한 장단
의 틀을 형성하는 것을 볼 수가 있다. 이것이 바로 장단이 집을 짓는다

고 하는 것과 무관하지 않다. 장단의 전개가 불규칙하면서도 불규칙한 것에 일정한 질서와 규칙을 구성하는 것과 깊은 관련이 있다.

3)은 가와 무를 통해서 제의성을 구현한다. 굿거리 자체가 그러한 특성을 지니고 있으며, 동시에 굿을 벗어나서 굿 이상의 의미를 지닐 때에 이들의 제의성은 예술성을 근간으로 하면서 발전하는 것이 확인된다. 가무악의 구조적 결합이 굿에서 비롯되고 그것의 일정한 부분을 소거하고 밀도를 높이게 되면 색다른 제의성과 함께 높은 차원의 질적 가치를 지니게 된다.

4)와 같은 것이 고도의 창조적 결과와 일치하는 것을 볼 수가 있다. 이들의 전개가 바로 깊은 의미를 지니고 근대무용이나 전통적인 예술의 변혁으로 이어져서 전통을 혁신하고 동시에 새로운 차원의 높은 예술성을 갖추고 있는 것이 분명하게 드러난다. 근대예술 가운데 전통을 혁신한 무용가로 우리는 이용우와 이동안을 손꼽을 수가 있게 된다.

4. 마무리

화성재인청의 실상을 어디에서 구할 것인가? 장소인가, 조직인가, 사람인가, 유산인가? 하는 등등의 의문이 따르게 마련이다. 화성재인청은 장소이다. 장소이므로 장소로 그것을 생각할 필요가 있다. 그런가 하면 화성재인청은 조직이기도 하지만 중세시대의 흔적일 뿐이다. 이와 달리 유산이라고 하는 것이 더욱 정확할 것이다. 화성재인청의 뿌리를 구하고, 그것으로부터 배울 수가 있다면 이를 추구하는 것이 바람직하리라고 본다.

화성재인청을 공연히 미화하는 것은 올바른 일은 아니다. 화성재인청을 꾸면서 중세로 돌아가려는 것은 아닐 전망이다. 한 시대의 천민 상징을 재현하면 그것은 진정한 일은 아니다. 화성재인청을 통해서 화성재인청 전통을 수립하고 이를 오늘날에 되살리는 작업을 하자는 것이 본질이다. 화성재인청의 실상을 과거로 묶고 이를 전승한다고 하는 것은 결코 바람직하지 않다.

화성재인청은 화성의 화녕전에 근거지를 두고 있었다. 재인청은 항시적인 기구는 아니었다. 유사시에 일정하게 운용되던 곳이었다. 이 재인청의 사람들은 일상적인 일에 자신의 생업을 영위하면서 살던 사람들이었음이 분명하다. 이 글에서 이용우와 이동안을 예증삼아 이들의 예술적 처신과 일생의 굴기, 그리고 이들의 사회적 출입을 잠깐 다루었다. 화성재인청과 깊은 관련이 있으며 각기 소중한 임무를 가졌던 집안의 후예였다.

두 인물은 필자가 직접 만났던 인물이고, 경기도 도당굿판에서 이들의 기예능을 직접 체험한 경험이 있다. 이들이 화성재인청의 주역임은 말할 나위없다. 1984년 이래로 이용우와의 만남은 일생을 바꾼 계기가 되었으며, 이용우는 일생의 스승 노릇을 하였던 인물이었다. 이와 달리 이동안은 경기도 도당굿이 중요무형문화재로 지정되고 나서 1991년 11월 15~16일에 있었던 경기도 부천시 장말도당굿에 와서 터벌림 대목에서 기막힌 터벌림춤을 추었던 기억이 지금도 생생하다.

화성재인청을 내세우는 것은 온당하다. 그렇지만 그 내용을 어떻게 취급하고 무엇을 중심에도 두어야 할지 이제부터 진지하게 고민하여야 할 것으로 보인다. 유형의 장소에 무형의 정신이 담겨 있는 점을 기억할 필요가 있다. 무형의 정신이 곧 창조의 결실이고, 두 가지 결합되는데 결정하는 것이 바로 사람이다. 사람을 기억하고 사람의 생애를 기릴 수 있으며, 그것이 뻗어나간 자취를 점검하는 것이 가장 중요한 것이라고 하지 않을 수 없다. 화성재인청의 인물이 가장 오롯하고 긴밀한 자산임이 분명하다. 화성재인청의 인물들을 찾아서 정리하고 이들의 계보를 확립하면서 이들의 삶을 기억하도록 하는 것이 시급하게 해야 할 과제이다.

이용우는 성격이 차분하고 조용하고 온화한 편이었다고 한다면, 이동안은 날렵하고 신비로운 기운은 있었지만 여느 사람과 다른 면이 있었던 것을 볼 수가 있었다. 이 두 인물을 굿판에서 만난 것이 중요한 것이다. 그때 절실하게 이들을 답사하고 조금 더 파고들었으면 하는 아쉬움이 적지 않다. 그것을 후회해서 무엇을 하겠는가? 그렇지만 이들이 화성재인청의 실상이고, 화성재인청의 주인임을 명심하는 것으로 후회를 대신하는 것이 좋겠다.

이용우의 유산은 막심한데 현재는 많이 흩어져 있다. 이 자료들을 집적하고 이들의 유산을 하나로 합치는 작업을 해야 한다. 이용우는 생의 불운을 가지고 있지만, 오히려 그러한 불행에도 불구하고 소중한 기록들이 다수 존재한다. 그것을 중심으로 하여 이용우의 삶을 조망하고 화성재인청의 본보기로 제시하는 것은 의미 있는 작업이 될 것이다. 이용우의 유산을 산만하게 만든 불행을 정리하는 것이 필요하다. 이용우의 자료를 집적하고 이것을 총괄하여 보면 위대한 재인청 사람들의 그림자라도 쫓을 수가 있지 않을까 한다.

이동안의 유산은 어찌 보면 이용우의 유산보다 근대화를 더 겪은 것이라고 보아야 할 것이다. 굿판에서 얼쩡거리지 않고 일찍이 근대의 예술세계로 나아간 감이 없지 않다. 어정판을 벗어나서 갖가지 기이한 체험을 했기 때문에 이동안은 색다른 세계로 접어들었다. 일찍이 무대화된 곳에 섰고, 권번 선생 노릇까지 했다고 하므로 이를 중시할 필요가 있다. 이동안의 유산은 외진 분야로 중요무형문화재로 지정됨으로써 그 실상이 낱낱이 전하고 있지 않은 형국이다. 그런 점에서 이동안의 유산은 정리가 안되는 특징이 있다. 그의 실상을 정리하고 이 유산의 가치를 엄정하게 평가하는 작업이 필요하다.

이 세상에 영원한 것이 없다고 하는 것이 변증법의 명제이다. 그것이 앞으로 나아가는 방향이 어디인지 모른다고 하는 것이 변증법에서 보여준 확실한 준거가 된다. 화성재인청을 만들고 나서 이를 채워넣을 것이 없다고 하면 공연하게 쓸데없는 일을 한 것에 불과하다. 그러므로 이를 체계적으로 계획하면서 우리 민속예술의 본산으로 삼기 위해서 재인들의 폭넓은 사례를 정리하고 이를 온당하게 아는 작업을 해야만 가능성을 보인다고 생각한다.

화성재인청의 사람인 이용우와 이동안은 날이 갈수록 혼탁해지는 민속예술의 실상과 달리 그 진정을 다보여주는 인물로서 기억될 것이다. 왜 이들이 훌륭한 인물인가? 그것은 이들이 자신의 길을 오롯하게 가고 쉬임없는 나날을 꾸몄기 때문이다. 이용우와 이동안을 꾸며대면서 전승계보를 말하는 사람은 이들의 삶을 통해서 자신을 천명하려는 일에 지나지 않는다. 그러므로 이들의 실상이 무엇인지 화성재인청을 매개로 정확하게 알릴 임무가 우리에게 남아 있는 셈이다.

| 참고문헌 |

▸ 기본 자료

《경기도 도당굿 시나위와 마달》, 1977, KBS녹음 자료.

《경기도 수원시 매교동 김천길씨댁 집굿-안안팎굿》, 1981.03.21.(이보형녹음)

《경기도 새남굿》1, 1981.11.06.-07., 경기도 인천시 율목동.(아르코자료집)

《경기도 도당굿》 1982, 용인 민속촌 자료.(정인삼녹화자료)

《경기도 도당굿》, 1986, 아르코자료집.(우이동 전씨굿당, 오마금 이용우 오수복)

《경기도 인천 동막도당굿》, 1984.04.03.-04., 현장 영상 자료(김인회교수)와 음원 자료.(김헌선소장)

《경기무악》, 국립문화재연구소, 2000.(이보형녹음자료)
朴憲鳳, 《진쇠장단외 十一장단-重要無形文化財調査報告書 第二十八號-一九六六年 十二月》, 文敎部,
　　1966.
赤松智城·秋葉隆, 《朝鮮巫俗の硏究》下卷, 屋號書店, 1938.

▸ 연구논저
김동욱, 《한국가요의 연구》, 을유문화사, 1961.
김상경, 《진쇠춤-재인 이동안의 춤세계》, 금광, 2015.
김헌선, 《경기도 도당굿의 현지 연구》, 집문당, 1994.
김헌선, 《한국 화랭이 무속의 역사와 원리》, 지식산업사, 1997.
김헌선, 〈경기 판소리의 정착과 형성 집단〉, 『경기판소리』, 경기도국악당, 2005.
사진실, 《공연문화의 전통》, 태학사, 2002.
손태도, 《광대의 가창문화》, 집문당, 2003.
윤미라, 《이동안 진쇠춤》, 삼신각, 1992.
이규원, 《우리 전통 예인 백사람》, 현암사, 1995.
이동안, 《한국민족문화대백과사전》, 한국학중앙연구원, 2016.
이수경, 〈분할·부가의 이분법적 닫힌 리듬론을 넘어 평화로운 공존의 열린 리듬론으로: 쿠르트 작스
　　리듬론의 배경과 한계〉, 《이화음악논집》 Vol.20 No.1, 이화여자대학교 음악연구소, 2016.
이혜구, 〈송만재의 관우희〉, 《한국음악연구》, 국민음악연구회, 1957.
임수정, 『한국의 무속장단』, 민속원, 1999.
임수정, 〈태평무의 반주음악 연구-한영숙류를 중심으로-〉, 『한국음악사학보』 제29집, 한국음악사학회,
　　2002.
전경욱, 《한국의 전통연희》, 학고재, 2004.
정범태외, 《이동안: 신칼대신무》, 열화당, 1992.

Béla Bartók and Albert B. Lord. With a foreword by George Herzog, Serbo-Croatian folk
　　songs; texts and transcriptions of seventy-five folk songs from the Milman Parry
　　collection and a morphology of Serbo-Croatian folk melodies, Columbia University
　　studies in musicology, no. 7, Columbia, 1951.
Béla Bartók, "The Influence of Peasant Music on Modern Music (1931)". In Béla Bartók
　　Essays, edited by Benjamin Suchoff, 340-44. London: Faber & Faber, 1976.

경기도 도당굿 춤의 전통과 혁신

— 이애주 춤의 체용(體用)적 관점 —

1. 이애주 춤의 체용

이애주는 전통에 충실한 춤꾼이다.[1] 그 구체적 증거가 한성준에서 한영숙으로 이어지는 태평무의 전통을 계승하고 있는데서 발견된다. 전통이 없이 휘뚜루마뚜루 춤을 추지 않아서 그렇기 때문에 이애주가 딛고 있는 땅이 우리들의 숨결과 영혼을 결정한 이 땅의 조상이 만들어 준 전통에 입각하고 있는 것임을 분명하게 하고 있다.

이와 동시에 이애주는 전통을 혁신하고 있는 창조적 춤꾼임이 명확하다. 전통이 머물러 고이지 않도록 하고 이 전통을 혁신하는 일에 몸소 앞장서고 그 삶을 충실하게 이행하고 있음을 알 수가 있다. 이애주는 전통을 혁신하면서 현실에 눈감지 않는 삶을 실천적으로 구현하고 있는 현재 진행형의 춤꾼이다.

춤에 전통이 있다고 하는 것은 전승계보가 분명하다는 말이다. 전승

---

[1] 이 글은 이애주 교수님의 학술굿판에서 태평무를 중심으로 하는 이애주 교수님의 창조력을 평가하려는 의도에서 작성된 글이다. 일단 현상을 존중하면서 이를 통한 일련의 탐색을 담아낼 예정이므로 미완성이다. 다소 글이 버성기기는 하지만 한 사람이 이룩한 혁신적 과업을 평가하고 의의를 말하고자 한다.

계보는 인위적인 조작일 수 없고 문화를 운반하는 일정한 트레일러와도 같은 것이다. 사람에서 사람으로 이어지지만 이면에 깊은 고뇌어린 창조의 혼이 살아 숨쉬는 것일 수가 있다. 그것은 춤 운반자의 정확한 채널을 얻고 있다는 말이다.

동시에 춤의 채널이 분명하다고 하는 것은 그 자체의 경로만을 확보하였다고 하는 것은 아니다. 그러한 전통을 어떻게 일구어서 이것을 의사소통 행위로 분명하게 활용한 것인가 하는 점이 더욱 긴요하다. 춤의 채널을 분명하게 하면서 의사소통 행위로 활용하면서 시대와 대화하고 시대의 문제를 표현하는 상징으로 활용한 점이 더욱 중요한 행위이다. 그래서 이애주 춤은 전통을 혁신하는 위대한 사명을 체현하였다.

전통의 창조와 혁신은 불가분의 관계에 있다. 흔히 하는 말로 둘은 불가분의 관계에 있지만 서로 분리할 수 없는 것은 아니다. 전통과 혁신의 양면을 우리가 흔하게 철학적으로 정립하여 이것은 체용이라고 하는 말로 사용하는 것이 긴요하다. 그러한 말이 곧 선불교나 신유학에서 말한 체용이다.

체는 본체이다. 이애주 춤의 본체는 전통이다. 용은 활용·작용·발용 등 다각도로 풀이해서 말할 수가 있다. 이애주 춤의 작용은 시대와의 소통이고 신명을 억누르고 있는 곳을 찾아서 신명풀이를 하는 작용에 힘을 기울였다. 그렇게 해서 체용이 구분되지 않는 이른 체용일여의 삶을 몸소 실천한 인물이라고 할 수가 있다. 체용준별의 분별에서 벗어나서 춤의 전통이 혁신이고 혁신이 전통이라고 하는 점을 분명하게 한 셈이다. 그렇게 해서 춤의 실제적 활용과 적용에 대한 일련의 실천을 분명하게 한 수행자 노릇을 하였다.

한 곳에 머무르지 않는 영원한 춤의 방랑자, 편력자, 그리고 수행자라고 하는 것은 그러한 의미에서 이애주 삶의 본질을 가장 극명하게 드러낼 수가 있는 말일 수 있다. 터져 오르는 신명을 극도로 활용하면서 억압받는 사람들을 위해서 이들의 삶을 신명풀이 도달점으로 삼은 점에서 이애주의 춤은 역사적이고 시대적인 사명과 자각을 분명하게 했다고 해도 과언이 아니다.

이 글은 이애주 춤의 체용에 대한 것을 전통과 혁신으로 보고 그를 통한 화두를 풀어가는데 목적이 있다. 창조의 원천을 활용하면서 창조의 도달점을 분명하게 한 불같은 삶을 본질로 하는 깊은 탐구가 이애주의 삶이었음을 분명하게 하는 글이 되기를 희망한다. 이애주의 창조적 본질에 대한 긴 여정의 출발점을 마련하고자 한다.

2. 이애주 춤의 체 : 전통

이애주는 춤의 전통에 자각했다. 그 전통은 단순한 것은 아니다. 재래의 엄격한 춤보다 역동적인 춤에 한층 주목하였다. 그것은 흔히 세 가닥으로 요약된다. 일상적인 소재이지만 그것은 태평무·살풀이·승무 등이 구체적 사례이다. 이애주의 건강한 탐구는 이러한 소재주의로 전락한 것은 아닌데도 불구하고 이에 대한 애착과 탐구는 유다른 데가 있다. 이 춤의 착안이 후에 전통에 대한 정신적 각성과 잠들지 않은 혜각에 이를 수가 있었다.

태평무는 잘 알려진 것처럼 경기도 남부의 굿에서 비롯된 것으로 널리 알려져 있다. 이에 견주어서 살풀이는 경기살풀이와 남도살풀이 둘로 구분되는 바 여기에서 말하는 것은 특히 남도 살풀이를 주안점으로 하는 것이다. 살풀이는 육자배기토리의 성음으로 된 음악어법에 기초하여 특히 전라도 굿의 춤사위를 정면에서 계승한 것을 이른다. 승무는 크게 본다면 작법무에 기초하고 있지만 이와 차별화된 속성을 가진 승무를 근간으로 하고 있다.

이애주는 이 가운데 한성준과 한영숙의 법제적 전통에 입각한 태평무에 근간을 두고 있으며 이 전통에 익숙하고 이 전통에서 뿌리내리고 가지가 벌었으며 꽃이 나고 잎이 난 전통을 계승하였다고 할 수가 있다. 이애주의 태평무를 주목하는 이유가 여기에 있다. 태평무의 핵심적인 요소는 다음과 같다.

1) 푸살 - 터벌림
2) 반설음(터벌림) - 모리
3) 올림채 - 모리 - 넘김채 - 겹마치기
4) 도살풀이 - 모리 - 발뻐드래 - 자진굿거리

우리는 이상의 결합 방식에 대해서 주목할 필요가 있다. 대체로 전통적인 경기도 남부의 굿에서 발견되는 일정한 패턴을 유지하고 있으므로 이를 주목해서 말해야 한다.[2] 동시에 우리는 이 패턴이 어떠한 굿의 구성 요소에 근거하는 것인지 밝힘으로 해서 태평무의 전통이 굿에 입각하고 있는지 밝힐 수가 있을 것으로 판단된다.

태평무는 철저하게 경기도 남부굿의 전통에 입각하고 있다. 장단은 단순하게 구성되지 않고 복잡한 구성요소들을 결합하는 방식에 의존하고 있다. 게다가 더욱 중요한 사실은 구성요소를 운용하는 방식에서 더욱 다채로운 변형을 가미하는데 장단을 연주하면서 이 장단을 일정하게

---

[2] 임수정, 『한국의 무속장단』, 민속원, 1999.
　　임수정, 태평무의 반주음악 연구-한영숙 류를 중심으로-, 『한국음악사학보』 제29집, 한국음악사학회, 2002.

다르게 만드는 것을 볼 수가 있다. 그렇게 해서 장단을 집을 짓는 것을 흔하게 볼 수가 있다.

장단이 집을 짓는다고 하는 사실이 매우 중요하다. 일차원의 운용에서 벗어나서 새로운 차원의 이차원 또는 삼차원의 입체화를 시도한다. 구성요소들은 기본적인 얼개를 유지하지만 다채로운 변이를 일으킨다. 춤사위가 화려해지고 다양해지게 되는 것은 이 때문이다. 다양한 원천이 다양한 구성요소에서 확인되지만 더 나아가서 새로운 차원의 입체화를 획책하기에 이른다.

위에 예시한 것은 기본적인 장단과 춤의 패턴을 보여주는 것이고, 본질적인 변화나 변이를 대상으로 하는 것은 아니다. 그런 점에서 기본적 면모만을 예시하는 것으로 이해해도 무방하다. 우선 이를 간단하게 살피고 이에 대한 평가를 내려야 할 것으로 판단된다.

1)은 푸살과 터벌림이 결합된 것으로 남부굿에서 근거한 것을 새롭게 조합한 유형이다. 푸살은 새성주굿에서 쓰이는 장단이다. 새성주굿은 성주를 부칠 때에 남무인 산이들이 광목을 대들보에 걸고서 이를 잡아당기면서 일정하게 춤을 추는 데서 유래한 것이다. 이 장단은 흔하게 쓰이는 것은 아니다. 이 장단을 서로 연결하면서 하나의 유형을 구성한 것이다.

터벌림은 도당굿에서 쓰이는 장단으로 흔히 터잽이, 그루백이, 공거리 등으로 지칭되는 것이다.[3] 도당굿의 굿판이 많은 관객으로 좁혀졌

---

3) 터벌림 장단에는 견해 차이가 심각하게 나타난다. 임수정교수는 터벌림을 3소박과 2소박으로 된 혼소박이라고 하였는데 실상은 간단하지 않다고 본다. 김헌선이 이에 대해서 이미 자세하게 논의한 바 있으므로 논의를 그쪽으로 미룬다. 김헌선, 경기 판소리의 정착과 형성 집단, 『경기판소리』, 경기도국악당, 2005.

| 갱 | - | - | 갱 | - | - | 갱 | - | 개 | 갱 | - | 개 | 갯 | - | 개 | (내드름) |
| 갱 | - | - | 갱 | - | - | 갠 | - | 지 | 갠 | 지 | 개 | 갯 | - | 개 | (암채) |

을 때에 좁아진 굿판을 넓히려는 의도로 하는 굿에서의 행위이다. 그러면서 삼진삼퇴를 하고 판을 고르고 넓히는 구실을 하게 된다. 거기에서 유래된 것이기는 하지만 이를 중심적으로 볼 수가 있다. 푸살과 터벌림을 합치면서 하나의 유형으로 구성하면서 태평무의 전통을 확립한 것으로 이해된다.

푸살

1						2						3						4						5					
1	2	3	4	5	6	1	2	3	4	5	6	1	2	3	4	5	6	1	2	3	4	5	6	1	2	3	4	5	6
덩		덩		덩		덩	궁	따	다	따	따	궁	궁		굽	딱				딱		궁		궁		따			

터벌림

1	2	3	2	2	3	3	2	3	4	2	3	5	2	3	1	2	3	2	2	3	3	2	3	4	2	3	5	2	3
덩			따	다		따			궁			따	다		따	따	궁	궁			따			따	궁		따	굽	

2)는 반설음과 모리가 결합된 유형이다. 반설음은 전반적으로 본다면 두 개의 장단이 하나로 연결되는 장단이다. 3소박 10박으로 되어 있지만 이를 다시 둘로 갈라서 3소박 5박자로 나눌 수가 있다. 암채와 숫채로 갈라지는 것이 핵심적인 요건이다. 그 구성 방식에서는 농악의 3채 가락과 비슷한 형태로 되어 있다.

산이가 직접 쇠를 들고 치던 전통에서 유래된 장단이다. 이를 달리 터벌림이라고 하는 이들도 있는데 확언하기 어려운 면모가 있다. 이 장단은 두 가지의 특정한 장단으로 구성되는데 그것 가운데 하나가 모리라고 하는 장단이다. 모리는 섭채의 모리와 같은 장단에서 쓰이는 일종의 경과구이자 마무리에서 흔하게 나타나는 장단이라고 할 수가 있다.

갯	깽	-	갠	-	지	갯	-	개	갠	지	개	갯	-	개	(숫채)

이 장단의 유형은 남부굿의 전통적인 것이라고 할 수가 있다.

굿거리의 문맥이 불분명하나 대체로 남부굿의 전통과 연결되어 있으면서도 가장 특정하게 발달한 장단이라고 할 수가 있다. 춤사위가 화려하고 쇳가락을 놀리면서 연주하는 신명이 가득한 장단이 결합된 유형이라고 하겠다. 장단의 연주와 운용이 각별한 특징이 이 장단의 유형에 있는 셈이다.

반설음

박자	1	2	3	2	2	3	3	2	3	4	2	3	5	2	3	6	2	3	7	2	3	8	2	3	9	2	3	10	2	3
내는형	덩			덩			덩				따		따	다		따	구	궁	궁				따		따	궁		따	다	따
기본형	덩			궁			따			따	궁		따	다		따	구	궁	궁				따		따	궁		따	다	따
맞는형	덩			궁			따	다		따	궁		따	다		따	구	궁	구	궁			따		따	궁		따	닥	

모리

박자	1	2	3	2	2	3	3	2	3	4	2	3
기본채	궁	따	따	궁	따	따	궁	따	따	궁	따	따
변 채	덩		궁	덩	다라	라	궁	따	따	궁	따	따

3)은 경기도 남부굿의 전통적인 장단을 가장 잘 응집한 유형이다. 전통적 방식으로는 진쇠장단에 입각하여 동시에 올림채, 넘김채, 연결채, 그리고 겹마치기 등을 구현하는 것이 기본적 방식이라고 할 수가 있다. 장단의 신명이 가장 특별하게 조성된다. 그런데 현재 진쇠까지 여기에다 달아서 치지 않는다. 그렇기 때문에 이러한 장단의 구성은 춤을 위해서 극도로 집약되어 있으며 춤사위를 달구고 가능하게 하는 복잡한 형태로 발전시킨 것이라고 할 수가 있다.

올림채는 3소박과 2소박이 결합된 형태로 혼소박의 모습을 한 것이다. 가락이 타악 장단에서는 가장 변화무쌍한 것으로 알려져 있으며 이러한 장단의 기본적 틀이 다양하게 나타나기 때문에 기본적으로 경기도 남부굿에서 나타나는 형태를 모두 보여준다고 해도 과언이 아니다. 올림채는 내드림 형태, 기본형, 모리, 맺는형 등으로 다채롭게 구성된다.

넘김채와 연결채가 있어서 다른 장단의 등장에 앞서서 경과구 구실을 하는 장단의 형태도 있음이 확인된다. 기본적으로 동일한 형태의 것은 아니지만 이어서 겹마치기라고 하는 특정한 형태가 다시 결합하면서 이채로운 특징을 가지고 있다. 겹마치기는 자진굿거리와 한배가 맞는 기본적 특징을 구현한다. 타악만으로 연주되던 것에서 이와 달리 이제부터는 삼현육각이 연주된다.

이와 같은 장단은 군웅굿을 진행할 때에 산이와 미지가 함께 쌍군웅춤을 추면서 방수를 밟을 때에 연주하는 것이다. 장단의 특정한 면모가 살아나면서 좋지 않은 기운을 물리치면서 대무를 하는 과정에서 파생된 것이라고 할 수가 있다. 경기도의 남부굿을 계승한 유형이다. 군웅굿은 제석굿과 쌍벽을 이루는 경기도 남부굿의 풍성한 굿거리 가운데 하나이다.

쌍군웅춤에서 올림채라고 하는 위대한 굿거리가 파생되었으며 이를 통한 일련의 굿거리 구성에서 위대한 도당굿의 춤사위가 태평무로 승화된 것임을 절감하게 된다. 올림채 장단에 대한 일련의 의의가 있는 비약이 이 굿거리에서 이루어졌음은 숨길 수 없는 사실이라고 할 수가 있다. 올림채 장단에 대한 정확한 기록은 음원으로만 전하는 것이 아니라 실제로 살아있는 현장의 음악임을 다시금 절감하게 된다.

올림채

박자	1	2	3	2	2	3	2	4	2	3
내는형	더궁		따	궁		덩		궁		따
기본형	덩	따	따	덩	따	덩	따	덩	따	따
모리	덩		따	궁		따	구	궁	따	따
맺는형	덩		따	궁		따	구	궁	딱	

넘김채

박자	1	2	3	2	2	3	2	4	2	3
넘김채	덩		더	덩		덩		덩		따
	덩		더	덩		덩		궁	딱	

연결채

박자	1	2	3	2	2	3	3	2	3	4	2	3
연결채	덩	덩	드르	덩	덩		덩	덩	드르	덩	덩	

겹마치기

박자	1	2	3	2	2	3	3	2	3	4	2	3
내는형	덩		덩			덩				따	닥	궁
기본형	덩	궁		따	구	궁				따	닥	궁
	덩		따	따	궁		궁			따	따	궁
맺는형	따	따	궁	따	구	궁				따	닥	궁

4)는 전형적으로 남부굿에서 흔하게 쓰이는 장단을 집약한 유형이다. 본래는 신을 청하는 청배 장단으로 쓰이던 것인데 이것이 승화되어 발전한 전형적 사례이다. 제석신을 청하거나 동시에 다른 여러 신격을 청하는데 일반적으로 등장하는 유형이다. 산이들은 이를 흔히 섭채라고 하는데 이 섭채는 무가를 구연하거나 동시에 춤사위로 신을 구성하는데도 등장하는 것을 볼 수가 있다. 이 점에서 태평무를 구성하는 네 가지 국면 가운데 하나는 전형적인 도당굿의 형태를 충실하게 구성하는 요소라고 할 수가 있다.

도살풀이는 살풀이와 한배가 같지만 장단의 구성 요소에 차이가 있다. 2소박 6박자로 되어 있으며 마지막 2박자에 공박을 두고 무가를 구연하던 전통적 장단이라고 할 수가 있다. 여기에 한배를 채우기 위한 춤사위에 일정한 변이가 수반되는 것은 당연하다고 하겠다. 도살풀이의 장단은 경기도 남부의 산이들이 개척한 매우 긴밀한 장단임을 다시금 강조할 수가 있겠다.

모리와 발뻐드래는 도살풀이에 이은 특정한 장단인데, 그러한 구성 요소는 대체로 이러한 장단에 무가를 구연하면서 수비를 풀던 전통에서 비롯되었는데 춤사위에도 일정한 변이를 일으키게 되면서 발달시킨 특정한 형태임을 강조할 수가 있겠다. 특정한 형태의 일정한 법칙과 원칙을 가지고 있다. 구성 요소에서 일정한 의의를 가지고 있는 것을 볼 수가 있다. 자진굿거리는 여기에 종속시키지 않는 것인데 다채로운 전통을 계승하면서 일으킨 것이라고 할 수가 있으며 마무리의 장단으로 소중한 구실을 하는 것임을 인정할 수가 있다. 경기도 남부의 굿에서만 발견되는 마무리 장단으로 당악장단과 다른 특징이 있는 것이다.

도살풀이

박자	1	2	2	2	3	2	4	2	5	2	6	2
내는형	덩	덩	더 더 덩	떡		덩	따	궁	따	구궁	따닥	
기본형	덩		따		궁		따	따	궁	따	구궁	따닥
맺는형	덩		따		따 다 닥	따	따	궁	따	구궁	따닥	

자진굿거리

박자	1	2	3	2	2	3	3	2	3	4	2	3
내는형	덩		더	덩		더	덩		더	궁	따	구
기본형	덩		따 구	궁	따	구	덩	다	다 구	궁	따	구
맺는형	덩		궁		따	구	궁		딱			

이애주의 춤은 이처럼 전통적인 굿에서 우러난 장단의 유형과 패턴에 입각한 것으로 기본적인 관점에서 이러한 전통이 곧 분명한 경로에 입각하여 마련된 점을 강조할 필요가 있다. 그러나 굿에서 비롯되었다고 하여 이것이 모두 굿이라고 할 수는 없는 특징이 있다. 이애주의 춤은 굿에서 비롯되었으면서도 굿에서 비롯된 것은 아니다. 오히려 굿을

극복한 예술이기 때문에 더욱 소중한 것일 수가 있다.

이 말이 도대체 무슨 말인가? 굿에서 비롯되었다고 하는 것은 태평무의 전통이 굿에 근거한 예술임을 분명하게 하는 말이다. 그러나 굿의 모든 것을 소종래를 밝히면서 모두 보여주는 것일 수가 없다. 여기에 정합성에 기초한 일정한 형태의 변이가 있을 수 있는데, 그것은 취사선택에 의해서 굿의 춤을 다시 짠 점에 근거한다. 굿의 모든 것을 날 것 그 자체로 보여주는 것은 무의미한 반복과 산만한 예술의 추구라고 할 수가 있다. 그렇기 때문에 여기에 일정한 가감이 생기고 변형이 생기지 않을 수 없다.

태평무는 이러한 과정에서 생긴 변형이자 집약이다. 그렇기 때문에 태평무의 전통은 굿에서 비롯되었으면서도 굿이 아니라고 하는 말이 자연스럽게 성립된다. 태평무가 본래의 형태가 어떠한 것인지 우리는 명확하게 인지할 수가 없다. 다만 한성준과 한영숙이라고 하는 걸출한 예능인들이 있어서 이를 굿에서 뽑아내서 집약하고 응집한 것은 분명하다. 이애주의 춤이 바로 이 전통에 입각하고 있음을 배제할 수가 없다.

태평무를 추는데 있어서 이애주의 전통은 바로 현실적인 응용 방법에 기초하고 있다. 이 전통에서 중요한 것은 바로 장단의 속과 생사맥을 아는 것이라고 할 수가 있다. 장단의 속을 알고 이를 휘업잡고 추는 춤은 이애주의 춤에서 생명력을 가지고 있다. 장단 속을 모르고 추는 춤과 이에 대한 잘못된 인식은 이애주에게서 발견되지 않는다.

더구나 중요한 것은 태평무의 전통에서 장단의 생사맥을 아는 것이다. 태평무의 전통에서 장단의 생사맥을 알고 추는 춤과 그렇지 못하는 춤은 확연하게 구분된다. 생사맥을 통한 일련의 구분법은 이애주 춤의 특장을 해명하는 것이라고 해도 과언이 아니다. 이애주의 춤에서는 생사맥에 의한 역동성을 한껏 구현한다고 할 수가 있다. 장단 속을 알고

있는 것과 달리 장단의 생사맥을 아는 것은 매우 주목할 만한 공통점을
가지고 있다.

3. 이애주 춤의 용 : 혁신

이애주 춤의 용은 혁신에서 찾아야 한다. 혁신은 어떻게 이루어졌는
가? 이 점이 명확하게 밝혀져야 한다. 이애주라는 춤꾼은 우리의 전통
춤을 계승하면서 혁신한 점에서 그 중심에 서고자 했던 인물이고 동시
에 중심에 서 있는 현재형의 인물이다. 현재 중요무형문화재 제27호 승
무의 예능보유자라는 점은 췌언에 지나지 않는다. 오히려 살아 있는 춤
꾼으로서의 진정한 생명력은 바로 그의 창작춤에서 발견할 수가 있기
때문이다.

한 시대를 선도한 진정한 의미의 창작춤을 추는 대표적인 인물이기
도 하다. 80년대 시대의 문제를 춤으로 형상화한 작품들을 연이어 발표
함으로서 도리어 많은 사람들이 창작전문 춤꾼으로 인식하게 된다. 외
형적인 면모에서 이애주 춤의 성격은 전통성과 창조성의 양면을 모두
갖추고 있음이 확인된다. 이애주의 창작춤에 대하여 많은 논의가 있었
지만 이미 이에 대한 평가는 선명하게 이루어진 바 있다.[4] 이애주가
살린 춤은 어떠한 것인가?

이애주 춤의 진정한 창조는 머릿속으로 구상하고 이에 대한 구상이

---

[4] 金英淑, 「舞踊이 社會에 미치는 意味 : 살풀이, 바람맞이, 썻풀이를 중심으로」, 淑明女
大 大學院, 1991.
　조기숙, 「전통의 현재적 계승의 측면에서 본 이애주의 바람맞이연구」, 『대한무용학회논
문집』 43권, 대한무용학회, 2005, 283-297쪽.

연습실에서 나오지 않는다. 오히려 시대의 아픔을 직시하고 이를 형상화하면서 살림을 가능하게 하는 현실에서 나오는 것이라고 할 수가 있다. 이애주가 벌인 시대와 현장은 어떠한 것인가? 그 작업의 경과만을 보아도 이 진정한 춤꾼이 바라본 현실은 어떠한 것인지 분명하게 알 수가 있다.

이애주는 시대의 굿에 착안하였다. 굿에서 보이는 원한을 풀어가는 과정이 결과적으로 눈물과 웃음이 공존하는 시대의 신명풀이여야 한다는 점에 착안하면서 이애주는 시대의 굿을 제안하고 실천하였다. 이애주는 나라굿의 전통을 잇고자 하였던 진정한 무당이었다. 그러나 신명의 들뜬 영혼이 아니라 진정하게 깨어있는 춤꾼이었음을 다시금 생각할 수가 있다. 민중들의 관점에서 나라굿의 전통을 새삼스럽게 일으키는데 이애주의 진정한 고민이 담겨 있는 것을 볼 수가 있다.

이애주가 나라굿의 나라무당으로 태어나면서 온 나라를 일군 전형적인 사례가 바로 다음과 같은 작업에서 분명하게 나타난다.

> 1974년 「나눔굿」
> 1984년 「성풀이춤」
> 　　　　「한풀이춤」
> 　　　　「도라지꽃」
> 1987년 「바람맞이」
> 　　　　「나눔꽃」

이 가운데 중요한 굿이 「바람맞이」이다.[5] 역사적 관점에서 1987년

---

5) 다음의 책에서 이 바람맞이에 대한 개괄적 소개가 있다.
　신상미, 『몸짓과 문화 : 춤 이야기』, 대한미디어, 2007.
　김덕수, 『신명으로 세상을 두드리다』, 김영사, 2007.

6월 항쟁은 기념비적인 전환을 이룩한 사건이었다. 극단 연우무대에서 출발한 맞이가 바로 길거리로 나서게 되었다. 그날의 함성은 우리를 진정한 현실에 눈뜨게 한 역사적인 계기가 되었다. 그 가운데 진정한 주인공이자 나라 무당인 이애주가 중심에 서 있었다. 바로 그 현장에 필자도 「바람맞이」를 구경하고 이에 대한 기록을 남길 수가 있었다.

공식적인 기록에서도 이애주의 진정성에 대한 평가가 이루어지고 있다. 1987년 6월 민주화 항쟁 때 이애주는 「바람맞이」 공연으로써 민주화와 인간화에 대한 의지를 춤으로 내보였다. 병든 세상의 고통과 절망으로부터의 해방을 염원하는 내용의 독무였던 「바람맞이」는 연우소극장에서 공연되었고, 이후 이 공연은 전국의 여러 집회에서 공연되었다.

1987년 8월 22일에 서강대학교에서 공연되었던 「바람맞이」에서는 그 구성이 각별하고 한 시대의 고통을 춤으로 어떻게 극복해야 하는지 보여주는 결정적 사례라고 생각한다. 역사를 진정하게 바꾸고자 하였던 깊은 고뇌를 우리는 이 「바람맞이」에서 확인할 수가 있다. 이 굿은 맞이의 형식으로 되어 있는데 흔히 네 가지 굿거리로 구성되어 있다.

> 내드름 : 알림춤
> 첫 번째 거리 : 씨춤
> 두 번째 거리 : 물춤
> 세 번째 거리 : 불춤
> 네 번째 거리 : 꽃춤

「바람맞이」는 이애주 혼자 만든 것은 아니다. 학생들과 함께 구성하고, 김덕수를 비롯한 사물놀이패와 함께 한 것이기 때문에 공동작이자 집체작이라고 할 수가 있다. 그런데도 불구하고 굿의 중심이자 나라무당인 이애주가 이 맞이의 중심에 서 있었음을 부정할 수가 없다. 이애주의 굿춤은 이 과정에서 가장 혁신적이고 혁명적인 모습으로 남아 있는 것이 아닌가 한다. 춤을 추고 시대를 살리는 진정한 힘의 원천을 우리 민족에게 선사했기 때문이다.

알림춤은 문굿을 계승한 것이다. 무당굿의 전통에만 잠재되어 있었던 이애주는 비로소 농악굿의 전통인 문굿과 만나게 되었다. 그렇기 때문에 이애주는 시대의 무당이자 나라굿의 계승자였기 때문에 농악과 무악을 하나로 합쳤던 실천자였다. 문굿을 승계함으로써 진정하게 이 시대에 고통받았던 인물 군상인 노동자, 농민, 학생 등의 목소리를 담아낼 수가 있었다.

씨춤은 이 땅에 진정한 민초들이 어떠한 신명으로 살아가는지 신명의 근저를 풀어내는데 힘을 쏟았다. 씨를 뿌리고 싹을 틔우는 위대한 일을 하게 되었음을 선언하는 것이다. 이 과정에서 이루어지는 이애주 춤은 진정하게 우리를 달구었다. 불교에서 이르는 진정한 불종자들이 이렇게 탄생한 것이다. 무성포자로 번식하는 진정한 사람들의 열망을 담아낸 힘을 우리는 비로소 경험하게 되었다. 이애주가 이룩한 혁명을 생각하게 되면 이 굿거리가 왜 필요한가 의문을 가실 수가 있다.

물춤은 물이 지니는 생명의 원천을 부정하고 사람을 죽이는 물에 대한 원망을 담고 이를 본원적인 생명력으로 되살린 우리의 진정한 물에 대한 열망을 일궈낸 굿이라고 할 수가 있다. 시대의 수망굿이라고 해도 지나치지 않다. 물에 빠진 수살객귀들의 넋을 건지고 이들을 위해서 넋건짐굿을 했던 명장면이었다. 흠뻑 젖은 이애주의 몸을 보고는 우리는 시대의 아픔과 절규를 들을 수가 있었다. 아니라고 부정할 수 있는 진정한 힘을 느낄 수가 있었다.

불춤은 시대의 뜨거움을 담아내고 이를 새로운 에너지로 바꾸고자 하는 굿이었다. 미처 날뛰는 인간의 광기를 화전을 쳐서 물리치고 이를 새로운 에너지로 바꾸어야 한다는 힘을 우리에게 보여주었다. 굿을 통해서 시대적 가능성을 예감하고 죽어간 영혼들을 되살리는 일을 하게 된 것이 이 굿거리의 주요한 주제가 되었다. 불굿의 열망이 새로운 생명력으로 되돌릴 수 있는 여망이 작용하였다.

꽃춤은 새로운 생명체의 개화를 염원한 이애주의 전망이 가득한 굿거리였다. 꽃을 뿌리면서 등장하였던 이애주의 해사한 얼굴에서 밝아오는 미래에 대한 전망을 새롭게 알 수가 있었다. 씨가 뿌려지고 물이 주어지고 불로 달구어진 데서 우리는 한 시대의 생명체가 탄생하는 순간을 새삼스럽게 알 수가 있었음을 부인할 수가 없다.

이애주의 혁신에 있는 사상이 시대의 상징이 된다. 불교의 근본 교리를 빌리지 않는다고 하더라도 우리는 이 점에 대하여 새로운 정신과 만날 수가 있게 된다. 그것은 우리의 심신이 사대(四大)로 이루어져 있으며, 지·수·화·풍의 사대가 곧 생명의 본체임을 깨닫게 하는 진정한 철학을 여기에다 담아두고 있는 것을 볼 수가 있다.

이애주의 혁신에 사상이 있었기 때문에 범속한 장난에 머물지 않을 수가 있었다. 시대를 일구고 시대의 정신을 새롭게 한 이애주의 춤은 혁신의 이면에다 사상을 담고 있어서 언제나 새로운 시대의 실천으로 가능할 수가 있었던 것은 아닌가 한다. 이애주의 진정성을 보면서 우리는 한 시대의 진정한 열망과 현실에의 자각이 어디에 이르러야 하는지 배울 수가 있었다.

이러함에도 불구하고 혁신의 근저에는 반드시 전통을 활용한 것이 있음을 잊지 말아야 한다. 「바람맞이」에서 보여준 진정한 전통은 혁신으로 가득 남아 있었다. 이애주의 춤은 이 굿을 통해서 농악춤과 무당춤을 아울렀으면서도 그것을 넘어서는 일정한 의의가 있다. 좁은 울타리에 갇히지 않고 드넓은 바다에 이르러서 자신이 솟아난 샘물과 다른 넓고 시원한 세계에 이르게 되었음을 절감한다. 전통은 고이는 것이 아니라 흘러서 먼 바다에 이르러야 하고 우주라고 하는 시간과 공간에까지 힘을 발휘해야 하는 것임을 진정하게 알게 되었다.

내용이 형식을 결정하는 것이 혁신의 요체이다. 단순한 형식과 내용의 상호보완적 관계에 의한 것이 아니라 현실이라고 하는 내용이 형식을 탈바꿈시킨 것이 바로 내용과 형식의 문제점이라고 할 수가 있다. 이 점에서 내용을 새롭게 하고 시대에 맞게 하는 것을 보여주는 것이라고 하겠다.

4. 이애주, 춤의 화두

이애주는 춤을 숙명으로 생각한 인물이었고 이 숙명은 역사적인 실천으로 완결되었다. 이에 이애주는 시대의 화두이자 춤의 화두가 된 점을 인정하면서 후학들의 귀감을 이루게 되었다. 한 시대를 뜨겁게 달구었던 것들을 어떻게 새로운 것으로 전환하게 하였던가 하는 점이 연구대상이 되어야 한다. 명멸하는 모든 것들은 시작이 있으면 끝이 있다고 하는 점을 우리에게 거듭 일깨우곤 한다.

이애주는 한 시대의 상징이다. 전통과 혁신의 양축에서 보면 이러한 극단적 창조가 우리에게 전하는 진실이 있다. 그것은 한 시대의 상징은 영원하게 두 세계의 극단을 좁히면서 함께 살리는 존재자라고 하는 것을 일깨우게 한다. 전통과 혁신은 둘이 아니라 하나이고 서로 맞서는 것이 아니라 하나로 합쳐져야 한다고 하는 사실을 우리에게 가르쳐주고 있다. 그렇기 때문에 이 점에서 이애주는 춤의 화두가 된다.

머리말에서 필자는 이애주를 정의하는 관점에서 체용이라고 하는 말을 사용하였다. 이애주 춤은 숙고의 대상이 된다. 춤을 깊은 열망에서 관찰하고 이것에 몰입하게 하는 근본적인 힘이 바로 이애주의 춤에 있기 때문이다. 우리의 존재를 알게 하고 이따금씩 잊고 사는 생명력의 본원이 어디에 있는지 궁금하다면 이애주의 춤을 보라고 권하곤 한다. 이애주의 춤은 시대의 사명이자 우리 시대의 화두이다.

　전통을 논하는데 있어서는 여러 가지를 밝혀서 말해야 한다. 그러나 혁신을 논하는데 있어서는 이를 부드럽게 말해야 한다. 근원을 말하는 것에서는 진정한 힘의 원천을 꼬치꼬치 캐면서 말해야 한다. 이와 달리 도달점에서는 이를 결과적으로 상징적으로 해석해야 한다. 시대의 본원과 도달이 무엇인지 이애주의 상징은 여전하게 우리를 들뜨게 한다.

　그렇기 때문에 그 많은 언사를 사용해도 우리는 이애주의 춤사위 어떤 대목에도 이를 수 없다. 그것은 언어적 표현이 가지고 있는 분명한 한계이다. 춤은 몸짓이고 우리를 터져오르는 신명에 바로 도달하게 하기 때문이다. 그러나 다시 더 한번 반추하면 언어가 아니면 이 신명 역시 표현될 수 없음을 절감하게 된다.

지영희 경기도 남부 무속 장구 장단 17가지

지영희의 무속장단 음원을 다음과 같이 분절한다. 녹음 중간에 다른 소리가 있는 것도 있으며, 중간 중간 끊긴 것도 있고, 또한 무슨 장단이라고 하는지 잘 들리지도 않는 것도 있어서 문제이다. 그리고 무속장단 17가지를 쳤다고 마지막에 증언하였으나 완벽하게 장단이 17가지로 일치하는 것도 아니다. 왜 이러한 문제가 발생했는지는 장차 연구해야 할 과제이다. 일단 사실의 차이가 있음을 인정하면서 이를 재정립하면서 논의를 하는 것을 목적으로 한다. 그렇기 때문에 이 음원에 대한 본격적인 탐구가 필요하다. 이를 한 차례 복원한 전례도 있으나 완전한지도 의문이 있다.

(음원편집 후 시작점 종착점 수정)

경기 무속장단 녹음 순서	시작과 종결	가락 이칭	특징
1. 진쇠장단	00′00″–00′14″		이것은 도드리장단일 가능성이 있음
2. 진쇠겹채	00′15″–01′32″	긴쇠	쇠가락이 복잡하고 장단이 집을 지은 것
3. 푸살	01′33″–03′05″		푸살은 도당굿에도 있으나 고산염불과 같은 장단이다.
4. 터벌림	03′06″–05′25″	터잽이 공거리	이 장단은 굿판을 벌리면서 방수밟이를 하면서 하는 장단이다.
5. 권선	05′26″–06′27″		권선–신모음–봉등채가 서로 연결되는 것이다. 주로 새성주신사를 드릴 때에 연주한다.

6. 봉등채	06′28″-09′05″		봉등채는 신모듬의 끝에 연주하는 장단이다. 굿거리에 한 박이 더 있는 장단이다.
7. 올림채	09′05″-12′33″		암채와 숫채가 있음
8. 겻마치	12′34″-14′11″	겹마치	
9. 자진굿거리	14′12″-15′27″		경기도 남부에서만 연주는 특별한 장단으로 당악과 구별되는 것으로 다른 가락의 끝에 연주한다.
10. 당악	15′28″-16′28″		한양식의 굿에서 쓰는 장단이다.
11. 가래조	16′29″-17′10″		군웅청배와 조상청배 등에서 사용한다.
12. 배다리	17′11″-18′06″	청배, 오늬섭채	배다리로 하는 굿거리로 부정청배, 시루청배, 제석청배, 군웅청배 등이 있다고 한다. 군웅청배에서 이를 활용했는지 의문이 든다.
13. 배다리모리발뻐드래	18′07″-18′59″		배다리-모리-발뻐드래로 이어지고 장단의 일정한 모음을 형성하는 장단이다.
14. 부정놀이	19′01″-20′14″		춤 장단으로 갖추어진 것으로 의미를 가지고 있는 것이며, 방울을 들고 이를 추는 특징이 있다.
15. 도살풀이	20′16″-22′07″	섭채	도살풀이춤이나 특히 본풀이나 무가 구연에 이 장단을 활용하는 것을 볼 수 있다. 도살풀이-모리-발버드래로 이어지는 특징이 있다.
16. 도살풀이모리	22′07″-23′31″	섭채-모리-발뻐드래	
17. 살풀이	23′32″-25′25″		시나위에서 연행하는 살풀이를 말한다.
18. 살풀이모리	25′26″-26′36″		
19. 지영희 당부의 말	26′37″-27′40″		

1. 진쇠장단

(연주)

2. 진쇠겹채

진쇠겹채.

(연주)

지영희 진쇠 拾貳채는 박이 무속장고중 제일 많고 징을 열두 번 치는 고로 진쇠 십이채라 함. 징치는 눈이 있는고로 악보에 공을 썼으니 공대로 징끈을 들고 크게 치되 공대로 열두 번을 못치면 잘 못친다 한다. 장고와 징만 반주로 무용을 하되 당산제에 군웅굿과 천도 새남굿에서 삼보전진 삼보후퇴로 오방지신을 법도로 지켜 추는 무용이라 하는데 이 무용하는 자를 선굿하는 사람, 선굿하는 사람이라고 칭한다. 특히 진쇠 일장단이 三節은 十拍씩 合하여 三十七拍 중 징은 十二번을 친다. 무속 장고시험은 진쇠로 하고 기술자가 모여서 장고 겨룸도 진쇠와 올님채로 하였다 한다. 악보에 三장단이 있되 一은 진쇠홋채 초보고, 二는 겹채 중 중보요, 三은 양수겹채라 十年 이상을 독습하여 뒤꾸레에서 '궁맥꿍' 소리가 나며 문종이가 울고 배속 창자가 둘둘 울려야 제공원 소리를 듣고 왕 산이라고 우대를 받았다 하더라. 그와같이 공부를 하라는게 아니고 우리나라에 특이한 박자니 품절이 되잔키를 바라고 악보상 대강 썼으니 각자 후배는 연구를 하여 우리나라 장단이라함을 알도록 하라.

김헌선 진쇠장단은 매우 복잡한 가락으로 짜여져 있다. 그래서 이 장단은 구음으로 표기하기도 어렵다. 이보형은 "덩구더덕, 덩-, 덩-, 구더덩 -' '궁-딱, 딱-, 딱-, 다구궁-, 딱-"이라고 표기한다. 그러나 필자의 경험으로 미루어보건대 지갑성의 연주나 기타 이용우조한춘의 연주에서는 제각기 연주를 해서 일정한 기준을 마련하기 어렵다. 그 이유는 연주자마다 기본적인 가락은 쓰지 않고, 변체가락을 구사하기 때문이다. 그리고 진쇠를 어디에서부터 어디까지라고 해야 할 것인가가 불명확해서 가락을 끊기 어렵다. 그래서 진쇠장단을 파악하기에 혼란스럽다.

진쇠장단은 진쇠춤을 출 때에 쓰는 것이다. 진쇠춤은 태평무와 같다. 그래서 지갑성이 궁궐에서 고관대작들이 놀 때 쓴다고 했으리라 짐작된다. 태평무는 궁궐에서 추던 춤이라고 알려져 있기 때문이다. 그러나 필자의 생각으로는 궁중 재인으로 드나들던 재인청 인물들이 양쪽에서 실연하다보니 이러한 분포가 이루어지지 않았나 짐작된다.

(현행 연주)

진쇠-진쇠모리-넘김채-연결채-겹마치기1-(자진굿거리)

〈진쇠〉

덩	드러	덩	덩	덩	드러	덩	덩	드라	닥
궁		따	따		따			따	따
궁		따	궁		따	구	궁	따	따

〈진쇠모리〉

덩		따	궁		따	구	궁	따	따
궁		따	궁		따	구	궁	따	따

〈넘김채〉

덩		더	덩		덩		덩		따
덩		더	덩		덩		궁	기	닥

〈연결채〉

덩	덩	드르	덩	덩		덩	덩	드르	덩

〈겹마치기 1번〉

뜨라	닥	닥	뜨라	닥	닥	뜨라	닥	닥	뜨라	닥	닥
구	궁		뜨라	닥	닥	구	궁		뜨라	닥	닥
궁	따	궁	뜨라	닥	닥	구	궁		뜨라	닥	닥
궁	따	궁	뜨라	닥	닥	궁	따	궁	뜨라	닥	닥
궁	뜨라	닥	닥	궁	뜨라	닥	닥	궁	뜨라	닥	닥
더	궁		더	궁		더	궁		더	궁	
따	따	궁		따		구	궁		떡		

3. 푸살

다음에는 푸살.

(연주)

(지영희)

푸살은 새성주를 이룩하고 재수 神祀 성주굿에 치는 장단이다. 새성주라는 말은 집을 새로 지었다는 말이다. 새로 집을 짓고 三年을 무고히 지내기 어렵다하는 전설에 행여 덧덜일지 하여 새성주 神祀祭를 지낼 때 제물을 채레놓고 대들보에다 무명이나 멩주를 거러놓고 제공원이 집사로 서고 수십명 고인이 역군이 되여 거러논 무명과 명주 양끝을 잡고 춤얼 추며 이리저리 빙빙 돌면서 집사가 노래를 부르면 후렴을 받는 장단이 무재비로 장고와 징 두리만 반주 장단 十五拍 푸살이다.

(김헌선)

푸살이라고 하는 장단은 경기도 남부 당굿에서만 있는 특징적인 것이다. 집안굿에서 새성주굿을 할 때에 이 푸살 장단을 연주한다. 푸살 장단은 15박으로 된 장단이다. 푸살 장단은 각별한 것인데 이 장단은 경기도 남부의 산이들이 연주하는 장단이기도 하지만 다른 고장에서는 이를 달리 이르기도 한다. 푸살은 본디 살풀이와 같은 의미를 가진 말로 추정되며 살풀이를 풀이살이, 푸리살 하듯이 이 말을 뒤집으면서 독창적인 것으로 형성된 말로 추론된다. 그렇기 때문에 이 말의 의미는 '살(煞)을 푼다'는 뜻이다.

새성주굿을 하면서 새로 지은 집의 대들보에 명주나 광목으로 된 천을 여러 가닥 걸고 산이들이 한 가닥씩 들고 돌면서 푸살 무가를 부르는 것이 특징이다. 이때 산이들은 지경다지기 형태로 이 무가를 부르는데,

이 노래를 반주할 때에 사용하는 것이 푸살장단이다. 푸살장단은 2소박 15박 (15/4박자) 장단으로 장중한 느낌을 준다. 푸살장단은 경기도 굿에 서만 찾아볼 수 있는 독특한 장단이다. 이와 같은 형태로 된 것으로 여 러 가지가 있으나 지역적으로 동해안이나 부안 지역에서 고삼장단이라 고 하고, 또한 진도에서 유사한 것으로 삼장개비 등이 더 있어서 고형의 장단임을 보여주는 증거 가운데 하나이다.

(현행)

푸살-권선(태평무 장단)-봉등채

〈푸살〉

덩	덩	덩	덩	덩 따	다 따	따 궁	궁	굽	떡		떡	궁	궁	딱
덩	궁	따	궁	궁 따	다 따	따 궁	궁	굽	떡		떡	궁	궁	딱

〈권선〉

덩		따 다	따		궁		따 다		따 따 궁	궁		따		따 궁	딱 굽

〈봉등채〉

덩		따 궁 따		따 궁	궁		따 딕		

4. 터벌림

다음은 터벌림.

(연주)

지영희 터불님도 진쇠와 같이 당산제와 진옥이 새남천도 굿에서 무용 반주 장고다. 당산제에 군웅굿 할 때 한쌍이 무용하되 한사람은 더그레 를 입고, 꽹쇠를 치면서 추고 또 한사람은 홍철륭을 입고 홍갓을 쓰고 신칼을 들고 마주서서 오방지신 법도를 지켜 터를 밟는다 하여 장단 이름을 터불님이라 한다. 1935년에 고 한성준 선생님이 터불님 장단에 태평무 명칭으로 안무를 하였는데 무용에 내용을 말하자면 다음과 같다. 태평시에 왕, 왕비, 공주 삼인이 앉아서 궁녀의 살푸리 춤을 본다음 왕이 흥에 못겨 왕이 자기도 모르게 무용이 시작될 때 터불님 장단으로 바뀌며 징, 장고, 꽹가리로 반주를 하는 도중에 왕비와 공주를 불러내려 삼인이 무용을 흥겨웁게 추는데 장단이 차차 빨러지며 올님채로 넘어가서 궁녀가 다시나와 왕, 왕비, 공주를 옹호하며 화려하게 끝나는 장면. 시간은 팔분 정도 되었다. 이 무용은 자기가 장고를 칠줄 알아야 확실한 동작을 할 수 있고 남무와 여무 기본 동작이 확실히 구별이 되어 있다.

김헌선 터벌림은 경기도 화랭이가 맡아서 하는 대표적인 굿거리이다. 터벌림은 주로 떠돌이 신격인 손님마마신과 군웅신을 위해서 굿터를 배설하고, 타악장단과 춤으로 신을 위하는 재차라 할 수 있다. 그런데 본디 굿판의 이러한 성격은 변모되어서 화랭이들의 연주 기량과 춤솜씨를 자랑하는 굿거리라 하겠다. 신을 위하는 면모와 화랭이의 솜씨 자랑이 함께 합쳐져서 구경꾼에게 구경거리를 제공하는 굿거리로 변화되었다. 터벌림장단은 반설음장단이라고도 하는데, 반설음춤을 추는 데 쓴다. 화랭이가 꽹과리를 들고 나와서 사방치기를 하면서 자신의 연주솜씨와 춤을 자랑한다. 자진굿거리에 이어서 공수답을 하거나 새로운 굿거리를 진행하기도 한다.

(현재 연행)
반설음(터벌림)-연결채-겹마치기2-(자진굿거리)

〈반설음(터벌림)〉

덩	덩	덩	덩 따	다 따	구궁	궁	따 따	궁 따	다 따
덩	궁	따 따	궁 따	다 따	구궁	궁	따 따	궁 따	다 따
덩	궁	따닥	궁 따	다 따	구궁	따ㄱ궁	따 따	궁 따	다 따
덩	궁 따	다 따	궁 따	다 따	구궁	구궁	따 따	궁 따	다 따
덩 더	더덩	덩 더	덩 더	덩 더	덩	덩 더	덩 더	궁 따	닥
덩	궁	따 따	궁 따	다 따	따다	궁	덩	궁 더	다 따

〈넘김채〉

덩		덩	더	덩		덩		따
덩		덩	더	덩		궁	딱	

〈겹마치기 2번〉

덩			덩			덩		따	닥	궁
덩		궁		따	구	궁		따	닥	궁
덩	따	따	궁			궁		따	따	궁
따	따	궁		따	구	궁		따	닥	궁

5. 권선

다음에는 권선.

(연주)

김헌선　경기도 새성주굿의 신사를 드릴 때에 연행하는 장단으로 혼소박으로 구성되어 있으며, 혼소박 4박자의 장단이다. 장단의 소박 구성은 2소박과 3소박이 3+2+2+3 등으로 혼합적으로 구성한다. 경기도 새성주굿에서 대들보에 걸어놓은 무명이나 명주를 풀어 내리는 것을 '혼내렸다'고 말하는 전통이 있다. 혼을 내린 후에 산이가 「박물가」를 부르고, 이에 미지가 권선장단에 맞춰 「신모음」 무가를 부른다. 이러한 연유로 말미암아서 신모음장단이라고도 한다. 2소박과 3소박이 3+2+2+3 등으로 혼합한 혼소박 4박 장단이 되는 것을 볼 수 있다. 산이는 화려하게 집안의 재물이나 재화가 늘기를 기원하면서 고사소리를 하는 것이고, 이와 달리 미지는 신모음을 하면서 신의 내력을 주워섬겨서 신을 모시는 행위를 하는 것이 일상적인 구성 방식으로 이해된다. 전통적인 굿이 행해지지 않고 있어서 현재 이러한 굿은 거의 보기 힘들어지고 있으며, 이 때문에 권선 장단이나 신모음은 듣기 어려운 장단이 되었다.

(현재 연행)

〈권선〉

| 덩 | | 따 | 다 | 따 | | 궁 | 따 | 다 | 따 | 따 | 궁 | 궁 | | 따 | | 따 | 궁 | 딱 | 굽 | | |

6. 봉등채

다음에는 봉등채.

(연주)

봉등채는 굿거리같고 一拍이 더하다. 그래서 五拍 굿거리라고도 하는데 권선에서 봉등채로 넘어가 역시 노래는 빠른 신모듬이다. 권선에서부터 신모음하니 신모음은 노래 가사가 신모듬이다. 말하자면 '신얼 신얼 신이로다 홋일곱도 신이로세 열일곱도 신이로다 일삼칠구수에 집을 짓는다 그런 일곱수가 언짢다 하여 홋일곱에서부터 아흔일곱까지 칠승귀 해설을 한데 모와서 잘 풀어 멕여 달내여서 해방 혜살를 놓지 말아 달라'고 하는 가사를 신모듬이라고 한다. 그러나 이 무용기본은 뿌려 던지기도 하고 발로 차 던지기도 하는데 색다른 오박 무용과 노래다. 대략 굿거리에서 일박만 더 넣어서 무용을 하면 재미있는 장단이다.

(현재 연행)

〈봉등채〉

덩		따	궁	따		따	궁		궁		따	닥		

7. 올림채

다음은 올림채.

(연주)

지영희 올님채는 무용반주 장고로 음양배합이 되어 있음. 음양이란 말은 궁편이 음이요 채편은 양인데 궁에서 시작하면 채편이 받어 끝을 맞치고, 채편에서 시작하면 궁편에서 받어 합하여 도와주는 게 마치 말주고 받는 것과 같이 재미가 있다. 무용에 반주는 장고와 징 단 둘이만 치되 처음 부정노리 장고로 징을 들어서 크게 치다가 무용자가 방울로 신호를 하면 올님채로 넘긴다. 손바닥으로 징 복판을 받쳐 들고 가만가만 속소리로 쳐주면 역시 만신도 부채는 음이요 방울은 양으로 하여 장고와 무용이 음양 배합으로 법도를 맞추어 五方地神을 밟는데 조금만 서로 각도가 어긋날 시는 선배에게 꾸지람을 듣기도 하고, 심한 선배에게는 종아리나 볼기도 맞았다 한다. 올님채는 아무 굿에 치는게 아니고 신사굿에는 제석거리 군웅거리 조상거리에나 치고 당산제에 치고 사람 죽어 좋은 곳으로 천도새남굿에 많이 친다. 옛날에 올님채 진쇠 푸살 도살푸리 장고를 배운 때는 시골에 멱꾸리 두 개를 마주 붙여놓고 쳐서 배우는데 멱꾸리 두꾸리가 세 개를 떠러져 나가도록 공부를 하는데 선배가 뭇기를 멱꾸리 몇 개를 떨어뜨렸느냐고 물을 때 세 개라고 하여야지 두 개라 하면 하나 더 떨어뜨리라고 하였다 한다.

(김헌선)

올림채는 무용을 하는데 쓰는 장단으로 아주 상쾌한 가락이다. 경기도 도당굿에 쓰이는 여러 가락이 있으나, 진쇠, 도살풀이, 푸살 등과 함께 어렵게 배우는 가락으로 널리 알려져 있다. 올림채 장다는 궁으로 시작하는 암채와 채편으로 시작하는 숫채가 있다. 바로 그러한 과정을 지영희가 밝혀두고 있다. 그리고 올림채는 무용인 쌍군우춤과 함께 음양의 배합이 이루어져야만, 제격이라는 점도 밝혀 두었다. 경기도 도당굿에서 직접 장단을 연주하지 않고 동고리짝 두 개를 맞붙혀 놓고 세짝이 떨어져 나가도록 배웠다고 해서 전통적인 가락과 장단 연습법을 밝혀 두었다. 고리짝을 나무 막대기로 긁고 두드리고 해서 많이 떨어뜨려야 장단이 몸에 달라붙기 때문이다.

(현재 연행)
가래조-(부정놀이)-올림채-(겹마치기1)

〈가래조〉

덩		따		궁			따			(다)
궁		따		궁			따			(다)
덩		더		덩			덩			따
궁		따		궁			따			

〈올림채〉

더궁		따		궁		덩	구	궁		따
궁		따		궁		따		뜨라	닥	
뜨라	닥	다	뜨라	닥	따		뜨라	닥	다
뜨라	닥	다	뜨라	닥	드라	닥	뜨라	닥	다
뜨라	닥	다	뜨라	닥	따	따	궁	따	따
궁		따		궁		따	구	궁	따	따

8. 겻마치

다음엔 겻마치.

(연주)

지영희 겻맛치는 자진굿거리라. 그러나 치는 가락이 무용을 활발하게 돋어주며 채편과 궁편이 서로 주고받어 엇가락으로 멋이 있고 쾌활하다. 이 가락은 올님채 끝에 자진굿거리로 넘어갈 때 신호와 같이 무용을 돋어주는 가락인데 올님채 끝이 아니고 자진굿거리를 치다가 무용이 커질때는 겻맛치 장단으로 활발하게 쳐주는데 잔가락과 엇가락으로 엇잇게 치는 가락은 겻맛치에서 나온 가락이다.

김헌선 겻맛치는 흔히 겹마치라고도 한다. 겹마치는 춤장단에 주로 쓰이고, 궁편과 채편을 번갈아서 엇가락을 넣기 때문에 멋지고 풍류스러운 가락이라고 할 수 있다. 지영희는 올림채 가락을 잦은 가락과 연결시킬 때에 쓰는 가락이라고 밝혀 놓고 있다. 그러므로 올림채, 겹마치, 덩덕궁이 등과의 상관성을 규명할 수 있는 구체적인 증거가 된다.

9. 자진굿거리

다음은 자진굿거리.

(연주)

지영희 자진굿거리는 잣모리보다 조금 느린 장단이다. 이 장단은 굿에서도 치지만 농악과 산조에서도 치는데 그러나 강유와 의간이 달라서 같은 가락도 달르게 들린다. 농악과 무용에는 사박을 분명히 지키며 첫박과 끝박 간점을 크게 치고 산조에도 사박을 지키며 첫박에 궁편만 약간 들리게 치다가 '간– 간–' 음악이 맺어질 때 끝박 '간–'점을 붙쳐 주는

데 굿에 자진굿거리는 머리꽁지가 없이 반듯하게 치는게 굿에 자진굿거
리다.

김헌선 굿거리에는 여러 종류가 있다. 굿거리, 먹굿거리, 반굿거리,
자진굿거리 등이 그것이다. 또한 농악에서도 굿거리의 종류가 다양한
데, 그 점을 여러 가지로 비교하면서 통찰력을 가지고 지영희가 비교하
고 있다.

(현재 연행)

10. 당악

다음엔 당악.

(연주)

지영희 당악은 휘모린데 중국에서 먼저 이 박자를 쳤다하여 다악이라
고 불르던 것같다. 그러나 이 박자는 세계 각국이 다 치고 있다. 양악은
째즈라고 하고, 국악은 휘모리, 무속에서는 당악이라 칭한다. 역시 관
악, 현악, 창악, 무용, 농악 五分科에서 다 사용한다. 그러나 四拍은 같
으나 강유와 어간이 다르다. 무용과 농악은 쾌할하게 북돋어 주고 창악
북은 뒷손으로 슬슬 박을 때려주라. 창이 맺어 질 때 붙여주는게 특징이
고 현악 산조도 장고 뒤 꾸레손으로 박을 짚으며 열채로 슬슬 때려 주다
가 음악이 맺어질 때 딱 붙여 주는게 특징이고 무속에는 뒤 꾸레 채로
박을 짚으며 열채로 '당기당기 당드라궁'을 한 조율로 평균하게 때려 주
는게 특징이다. 휘모리만 그런게 아니라 장고를 칠 때 과정과 때를 가려
서 쳐야 정상이다.

11. 가래조

다음에는 가래조.

(연주)

지영희 가래조는 불가에서 재 올릴 때 하청치는 장고와 같다. 더쉽게 말하자면 양산도, 도라지, 방아타령과 같은데 빠르고 느리고 크게 치고 적게 치고 어간이 달라 다른 장단으로 들린다. '떵 떵더궁' 세마치는 같은데 때를 따러 치는데 다르다. 가래조라 함은 군웅청배할 때 치는데 첫박 이박에 '떵 뜨라궁' 크게 치고 남은 팔박을 가만가만 쳐서 십박을 마치고 절대 하청은 북으로 치되 '떵딱쿵'을 크게 치고 양산도나 방아타 령은 보통 크게 평균으로 건들건들 치는데 특징이라. 같은 박 같은 장단 도 어간을 잘 맞춰야 정상이 된다. 군웅청배에는 징·장고반주로 노래 를 하다가 피리·대금·해금은 후렴만 받아주고 노래할 때는 음악을 쉬 고 있다.

김헌선 가래조장단은 판소리의 엇모리, 전라도의 신임장단과 한배가 맞는 장단이다. 이 장단은 흔히 고형의 장단이고 2분박과 3분박이 어울 려 10분박을 이루는 것이다. 거개가 신이한 인물이나 고색창연한 능력 이나 권세를 가진 인물이나 신격이 등장할 때에, 가래조장단은 쓰인다. 가래조장단에 마달을 붙이면서도 동시에 마달을 부르는 인물과 잽이가 서로 음양을 맞춰나가는 것이 이 장단의 특징이기도 하다. 가래조에 이 어서 노랫가락이 뒤따르는 것도 특징적이라 하겠다.

12. 배다리

다음에는 배다리.

(연주)

지영희 장고 해설 배달리라 함은 가정에서 신사를 듸릴 때 男子가 먼저 장고를 치며 징과 살재비와 맞추워 노래를 부르던게 배다리라 함. 굿 十二거리 중에 배다리가 四거리가 있다. 부정청배, 시루청배, 제석청배, 군웅청배와 조상청배를 합하여 一거리 그래서 四거리는 男子가 배다리를 한 뒤에 만신이 부정노리 舞踊을 추고나서 축원을 노래와 舞踊을 겸하여 하되 역시 징, 장고, 피리, 대금, 해금 五재비 반주로 도살푸리와 잣모리로 굿을 한다.

배다리 장고에 박자는 四拍이고 오선보에는 八分六 二소절이 一장단인데 二장단을 하고 四分二 二소절이 一장단 拾장단을 오선에 올렸으니 치는 자 마음대로 골라 친다.

다음은 배다리모리. 모리는 빠르게 넘어 가는 것을 모리라한다. 이 모리는 발뼈드레라고도 한다. 그다음 빨리 몰아서 끝치면 만신이 부채와 방울을 들고 부정노리에서부터 시작한다.

지영희 정간보 해설 오선에 6/8, 4/8, 2/4로 되었으나 정간보로는 四拍으로 하되 二間을 一拍으로 하였음. 백점은 궁편이고 흑점은 열채편으로 하고 백점 흑점 합한 것은 합장이고 흑점이나 백점이 간에 처졌거나 간에 옆으로 있거나 하면 간점이니, 주의하고 언제나 무속장고는 궁편을 궁굴채를 잡고 친다. 옆에 국문으로 구음을 보고 구음을 하라. 점이 큰 데는 크게 치고 적은 점은 소리를 적게 하라. 2번을 기본으로 한다. 남어지 五줄은 별도니 간혹 쳐도 좋고 남은 또모리 4줄은 몰아 치되 일홈은 발뼈드레다.

김헌선 지영희는 배다리라고 하는 것이 가정집에서 굿을 할 때에 남자인 사니 또는 화랭이가 먼저 장고를 치면서 징, 피리, 젓대 등과 어울려서 무가를 청배하던 것을 배다리라고 했다. 그리고 배다리의 종류를 부정청배, 시루청배, 제석청배, 군웅청배, 조상청배 등을 열거하고 있다. 그렇다면 배다리라고 하는 화랭이의 앉은 청배를 다르게 일컫는 것이라고 할 수 있다. 그러므로 배다리가 있는 굿거리는 겹으로 청배를 하게 된다. 먼저 화랭이가 앉은 청배를 하고, 미지가 선청배를 한다. 배다리라는 용어는 참으로 소중한 토착적인 명칭이라고 할 수 있다. 이 용어는 현지조사에서 찾을 수 없었던 긴요한 것이다.

13. 배다리모리발뻐드래

다음에는 배다리모리 발뻬드래라고도 합니다.

(연주)

14. 부정놀이

다음에는 부정놀이.

(연주)

지영희 장고가락 해설 부정노리 장고는 징과 두리만 치고 만신이 舞踊을 한다. 역시 四拍으로 치는 가락은 다르나 농악에 부정노리와 같은데 농악 보다 느리게 친다. 오선에 백은 四分四拍으로 二소절이 一장단이고 이도 역시 六장단이 악보로 되었으니 치는 자가 임의로 택하여 치다가 만신이 방울을 흔들어 신호를 하며 노래를 부르면 도살푸리 장고를 치면 징을 손으로 막아서 속소리로 가만가만 치고 피리 도중 피리, 대금, 해금, 삼재비가 음성을 맞추어 신아위로 반주를 한다.

지영희 정간보 해설 부정노리 장단 오선악보에 四分四拍으로 二소절
이 一장단으로 되어 있다. 역시 정간보로도 八間이 一장단이고 징을 들
어 큰 소리로 장고와 음악없이 둘이만 舞踊 반주를 한다. 六장단 중에
마음대로 拍을 맞추어 치라.

김헌선 부정노리는 경기도 도당굿이나 집굿에서 긴요하게 굿의 서두
를 장식하는 것이라고 할 수 있다. 부정노리는 춤장단으로 그 특징을
드러내는데, 규칙적인 장단과 불규칙적인 장단이 서로 짝이 되어서 겉
과 속이 교묘하게 배대되도록 하는 장단이다. 그래서 어찌보면 규칙적
인 장단인 것 같기도 하고, 어찌보면 불규칙적인 장단인 것 같기고 하게
되어 있다. 그러한 이유가 부정노리 정간보 해설에 상세하게 드러나 있
다. 해설에서는 악사와 무당이 어떻게 호흡을 맞추어서 연주하는가 밝
혀놓고 있다. 체험에서 우러난 면면이 드러나는 셈이다.

15. 도살풀이

다음에는 도살풀이.

(연주)

지영희 도살푸리라 함은 장단이름이다. 비교적 진양조 중모리 중중모
리 하듯이 도살푸리도 일 종목으로 이름이다. 도살푸리는 六拍으로 빠
른 진양조와 같고 조금 더몰면 살푸리가 되는데 중중모리와 같은 박이
고 살푸리가 더 몰리면 발뻐드레라고 하는 모리가 된다. 모리는 잦모리
와 같은 박이여서 아주 빠르게하면 잦모리로 자연 치기도 한다. 장단을
합하여 부르자면 도살푸리 살푸리 모리로 끝지기도 하고 잦모리로 넘어
가서 끝지기도 한다. 다시 명백하게 말하자면 치는 채수와 가락은 다르

나 빠른 진양조와 중중모리 잣모리로 끝지는 것과 같은 박이다. 도살푸리는 神祀時에 주로 친다. 치는 곳은 용인, 광주, 여주, 이천, 안성, 죽산, 천안, 평택, 수원, 남양, 상귀, 안산, 인천, 광화, 영중, 양주 일부분에서 주로 친다. 악기는 징, 장고, 중피리(중거리라고 부름), 대금, 해금 五재비로 하되 음악곡은 神娥慰곡을 주로 한다. 음악인을 고인이라 칭하고 장고 치는 남자를 제공원이라 하고 만신을 제집사라 칭한다. 노래는 빠른 진양, 계면조요 음악은 동시에 편곡으로 노래와 각도가 달리하는 게 재질이요 듣기가 좋다.

김헌선   도살푸리는 경기도 남부지역의 무속음악을 대표하는 가락이자 장단이다. 도살푸리는 살풀이, 중중몰이 등과 한 배가 맞으며, 어찌보면 전라도 남부의 진양장단과도 한 배가 맞는 특징적인 장단이다. 그래서 이혜구 선생은 도살풀이, 살풀이, 시나위 등을 함께 해명하려는 전통적 견해를 제시한 바 있다. 도살푸리는 무가를 노래로 하거나 제석본풀이와 같은 서사무가를 노래로 하는데 쓰는 장단이다. 이뿐만 아니라, 도살푸리는 그 자체로 되어 있지 않고 모리, 발뻐드래 등과 세트구성을 갖추고서 늦은 가락에서 잦은 가락으로 몰아가는 한국의 전통적인 악곡 구성과 같은 형식을 갖고 있다. 그 점을 지영희가 밝혀서 말하고 있다. 그리고 도살푸리의 전승지역과 연행지역을 언급한 것은 진실로 소중한 원천이 된다. 전승지역과 연행지역은 가감없이 경기도 한강 이남의 남부 경기지역을 언급하고 있으며, 특히 도당굿과 세습무의 거주 지역과 엄밀하게 일치하고 있다. 그래서 전통적인 세습무의 증언과 기록이 절실한 자료가 된다는 점을 새삼스럽게 깨닫는다.

(현재 연행)

오니섭채-부정놀이-섭채(도살풀이)-경과구-모리-발뻐드래

〈오니섭채〉

장구	덩	더	덩	더	덩	구 구	덩	따
	덩		따		궁		따	따
	덩		따		따		따	따
	덩		따 구	궁	따 구	궁	따	따

〈부정놀이〉

덩	궁	덩	궁	덩	궁	덩	따		
덩	따	궁 따		따 구	궁	궁	따		
덩	궁 따	(웃)뜨라	닥	뜨라닥	따 따	궁 궁	따 따		
궁	따	궁 궁	따 궁	따 구	궁	따			
덩	따 궁	따 궁	따 궁	따 궁	따				

〈섭채(도살풀이)〉

덩	덩	러더	덩	떡						
덩	덩	러더	덩	떡	덩	따	궁	따	궁뜨라	닥
덩		딱		궁	따	따	궁	따 구	궁뜨라	닥
덩		따	따	궁	따	따다	궁	따 구	궁뜨라	닥
덩		따		따다	닥	따	따	궁	따 구	궁뜨라	닥
덩		따		궁		궁구	궁구	궁	따 구	궁뜨라	닥

〈경과구〉

덩		따	따	궁		따	구	궁	따	궁	따

〈섭채모리〉

덩		따	따	궁	따	따	구	궁	따	궁	따
따	궁	따	따	궁	따	따	궁	따	따	궁	따

〈발뻐드래〉

따	따	드르	따	따	드르	따	따	드르	따	따	드르

16. 도살풀이모리

다음에는 도살풀이모리.

(연주)

17. 살풀이

다음에는 살풀이.

(연주)

지영희 살푸리는 느린 四拍으로 칠 수도 있던데 살푸리는 음양을 바꾸어 뒤집어 쳐야 살푸리 멋이 난다. 뒤집어 친다는 말은 북편 보다 채편을 중심으로 하여 떠구궁드러라 치는 것을 뒤집는다는 말인데 흥이나서 칠 때는 중중모리와 굿거리와 모리를 채를 섞어 치기도 한다. 알기쉽게 경기도 굿거리, 전라도 살푸리 같은 四拍이라.

김헌선 살푸리는 경기도 지역에서는 도살푸리를 잦게 몰아 연주하는 것이다. 지영희가 이것을 밝혀서 말한 것은 민속예능인으로서의 그의 면모를 보여주는 증거이다. 장단에는 반드시 강과 약, 음과 양이 있다. 그것이 어떻게 배합되어야 하는가 살푸리 장단에서 상세하게 보여주고 있다. 채편과 궁편을 뒤집어서 치게 되면 상당한 가락의 변주가 생겨나서 흥미를 느끼게 되는데, 그 점을 흥미롭게 표현하고 있어서 주목된다. 마지막 말에서 경기도의 굿거리, 전라도의 살푸리가 동일한 4박인 점을 밝힌 것도 주목된다.

(현행 연주)

중모리-중중모리-자진모리

〈중모리〉

덩	궁	따	궁	따	따	궁	궁	떡	궁	궁	궁
덩		따		따	따따		궁	떡	궁		궁

〈중중모리〉

덩		따	궁	따	따	궁		떡	궁		궁
덩		따	궁		따	떡		떡	궁		궁

〈자진모리〉

덩			덩			덩		따	궁	따
덩			덩			딱		딱		
더	궁		궁	따	구	궁		딱		
더	궁		더	궁		덩		딱		
덩		궁		따	구	궁		딱		

18. 살풀이모리

다음에는 살풀이 모리.

(연주)

지영희 모리는 중모리 중중모리 잣모리와 같이 차차 빨러지는 것을 모리라함. 도살푸리에서 조금 **빠르면** 살푸리, 살푸리에서 더 **빨리** 치면 모리가 된다. 모리에 장고가락이 '당당그러 당당그리' 하는 소리가 '발뼈드레 발뼈드레' 한다고 하여서 발뼈드레라고 함. 발뼈드레에서 앞채를 먼저 치고 궁채를 반박 늦게 치면 살푸리처럼 뒤집어 쳐지는 소리가 '따구덩드러'가 된다. '따구덩드러'에서 앞에다 한 채만 더 느면 '뜨라구덩드러 뜨라구덩드러'가 정상적 모리다. 모리에서 더 빨리 몰니면 올림채 끝에 '더더덩드러럿더'를 친다. 그다음은 부정노리로 넘겨서 잣모리로 그친다.

김헌선 도살푸리, 살푸리, 발뻐드래 등이 한 세트로 구성되는 점을 이 자료에서 명확하게 언급하고 있다. 도살푸리는 여섯 박, 살푸리 또는 모리는 네 박, 발뻐드래는 아주 빠른 네 박 등으로 빨라진다. 그 점을 자연스런 구음에 의존해서 밝히고 있다. 또한 올림채의 모리와도 어떻게 같고 다른지 밝혀놓아서 주목된다. 그리고 발뻐드래의 구음적 기원도 밝혀놓았다.

19. 지영희 당부의 말

> "무속의 장단 17가지를 쳤는데, 내가 이 무속장단을 쳐 본 제가 50여 년이 지났으니, 손도 안돌아가고 가락도 자꾸 뻣뻣해서 입으론 잘 되는데 손이 안돌아가. 그래서 어영부영 집어 너놨으니 이걸 지금 본으 로 삼어서 날마 득 쳐가 이 손이 부드러와야 잘 돌아가는, 장구니 이런 식으로 공부들 해라 내가 쳐 수십 년만에 쳐보니 가락이 잘 안돌아 가서 그대로 그대로 넣어놨이 니 그런 줄 알구선 치도록 심들어 해야 헌다."

경기 남부무속음악의 실체를 확실하게 파악하는 방법에는 가무악희 (歌舞樂戱)의 핵심적 요체가 되는 장단의 종류와 갈래를 알아보는 방법 이 있다. 그러한 보고서 가운데 중요한 것은 경기도 평택 출신의 지영희 가 정리한 경기도 남부무속음악의 실제 자료와 악보이다.

지영희가 남긴 악보와 자료 해설은 경기도 남부무속음악을 총체적으 로 알 수 있는 요긴한 자료이다. 지영희는 토착적인 용어와 장단을 아는 유일한 인물이다. 예컨대 이혜구 선생이 썼던 토리라는 말의 현장적 사 례가 곧 지영희이다.

각 지역마다 음악적 언어가 갖는 고유한 가락을 토리라고 지영희가 언급한 바 았다. 토리라고 하는 용어는 충남 공주출신의 판소리 명창인

굿거리	장단	명칭	가무유형
1. 배다리	반서림 四 拍	神 娥 慰	歌
2. 배다리모리	빠는 四 拍	身 我 爲	
3. 부정노리	八 拍		舞
4. 도살푸리	빠는 六 拍		
5. 살푸리	四 拍	神祀時에	
6. 살푸리모리	四 拍	神 娥 慰	
7. 올님채	빠는 拾 拍	신 아 위	舞
8. 겻맞치	四 拍		舞
9. 잦인굿거리	四 拍	직 흥 시	
10. 당 악	빠는 四 拍	身 我 爲	舞
11. 진 쇠	十七拍 十拍 十拍 三十七拍	신 아 위	舞
12. 푸 살	拾五拍		
13. 터벌님	拾 拍		
14. 권 선	拾 拍		
15. 봉등채	五 拍		
16. 가래조	빠는 拾十拍		樂
17. 길꾼악	24拍		
18. 굿도도리	六 拍		

박동진이 '토홀'이라고 해서 다시금 증명해준 바 있다. 최근에 안성 일대의 문화원 관계자에게서도 '토홀'이라는 말을 들은 바 있다. 그렇다면 지영희는 평택 출신이므로 이러한 전통적 용어에 입각해서 고유한 무속 음악의 가락과 체계를 정리했을 것으로 짐작된다.

위에서 제시된 장단은 모두 열 여덟 가지이나, 경기도 선굿꾼인 화랭이에 의해서 연행되는 굿거리에서 쓰이는 장단을 굿거리, 장단, 명칭, 가무유형 등으로 체계적으로 정리했다고 할 수 있다. 명칭에서 흥미로운 구분은 신을 위하는 가락과 무당의 몸 또는 인간의 몸을 위하는 가락을 엄격하게 구분하려 했던 것으로 가락의 기능을 이해하는데, 크게 도움이 된다. 신아위라고 하는 표현을 한자로 다르게 써서 위의 자료를 구분하려고 했으니 아주 주목된다.

한성준과 하진옥의 예술시대

1. 춤 전승의 요체와 기억의 증언

전통춤은 구전심수를 핵심으로 한다. 입으로 전하고 마음으로 받는다고 하는 점이 전승의 비밀이다. 도제식으로 보기 어렵고 오랫동안 하나의 전통 속에서 우러난 춤은 이러한 전통을 온전하게 유지했다고 해도 과언이 아니다. 구전심수하므로 남들이 모르는 전통을 잇고 동시에 이 전통 속에서 지극히 꺼려했던 것이 바로 스승의 춤을 판박이로 이어가는 것이었다. 입으로 전하니 마음으로 받으라고 하는 사실과 판박이로 춤을 추어서는 안된다고 하는 것은 모순된 사실이다. 전통춤이 온전하게 살아나가는 것이 이러한 모순율의 전통 속에서 생성되었는지도 모르겠다.

한성준(韓成俊, 1874~1941)의 춤 전승에 많은 비밀이 있었던 것은 아니다. 전통적인 방식대로 춤을 전승하고 이어간 점이 전부이다. 그런데도 불구하고 많은 대목에서 이 전통에 의문이 적지 않은 것도 사실이다. 그러한 의문의 일단을 밝혀줄 소중한 것이 한성준에게서 직접 사사받은 인물의 증언을 들어보는 것이 소중하다. 한성준의 마지막 제자로 생존하여 있는 인물이 바로 하진옥(河眞玉,1928-)이다. 하진옥은 한성준이

조선음악무용연구소를 세우고 활동하는 동안에 그에게 춤을 직접 배운
인물이다. 하진옥은 연로한 나이인데도 불구하고 한성준에게서 춤을
배운 기억이 확실하고 동시에 여러 가지 증언을 해줄 수 있는 요긴한
인물이라고 할 수 있다.

한성준이 소중한 인물이듯이 하진옥 역시 그에 못지 않은 집안 내력
을 갖추고 있으며, 아울러서 춤의 기본적인 베이스가 무엇인지 알 수
있을지 여러 의문을 가지게 하는 공통점을 많이 지니고 있다. 그렇기
때문에 한성준의 내력을 이해하고 한성준의 춤 비밀을 아는데 하진옥의
증언이 결정적일 수도 있다고 하는 생각을 지울 수 없다. 한성준의 춤은
소중하다고 할 수 있으며, 하진옥의 증언을 통해서 직·간접적인 정보
를 집약할 수 있다고 하겠다. 한성준의 춤을 핵심으로 전하는 것은 춤
자체이겠지만 하진옥의 학습 과정을 통해서 우리는 한성준의 전통과 의
의를 반추할 수 있을 것으로 기대된다.

하진옥의 기억이 문제이다. 과연 적절하게 모든 것을 기억하고 전달
할 수 있는가? 그 기억은 신뢰할 만한 수준인가? 어린 나이의 체험이
어떻게 연결될 수 있는가? 하는 등등의 의문이 바로 핵심적인 문제이
다. 대체로 하진옥의 기억은 선명하게 나타나고 기억 역시 뚜렷한 특성
을 지니고 있다. 대체로 하진옥의 나이 10세 전후의 사정이니 불분명할
것 같은데 하진옥의 기억은 비상하고 총명하다. 주변 정황에 대한 인식
역시 소중하므로 이 기억을 바탕으로 하여 새로운 증언이 나올 수 있다
고 하는 점을 다시 환기하지 않을 수 없다.

기억의 증언은 불완전할 것 같지만 사실은 그렇지 않다. 기억은 구전
의 역사, 입으로 전하는 참다운 진가를 지니고 있다.[1] 기억은 우리가

---

1) 기억의 증언이 역사적 가치와 의의를 지닌다고 하는 연구 방법론을 진작하는 논저는

구한 유일한 역사적 증언의 방법은 아니지만 진정하게 진실에 다가서는 하나의 방법이다. 하진옥은 기억으로 증언하고, 몸으로 증언하는 특별한 능력을 지니고 있음을 알게 된다. 그의 기억을 통해서 우리는 한성준에게 배운 춤의 역사와 증언을 분명하게 알 수 있게 되리라 예견된다.

2. 과천 찬우물 임씨가문과 시흥 하진옥의 가계

하진옥을 온전하게 알기 위해서는 임정란의 과천 찬우물 집안을 서로 연결해서 제대로 알아야 한다. 서로 긴밀한 혼맥을 형성하고 있으므로 이 둘 사이의 함수관계가 곧 예술 전승의 기본이 되기 때문이다. 시흥의 하씨집안과 과천의 임씨 집안이 서로 얽혀 있다. 그들 말로 "도레도레"라는 관계가 그것이다.

1) 과천 찬우물의 가계

임정란(林正蘭, 본명 林正子)의 가계와 생애가 우선적으로 고려되어야 한다.2) 가계와 생애가 연구의 근본 자료가 되며, 이들 집안의 의의를 살펴보는 것은 연구의 출발점이 될 것이다. 이 가계의 개요를 중심으로 하여 개괄적 이해를 도모하고 동시에 이 집단의 의의를 평가하기로 한

다음과 같다.
윤택림·함한희, 『새로운 역사 쓰기를 위한 구술사 연구방법론』, 아르케, 2006.
윤택림, 『구술사 기억으로 쓰는 역사』, 아르케, 2010.
윤택림, 『개정판 문화와 역사연구를 위한 질적연구 방법론』, 아르케, 2013.
2) 이 원고는 2013년 10월 18일 안동대학교 민속학연구소의 학술대회에서 발표한 논문을 추려서 다시 재론한 것이다. 아울러서 2014년 10월 13일의 증언을 토대로 해서 다시 재구성한다.

다. 과천 찬우물을 중심으로 가계를 복구하면 다음과 같다.[3]

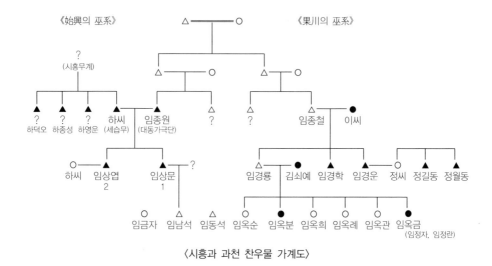

〈시흥과 과천 찬우물 가계도〉

　　과천 찬우물 가문과 여타 가문은 혼인권이 긴요하다. 과천 임씨 집안
과 혼인으로 얼룩져 있는데, 그 가운데 눈에 띄는 것이 시흥의 하씨 가
문과 대부도의 김씨 가문, 대방동을 중심으로 하는 정씨 가문의 혼맥이
적절한 사례이다. 이들과 혼인하는 집단이 더 있었을 것이나 현재 이외
에 잘 밝혀져 있지 않다. 혼맥으로 얽혀 있는 것이 과거 신분제 사회의
특징이다. 위의 찬우물 가계도에서도 이들의 혼인관계가 분명하게 드
러난다.

　　전통적으로 이를 부가계내 고부계승(父家系內 姑婦繼承)이라고 하는
말을 종종 써오곤 했는데 이 말이 일리가 있다. 찬우물의 임씨 가문에

---

3) 이 가계도는 불완전한 것이고 정확하게 고증된 사실에 근거하지 않는다. 임정란의 증언과
　이자균이 만든 가계도를 참조하여 일단 잠정적으로 복구한 결과이므로 이를 온전하게 준신
　할 수 없다. 장차 정확하게 복구하기로 하고 이를 잠정적 논의의 수단으로 삼고자 한다.

임정란과 하진옥의 면모, 2013년 8월 9일 경기소리전수회관에서

여러 다른 집안의 여성이 혼인의 관계에 의해서 조달되면서 가계가 유지되고 사제권을 여성에게 넘기는 전통이 곧 경기남부의 세습무계에서 발견되는 특징을 공유하고 있다. 임씨 집단에서 여러 집단의 여성을 조달받아서 가계를 이루는데 화성과 시흥 등을 비롯하여 다양한 혼맥을 형성하였던 것으로 이해된다.

이 가계 가운데 가장 긴요한 인물들을 중심으로 이 집단의 중요성을 부각시키기로 한다. 임종원이라고 하는 인물을 살펴볼 필요가 있다. 이 인물을 과천 찬우물의 실질적인 지도자로 중세에서 근대로 이행하는 시기에 여러 인물을 집약하고 새로운 시대에 적응하도록 주선한 인물이라고 하는 점에서 주목을 요한다. 그 핵심이 〈대동가극단〉이라고 하는 것에 있음은 물론이다. 근대여명기에 전통적 세습무 집단이 자생적으로 근대예술의 형태로 접근하고 노력한 점에서 각별한 의의가 있다.

〈대동가극단〉은 판소리를 중요한 레퍼토리로 삼아서 일종의 창극을 연행하면서 놀이로 삼던 집단이었다. 막간마다 놀이를 곁들이면서 한 곳에 머물지 않고 전국을 떠돌면서 판소리를 선보이던 집단이었다고 전

한다. 판소리 명창이나 광대가 모두 과천 찬우물의 대동가극단을 거쳐
갔다고 하는 사실이 이 극단의 중요성을 말한다. 이곳을 거쳐 간 명창
가운데 유명한 이들이 있는데 박동진과 같은 인물은 이곳에서는 오히려
신출내기로 기억한다고 전한다. 대동가극단의 중요성을 강조하여도 틀
리지 않는다.

2) 한성준의 막바지 제자, 하진옥의 춤 학습 경위

이곳에서 활동한 사람 가운데 가장 중요한 인물이 하나 더 있는데 그
인물이 곧 하진옥(河眞玉, 1928-)이다.[4] 하진옥은 경기도 수원 태생이
기는 하지만 이들 집안은 경기도 시흥 서원말에서 대대로 세거하던 집
안이다. 이들 집안에서 여러 명인들이 나왔으며 이 집안의 세습무로서
가지고 있는 중요성은 더욱 강조해도 지나치지 않다. 대동가극단을 이
끌던 인물인 임종원이 이모부였으며, 아버지와 어머니는 하건룡과 신
은경이다.

하건룡은 대금에 능했으며, 농사를 겸하고 있었지만, 어머니는 무당
의 길에 나서지 않았다. 자녀를 모두 7남매를 두었으나 하진옥은 첫 번
째 딸로 소학교까지 다니면서 아이우에오를 배웠었다고 말한다. 어렸
을 때에 총명하여 공부도 곧잘 했지만 여러 가지 문제를 해결하기 위해
서 하진옥은 다른 곳에 진출하게 된다.

세습무계의 멍울을 가지고 있었으므로 여기에서 벗어나는 길을 모색

---

4) 하진옥과의 면담은 2013년 8월 9일에 있었다. 과천의 경기소리전수관에서 임정란의 주선
   으로 이루어졌으며 매우 중요한 인물로 여러 경로를 통해서 만났었는데 직접 만나 면담하
   면서 자세하게 물어보고 논하면서 중요한 제보자인 것을 이 과정에서 알게 되었다. 동시에
   다시 하진옥 선생을 만나게 된 것은 2014년 9월 18일 과천 경기소리전수관에서 임정란과
   하진옥선생을 다시 뵙게 되었다. 그러면서 추가로 여러 가지 조사를 더 할 수 있었다.

하진옥의 면모. 2013년 8월 9일 경기소리전수회관에서

하게 된다. 하진옥은 아홉 살 때에 경기도 수원권번에 팔려갔다고 전한
다. 아버지가 적극적으로 기생춤을 배우도록 했기 때문이다. 춤을 배우
는 방식이 권번 선생에게 배우는 방식이 있지만 하진옥은 다른 길을 걷
게 되었다. 이 과정에서 일찍이 춤을 출 수 있는 재주가 발견되어서 춤
을 전수받기 위해서 한성준(韓成俊, 1874~1942)이 운영하던 중구 계동의
한성준 2층집에 가서 그곳에서 전통춤을 배웠다고 한다.

하진옥의 기억과 겹쳐지는 대목이지만 실제로 문자로 기록된 곳을
보면 하진옥의 증언과 불일치하지만 대체로 일치한다. 이곳이 경운동
으로 되어 있고, 이곳 이층 건물에 가서 배웠다고 한다. 이층 건물이
곧 조선음악무용연구소이고 이곳에서 여러 인물을 만나기도 했다고 전
한다. 가령 손녀인 한영숙과 만나기도 한영숙은 사춘기 여성으로 여러
남학생과 연애를 하는 대목이 목격되기도 했다고 전한다.

하진옥은 이곳에서 구체적으로 한성준에게서 중요한 춤과 소리를 익
혔는데 대략 1년을 넘어서지 않는다고 한다. 한성준의 손녀인 한영숙에
게도 춤을 가르쳤으나, 한영숙은 그 사이에 학교에 다니는 남성과 사연

이 있어서 춤을 배우는 것을 소홀하게 했다고 하고, 나중에 본격적으로 춤사위를 배웠다고 전한다. 결과적으로 하진옥과 한영숙은 비슷한 연배의 춤꾼으로 함께 전승을 한 것으로 보인다.

하진옥의 춤사위는 실제 구연했던 것을 본다면 전혀 다른 점을 볼 수 있다. 그것은 현재의 전승과 다른 고유의 면모를 유지하고 있음이 확인된다. 살풀이와 승무를 비롯하여 입춤도 배웠으며 조진영에게서 승무를 더 배웠다고 한다. 최승희가 와서 춤을 배우는 과정에서 함께 춤을 추었다고 한다. 한량무도 더 배웠으며 이것이 끝나고 대략 4-5년에 걸쳐서 대동가극단에 몸을 담고 그곳에서 활동했었다고 전한다.

대동가극단의 면모가 하진옥의 증언을 통해서 풍부하게 드러난다. 대동가극단은 단순한 판소리만을 연행하는 집단은 아니었으며, 판줄, 승무와 같은 춤, 신파극, 창극, 땅재주와 써커스 등을 한 입체적인 근대기의 전통가극단을 운영하였던 것으로 확인된다. 임상문의 줄타기, 하진옥과 같은 인물의 춤, 창극으로는 김연수와 오태석, 땅재주꾼으로 김봉업, 이정업 등과 같은 인물이 활동하였다.

대동가극단에 활동한 중요한 판소리 명창들이 있었는데, 가령 앞에서 말한 박동진과 같은 인물이 초자에 불과했다는 것은 이 명창들의 이름을 보면 알 수 있다. 김연수, 임방울, 이화중선, 박초월, 박녹주, 김소희, 안채봉, 박동진, 홍강수, 박후성, 장영찬, 임명옥, 임옥분, 임명복 명창 등이 이곳을 거쳐간 인물들이라고 전한다. 이들은 모두 이곳에서 밥을 먹고 지내면서 연행 준비를 하다가 때가 되면 먼 곳에 가서 연행을 하고 다시 돌아와서 준비하고 연습하면서 지냈다고 전한다.

대동가극단을 따라서 멀리 만주나 일본까지 연행을 하러 떠돌아다녔으며 이화중선과 동행하여 여러 곳을 다녔다고 전한다. 동시에 여러 곳을 안다닌 데가 없다고 전한다. 하진옥이 해방을 맞이한 곳은 신의주였다고 한다. 하진옥은 "도레도레 화랭이집안"으로서 자신의 생을 반추하면서 이후에 삶에 대해서도 증언한다. 요리집을 전전하면서 주로 요정을 경영하였는데 낙원동, 수하동 등에서 기생을 거느리며 그 과정에서 배운 여러 가지 일을 술회하였다. 딸이 두 명 있었는데 큰딸은 숙대 약학과를 나와 약국을 경영하고, 작은딸은 이대교수를 하고 있다고 전한다. 신OO와 만나서 두 딸을 낳으면서 살림을 했다고 한다.

3. 하진옥의 존재와 의의

하진옥은 매우 주목할 만한 내력과 경험을 지니고 있는 존재임이 확인되었다. 한 사람의 생평이 지니는 가치가 여럿이 있겠지만, 하진옥의 생애 전반은 존재 자체로만으로도 우리 근대민속예술사에 긴요한 증언을 해줄 만한 정보들로 가득한 것임이 분명하다. 그의 생평이 빛나는 것이므로 이를 중심으로 하는 구체적인 사실을 정리하고 새로운 연구 과제를 찾아낼 수 있는 인물임이 분명해졌다.

허물어지지 않은 기억력과 함께 또렷하게 증언하는 내용 자체에서 가지고 있는 힘이 대단한 존재임을 실감하게 된다. 하진옥의 구전문화 유산은 우리 시대의 이정표를 세울 만한 과거의 풍부한 자취를 간직하고 있다. 한 시대를 증언하고 과거를 기억하는 것으로 소중한 가치를 지니고 있음을 다시 절감하게 된다. 그의 기억과 일정한 동작은 그 자체로 긴요한 기능을 하는 것임이 분명하여졌다.

춤의 전승과 춤에 관한 기억은 결국 동작으로 남는다. 춤사위를 기억하고 이를 온전하게 구현하는데 있어서 하진옥은 몸으로도 소중한 기여를 하게 되었다. 그가 기억하는 춤사위의 기억과 현재 전승되는 춤의 차별성 역시 눈여겨 볼 대목임이 선명하여졌다. 태평무의 온전한 완판의 학습 과정에 중대한 차이점이 발생하게 되었다. 춤의 전승에서 보이는 긴밀한 사실을 전혀 다른 각도에서 증언하고 있음을 우리는 눈여겨 보아야 할 대목이라고 생각하고, 하진옥의 구전에 의한 춤사위 전승은 긴요하다고 하지 않을 수 없다.

특히 단출한 내력에도 불구하고 당대 최고의 인물들과 만나서 교유하고 그들에게 받은 가름침이나 기억을 잘 간추리고 있었음을 실감하게 된다. 하진옥의 내력을 정리하게 되면 구술사를 통한 민속예술사에 대한 복원이 가능하다고 생각한다. 그렇지만 일정 정도 만시지탄의 아쉬움도 없지 않다. 그 점을 안타깝게 생각하면서 작업을 서둘러야 할 것으로 판단된다.

하진옥은 시흥 서원말을 중심으로 하는 세습무계 출신으로 전형적인 화랭이 집안에서 나와 춤 분야에 자신의 일생을 건 긴요한 가치와 의의를 지닌 존재이다. 오롯하게 한 길을 가지는 않았지만 하진옥의 가계는 이른 바 시흥 진양 하씨 집안 사람들로 이른 바 赤松智城·秋葉隆의 자료집인《朝鮮巫俗の硏究》上卷에 "죽엄의 말"이라고 하는 자료를 제공한 무부 하용운의 시흥 집안 사람과 긴밀한 관계를 지니고 있다.

권번으로 팔려가기 위해서 춤을 배우고 기예무의 면모를 다듬는데 있어서 이들의 노력은 절대적 기예 연마가 필요하였다. 그렇게 하기 위해서 당시대에 가장 긴요한 춤 전승자에게 높은 학채를 내고 춤을 전수받았으며 계동에 조선무용연구소를 가지고 있던 곳에서 이층 집에서 한성준에게 춤을 배웠다.

하진옥은 한성준의 춤 전승자이고, 한성준에게 직접 춤을 배운 긴요한 인물 가운데 유일하게 남은 생존자이다. 하진옥이 오롯하게 춤을 추는 것으로 일로매진하여 나아가지 않았지만, 어렸을 때에 한성준선생

하진옥, 2014년 9월 18일 경기소리전수관

하진옥, 2014년 9월 18일 경기소리전수관

에게 춤을 배우고 그것을 기억하고 전승하고 있는 마지막 제자인 점에서 긴요한 의의가 있다고 할 수 있다. 한영숙이 춤을 배우는 과정을 기억하고 있다는 점에서도 매우 주목할 만한 증언을 하고 있다.

하진옥은 한 시대 긴요한 예술사를 증언하고 있는 유일한 인물이 아닌가 한다. 하진옥을 중심으로 하는 대동가극단에서의 활약과 예술적

기여를 크게 평가할 만한 사실이다. 과천 찬우물의 대동가극단은 활동
범위가 매우 넓고 전국적인 활약은 물론하고 만주 일대까지 진출한 종
합예술단의 성격을 지니고 있었으며, 그 단체에서 하진옥은 긴밀하게
일정한 부분의 활동을 하고 있었음이 드러난다.

경기도 도당굿의 연행자와 예술적 가치

경기도 도당굿의 연행자들에 대한 소개는 지난 해 가을의 아름다운 향기를 품던 마른 국화꽃을 코에 대는 것과 같이 의미가 없는 일일 수 있다. 이미 한 시대의 종말을 고했는데 이를 가지고 와서 그것이 아름다운 꽃이었으며, 우리 예술의 면모를 가장 선명하게 보여주던 것이었다고 말하는 것은 시대착오적인 것인 일이라고 생각할 수도 있다. 과거의 유산이 제 아무리 훌륭하다고 하여도 그것이 이 시대에 다시 귀환하는 것은 분명히 말하건대 불가능한 일이다. 다만 아름다운 기억과 추억만이 우리에게 남아 있을 따름이다. 그러니 이것을 밝혀 도당굿의 줄기를 들추어내는 일은 허망한 짓에 지나지 않는다.

그렇지만 다른 한편에서 이들의 일생과 예술을 들먹이는 것이 그렇게 무의미하고 지나간 과거를 말하는 것에 지나지 않는 것은 아니다. 생각하여 보면 경기도 도당굿의 전통을 찾고 이들의 예술을 그리워하는 이들이 적지 않음을 알 수 있다. 이 땅에 살면서 이 예술이 소중한 것이라고 말하는 당위론자에서부터 자신들의 삶을 성찰하면서 이들 예술에서 진정한 예술혼을 찾고 무엇인가 그리워하면서 나서서 이들의 예술을 추억하고 감회에 젖어드는 사람이 적지 않다. 이들의 일생을 찾고 정리하는 것이 값지고 소중한 점을 일깨우는 사람이 적지 않다. 경기도 도당굿의 진정한 예술성을 찾고 가치를 드러내려는 사람들이 있어서 이 예술을 결코 물러서게 할 수 없는 이유가 되기도 한다. 우리가 존재하는 이유가 과거에 있고 과거에 진정하게 대접받지 못하고 전통의 한 켠에 살다가 사라진 이들이 있어서 이들을 기억해야 하기 때문이다.

1. 산이, 경기도 도당굿의 연행자들

경기도 도당굿판에 많은 산이들이 존재하였다. 이들은 자칭 산이라고 하는 말을 하지 않는다. 이들은 동관네라고 하면서 세습무로서의 직무를 행한다. 이들을 화랭이라고 하는 것은 시속 말로 천한 말이다. 달리 굿판에서 이들은 자칭 겸 타칭으로 산이라고 하는 말을 하고, 굿을 담당하는 이들을 지모, 지미라고 하는 말을 함께 사용한다. 지모와 산이가 한 짝이 되어서 굿거리를 하고, 여러 쌍이 와서 화랭이 한 패를 이루어서 굿을 하던 전통 속에서 이들이 활동한 것을 볼 수 있다. 도당굿의 전통이 온전한 쪽에서 이러한 굿판이 생성되고 이들을 보고 많은 세습화랭이들이 굿에 참여하면서 굿을 활성화시킨 전통이 있음이 드러난다.

경기도 도당굿판에 많은 산이들이 명멸하였다. 이 가운데 가장 중요한 산이들을 골라서 이들의 생평을 정리하는 것이 필요하다. 이 산이들의 생애가 결국 경기도 도당굿의 역사이고 증언이고 증거물인 셈이다. 숱한 산이들을 모두 정리할 수 없을 것으로 보인다. 이들의 생애를 정리하면서 이들에 대한 간략한 개요를 정리하여야만 다음 단계의 진전을 이룰 수 있을 것으로 보인다.

본디 산이들이 어정판에 있으면서 당초에 이름을 내기 어려운데 여기에 소개하는 인물들은 어정판과 예술판에 모두 등장하면서 이름을 알렸던 인물들이 대부분이라고 할 수 있다. 그 가운데서는 어정판에 들여놓지 않고서도 넓게 활약하여 이름을 알린 인물들도 별도로 존재한다. 가령 한성준, 이동안, 지영희 이동안 등을 모두 산이들의 사례로 넣어야 할지 고민이 되는 대목이 적지 않다. 굿판에서 장단을 익히고 활약한 것은 사실이지만 이들이 본격적으로 어정판에 나선 것도 아님은 분명한 사실이다. 그러므로 산이들의 어정판에 대한 이해를 도모하는 것보다 직접 이들의 활약을 본 인물을 중심으로 하여 정리하는 것이 중요하다.

경기도 도당굿에 대표적인 산이들이 있으니 이들은 모두 굿판에서 출발하여 굿판을 벗어난 범위에서 여러 가지 예능에 종사하다가 사라진 인물들이다.[1] 이들 가운데 주목할 만한 인물들을 소개하고 이들의 예술적 가치와 삶의 의미가 무엇인지 살펴보고자 한다.

(1) 이용우(李龍雨, 1899~1987)

이용우는 경기도 화성군 오산읍 성호면 부산리에서 광주 이씨 집안에서 태어났다. 부친은 이종하이고, 증조부는 이규인이다. 이 집안은 대대로 도대방을 겸하고 도산주를 맡아서 했던 세습무계집단이다. 이 집안에서 산이 또는 화랭의 노릇을 하던 이종하의 아들로 태어났다. 이

---

1) 이에 대한 사실 정리는 필자의 학위 논문을 비롯하여 중요한 조사 업적에 의한다. 특히 이자균의 현지조사 자료가 결정적인 도움을 주었다. 글을 다시 적고 정리해서 일관성을 갖도록 문장 구성을 하고 필자의 자료에 의해서 보완하여 서술하고자 한다.
　김헌선, 『경기도 도당굿 무가의 현지 연구』, 집문당, 1996.
　이자균, 『경기무악』 국립문화재연구소 소장 자료시리즈 13번 자료, 국립문화재연구소, 2000.
　지갑성(1911~1980), http://cafe.daum.net/gugudung/2IOB/199?q=%EC%A7%80%EA%B0%91%EC%84%B1 누구의 글인지 분명하지 않으나 내용 상 이자균의 글이 맞는 것으로 추정된다. 너무 길고 복잡하여 이 글은 참고만 할 뿐이고, 이를 달리 인용하지 않는다.

1986년 4월
인천동막도당굿의 이용우산이

종하는 춤의 대가였으며, 학습의 양상이 단순하지 않아서 마달, 장단, 춤, 선굿 등에 능하였던 것으로 전한다. 이들 집안의 전통은 여러 책자에 상세하게 소개되어 있으므로 이를 중언하는 것은 옳지 않다. 이용우가 본격적으로 굿을 배운 이는 당숙인 이종만의 굿을 배운 것으로 되어 있으며 당굿의 전통을 충실하게 전승하고 있었던 것으로 전한다.

이용우는 9살 때부터 여러 소리판이나 굿판에 나서서 활약한 경험을 가지게 된다. 특히 도당굿을 배우기 앞서서 판소리와 창극을 익혀서 그의 재능을 닦았던 것으로 회고된다. 당굿은 주로 이종만에게 학습했던 것으로 된다. 젊었을 때부터 집안에 대대로 내려오는 도당굿에 쓰이는 학습을 익혔으며, 그 이전에는 창극단을 따라다니면서 판소리와 창극을 했던 것으로 전한다. 한때는 협률사가 해체되자 창극단을 좇아서 지방으로 순회공연을 그의 부친 종하와 다니다가 해산을 하자 집으로 되돌아 와서 다시 학습을 하였다. 부친 이종하가 이용우를 자신의 소실인 그러니까 이용우에게는 서모인 박금초한테 바탕 소리를 익히게 하였으며 서울에서 활동하도록 하였다. 그 과정에 창극단을 구성하여 돌아다녔으나 매우 고난스러운 일이었다고 회상한다. 아울러서 창극단이 잘 되지 않자, 고통스러운 일을 하게 되었다고 전한다. 그 가운데 서울로 상경을 하여 단성사 등지에서 공연도 하였다고 한다.

당굿은 주로 당숙한테 배웠으나, 다른 악기도 익히게 되었다. 그 가

1984년 인천동막도당굿에서 정애비를 만지고 있는 이용우 산이

운데 대금과 전통적인 음악을 함께 익혔다고 한다. 주로 대금은 경기도 평택군 청궁면 양감리의 김부억쇠에게서 풍류 한바탕과 삼현, 시나위를 익혔다고 한다. 김부억쇠는 나이로 봐서 이용우의 조부인 이규인의 나이 뻘이나 되는 이었다고 한다. 이용우는 대금만이 아니라 쇳가락을 비롯한 쇠풍장에도 아주 능한 것을 볼 수 있고, 장구를 치는 것이나 마달을 하는 것에도 타의 추종을 불허하는 것을 볼 수 있다.

이용우는 경기도에서 선굿꾼으로서의 재주가 빼어나서 경기도 일판의 도당굿 가운데 가장 큰 거리라고 할 수 있는 군웅굿이나 손님굿, 뒷전 재담 등을 도맡아서 활동을 하였는데, 그 재담과 소리는 매우 탁월한 것으로 간주된다. 성격이 카랑카랑하고 키가 작지만 굿이면 굿, 음악이면 음악, 문서면 문서, 마달이면 마달 못하는 것이 없었음을 볼 수가 있다. 목청은 타고나서 철성과 수리성을 아울러 지니고 있어서 다른 사람에 못지 않는 탁월한 목을 타고 났다고 볼 수 있다.

정확하게 말한다면 이용우가 경기도 도당 굿의 선학습 꾼으로서는 마지막 사람이었다. 이용우가 남긴 음원이나 동영상을 통해서 그의 굿이나 예능이 얼마나 탁월한지 쉽사리 알 수가 있다. 이용우에게 학습한 인물은 오마금을 비롯하여 오수복이 있고, 방인근 등이 더 있다. 오수복은 군웅춤 쌍군웅춤이나 제석 춤을 배웠고 방인근은 장단과 가락을 이용우에게 다시 학습을 하였다.

(2) 이충선(李忠善, 1900~1989)

이충선은 경기도 광주군 중대면 몽촌리의 대표적인 두레두레 세습무인 산이 또는 화랭이의 집안에서 태어났다. 이충선의 윗세대는 굿판에 종사하면서 여러 연행판에 드나들면서 벌어먹던 집안의 사람이었다. 이덕만, 이덕재 등의 인물이 대표적인 몽촌리의 세습무가계 출신의 대표적인 인물들이다. 이충선은 이 가운데 이덕재의 둘째 아들로 태어났다.

이충선의 형인 이일선도 피리와 해금에 분야에서 있어서 명인이었고, 동생인 이달선은 해금을 연주하기도 하였으며 이 집안에 탁월한 예능인이 모두 우박 쏟아지듯 하였다고 한다. 이충선은 나중에 국가중요무형문화재 제49호 송파산대놀이의 인간문화재로 지정된 바 있는데, 그 과정에서 만난 이충선은 인품이 자상하고 동시에 남을 편안하게 하는 성격의 소유자였음을 볼 수가 있다. 이충선은 못다루는 악기가 없었으며, 장구 연주에도 일가를 이루고 있었다. 특히 집안에서 모든 악기를 다 다루면 가난하게 산다고 하는 전통적인 금기에 따라서 단 한 가지의 악기만은 다루지 않았는데 그 악기가 바로 백악지장이라고 하는 거문고는 다루지 않았다.

이충선은 서울과 지리적으로 인접해 있어서 일찍이 한양으로 상경을 하여 조선정악전습소에서 양금으로 하는 풍류를 배웠으며, 경기도 광

▲ 이충선명인의 면모　　　　　이충선 피리산조 음반의 얼굴▲

주군 광주읍 경안 마을에서 태어난 피리와 해금의 명인 양경원(계원)에게 피리 삼현과 풍류, 시나위를 익혔다고 한다. 대금은 당시 서울시 성동구 신당동에 살았던 경기도 평택읍 이충동 태성 대금의 명인 방화준한테 대금 풍류와 삼현, 시나위를 아울러서 익혔다고 전한다.

이충선은 거문고만 제외하고 두루 악기에 능한 인물이었으며, 일제시대에는 경성 방송국에 출연하여 연주를 하기도 했으며, 그 뒤에는 소리와 북, 장구에 능통한 경기도 광주군 오포면 양벌리 태생 김성준의 장자인 김광채, 그리고 대금의 명인 김광식, 경기도 시흥군 수암면 와리에서 난 줄타기의 명인 이정업 등과는 처남 매부지간으로서 반혼과 같은 두레 동족혼을 하면서 전통적인 음악을 연주하였던 인물이다.

해방 이후로 오십 년대 중반부터 민속 악단을 조직하여 많은 활동을 한 국악인이었으며, 나중에는 동양방송의 장수만세 프로그램에 출현하여 출연자들의 청을 맞추어서 연주하는 단골 국악인이 되었다. 그러다가 나중에 국가중요무형문화재인 제49호의 송파산대놀이 피리 보유자로 있다가 작고하였고 이충선의 문하에서 많은 중견 국악인들이 나왔다. 대표적으로 이충선의 휘하에서 나온 인물들은 이루 헤아릴 수 없었다고 할 수 있다.

(3) 지갑성(池甲成, 1911~1980)

지갑성의 면모
(국악박물관)

지갑성은 경기도 시흥군 군자면 거모리에서 지경래의 외아들로 태어났다. 본래 지갑성의 증조부인 지도현은 화성군 우정면 조암리에서 살다가 시흥군 군자면 거모리에 이주하여 살게 되었다. 지갑성은 본디 이름이 아니다. 원래는 갑술생이었으므로 갑술이라고 하였으나 사람들이 놀리자, 이를 갑술에서 갑성으로 바꾸게 되었다. 그렇기 때문에 지갑술이라고도 알려져 있으나 지갑성이라고 하는 이름이 둘 다 맞는 이름이다. 본래 지갑성은 인천에서 태어났으나 십 오세 정도까지는 수원에서 살다가 안산으로 이주해 살기도 하였다고 전한다. 이후로 상경을 하여 국악을 하는 이들과 단체를 만들어서 활동을 하다가 그만두고 대대로 국악을 한 인물에게 다시금 토박이 굿가락과 장단을 익힌 것으로 전한다.

대표적인 인물로 장구와 선학습의 명인인 평택 태생인 오강산(1870~195?, 본명: 현숙, 선숙)에게 무속 장단을 배웠으며 시흥군 군자면 초지리 태생 이치문(1871~1939)에게서도 먼저 익힌 가락을 다시 재학습을 하였으며, 선학습 문서를 배우기도 하였는데 이치문은 두 번째 스승이 되는 셈이다. 오강산은 평택에서 살다가 사회적 신분 차별을 뼈저리게 느끼고 인척이 있는 지금의 인천시 경서동에 자리잡고 살면서 자신의 신분을 감추고서 국악을 하였던 것으로 전한다.

지갑성은 이치문의 문하에서 현재 인천 삼현육각 장구 보유자인 이영수(본명: 이영만)도 이웃 마을에 살았기 때문에 함께 무악 장구와 삼현, 풍류를 익혔다 한다. 지갑성의 집안들이 주로 안산에 많이 세거하였는

데 지갑성이 독자로 태어나서 집안에서는 공부를 시키려고 했으나, 지
갑성의 뜻이 벗어나서 안 하는 바람에 단념하고 국악에 더 소질을 보여
서 이를 배우게 하였다고 전한다.

지갑성의 부친은 그 마을의 훈장을 한 비국악인이었고, 종조부가 전
통적인 악기인 피리, 해금, 장구 등을 잘 다루었다고 전한다. 지갑성은
장구를 잘치고 동시에 마달을 잘 붙이면서 전통적인 가락과 장단에 익
숙한 인물이었던 점을 확인하게 된다. 지갑성의 사설은 오강산본과 이
치문본이 섞여 있으며 독자적인 사설을 익히고 이를 융합하면서 생긴
결과임을 볼 수가 있다. 나중에 지갑성은 서울의 신당동에 거처하게 되
었으면서도 전통적인 예능인과 함께 어울리게 되었다.

지갑성의 마달은 이용우가 부른 사설과는 조금 차이가 있다. 서울에
와서는 단체를 만들어 다니는 바람에 단원들과 돌면서 구경꾼을 모으기
위해서 소리가 큰 태평소를 연주하기도 했으며, 주된 연주의 공력을 사
용하는 것은 아니었다. 지갑성의 주된 전공은 피리와 해금이었으며 이
에 대한 사사는 주로 양경원한테 한 것으로 전한다. 지갑성의 가락은
삼현, 풍류, 시나위를 이수하였던 것으로 전한다. 아울러서 대금 풍류,
삼현, 시나위는 방용현에게 익힌 것으로 전한다. 왕십리에 있는 광무대
극장에서 십년 간 장구 악사로 있기도 하였으며 이 바람에 한 동안 도당
굿에 가지 못했다고 한다.

지갑성은 음악에 빼어난 재주가 있어서 무악 장단이나 풍류 한바탕
을 알심이 있고 조백이가 있게 쳤다고 전한다. 이 가락을 칠 적에는 조
에 안 맞는 가락은 잘 안치는 이로 알려져 있었으며 가락의 부침새와
시김새를 정확하게 구사한 인물로 널리 알려져 있다. 지갑성은 가락과
장단에 밝아서 정확한 장구 가락과 때로는 겹가락을 유효적절하게 넣어
서 치는 장구 반주는 본인의 재주가 놀라웠던 인물 가운데 하나이다.

특히 지갑성은 전통적인 가락에 매우 익숙한 인물이었으며, 지갑성만큼 장단을 정확하게 알고 구사한 인물은 드물었다. 특히 지갑성의 탁월한 제자로 서울시의 문화재가 된 한영서와 같은 인물이 이에 해당한다.

지갑성은 청배의 마달을 아주 잘 했던 인물 가운데 하나이다. 오늬섭채로 하는 청배에도 능했으며, 동시에 군웅청배를 비롯하여 거리노랫가락에서 짝을 맞춰서 하는 것을 본다면 아주 잘 했던 인물 가운데 하나이고 청이 아주 좋아서 호감이 가던 목청을 구사하였던 인물 가운데 하나이다. 그러한 점에서 지갑성은 금세기의 탁월한 산이 가운데 한 사람이었음을 볼 수가 있다.

(4) 임선문(林善文, 1913~1987)

임선문은 임상문과 혼동되고 있으나 정확한 판단이 서지 않아서 그대로 임선문으로 서술하며 아직 명확하지 않다. 임선문은 임상문과 관련이 있을 것으로 보이고, 황루시의 조사에 의하면 과천에 세거하고 있던 임선문은 국악에도 밝고, 동시에 줄타기에도 능했던 인물이라고 하니 이 둘 사이에 일정한 관련이 있을 것으로 보인다.[2] 한 인물인데 이름이 둘이 혼동된 것인지 아니면 서로 다른 인물인지 분명하지 않다. 임선문 또는 임상문이 국악에 능하였다고 하는 사실은 널리 알려진 사실이므로 이를 준신해야 할 것으로 보인다. 그렇지만 확실하게 판단이 서지 않으므로 장차 연구해야 할 과제로 남겨두고 해금을 켠 인물인 임선문을 중심으로 하여 이에 대해서 서술하는 것이 타당할 것으로 보인다.

임선문은 경기도 화성군 태안면 황계리 184번지에서 임선달의 장자로 태어났다. 임선문의 아명은 선준으로 불렸다. 임선문의 부모들도 무

---

2) 황루시, 『한국인의 굿과 무당』, 문음사, 1990.

속 음악에 명인이었던 것으로 전한다. 이들의 원래 고향은 경기도 용인
군 기흥면 서천리이며 대대로 이 집안도 역시 국악을 한 집안이다. 열여
덟 무렵에 화성군 송산면 봉가리 16번지에서 태어난 장성순(1892~1941)
의 문하로 들어가서 시나위를 익혔다고 한다. 장성순은 피리, 해금, 소
리, 장구에 명인인 장만용(?~?)의 둘째 아들이다. 장성순은 장만용에게
서 배우고 다시 임선문은 장성순의 문하에서 해금 풍류와 삼현, 시나위
를 십여 년간을 익힌 해금의 명인이기도 하다.

　임선문은 이십대 중반에는 마을에서 두레가 나면 두레농악의 상쇠로
도 이름을 드날린 이야기가 있기도 하다. 임선문의 소리는 목 성음이
두각을 나타내지 못해서 해금으로만 종사하게 되었다. 임선문의 스승
인 장성순은 소리의 공력이 탁월하여 경기도 시흥, 안산, 남양, 평택,
수원, 용인군 일대에 해금 악사를 많이 배출하였다. 본디 장성순의 부
친 만용은 충청남도 아산군 신창면 사람으로 구한말 때에 용인군 매탄
리(지금의 수원시 매탄동)로 이주하였다. 이유는 국악을 한다는 이유로 신
창 마을 사람들한테 차별을 받는 것이 마뜩찮아서 따가운 눈초리를 피
해 이곳으로 권솔을 이끌고 이사를 와서 정착하였다고 한다.

　장만용은 두 아들을 두었는데 장자가 점학이고 이는 대금 풍류, 삼
현, 시나위, 소리에 능했다고 하며, 춤과 장구, 발탈을 했던 故이동안
(1906~1995)도 이 문하에서 대금을 배웠다고 전한다. 둘째인 성순은 다
른 악기도 물론 다룰 줄 알았지만, 해금 시나위에 관한 한 그 누구도
못 따라 갈 빼어난 재주를 지녔다 선성이 나 있었다. 임선문의 해금 줄
은 너무 팽팽하게 조여 놓아서 웬만한 손 아귀힘 가지고서는 잡지도 못
했을 뿐더러 해금 연주를 한다는 인물들이 "김"들이기가 너무 힘이 들어
서 손도 대지도 못했다고 전한다. 스승의 본을 받아서 임선문도 굿청에
가거나 풍류를 하는데 가면 해금을 잡았다고 하며 그것은 장성순의 영

향으로 파악된다.

임선문의 해금 시나위와 삼현은 경기도 도당굿의 굿 음악 연주를 이해하는데 매우 주요한 자료가 될 것으로 전망된다. 이는 전국적으로 삼현육각 편성으로 세습무들이 하는 지역은 해금 악사가 모두 작고하여 해금 가락은 전승이 단절되었다는 점을 감안하여 볼 적에 임선문이 녹음 자료는 매우 중요한 기여와 가치를 가지고 있다고 할 수 있다. 임선문은 아깝게도 제자를 양성을 못하고 작고를 하여서 안타까운 마음 금할 길이 없다고 한다.

(5) 조한춘(趙漢春, 1919~1995)

조한춘은 1919년 10월 5일생으로 기미년에 태어났다. 한양 조씨들이 모여 사는 경기도 김포군 양촌면 대포리에서 태어났다. 조백진(趙伯鎭)과 양백련의 사이에서 조봉춘과 조한춘이 태어났으나, 조한춘이 2살 때에 아버지 조백진이 돌아가셨다. 조백진은 죽은 까닭은 내종병이 생겼는데 화침질을 당해서 돌아가셨다고 한다. 화침은 곧 불침으로 의학이 발달하지 않은 때에 맹장을 앓던 사람에게 불침을 놓으니 죽지 않을 수 없었다고 조한춘은 회고한다. 조한춘은 다른 한편, 아버지 조백진이 인다리로 말미암아 죽었다고도 증언한다. 두루 아는 바와같이 무당굿을 하는 사람에게 무업을 못하게 하여 다시금 무업을 잇도록 하는 죽음이 수반되는데, 이를 인다리라고 한다. 본래 어머니 양백련은 무가계 출신이다. 영종도의 대표적인 세습무가계 출신인데도 불구하고, 조씨 집안에서 무업에 종사하는 것을 좋지 않게 생각해서 그러한 결과를 가져온 것이라고 하였다.

조한춘은 그 이후에 세습무가계가 있는 영종도에서 자라났다. 다른 조사자에 의하면 어머니 양백련이 재혼을 하여 의붓아버지 김종환에게

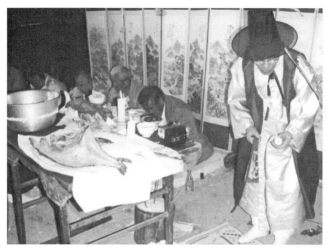

1990년 동막도당굿에서 군웅노정기를 하는 조한춘 산이

1990년 동막도당굿에서 중굿을 하는 조한춘 산이

도당굿을 배웠다고 했으나,3) 이에 대해서는 필자에게 그렇지 않다고

---

3) 황루시, 『한국인의 굿과 무당』, 문음사, 1988, 72쪽.

부정했다. 김종환은 부천의 유명한 무당이었을 따름이라고 한다. 그러나 조한춘의 구연 특징이 딱부러지게 진술하지 않은 것으로 보아 필자역시 단정지어 논할 수 없다. 다만 수차례에 걸쳐서 현지 조사에 임하면서 다져 물었으니 불명확한 대목은 그대로 두고 논의할 수밖에 없다. 김종환의 의부이며 그에게 전수받았는지 확인하기 어렵다.

조한춘은 굿판에 나서면서 틈틈이 악기를 배웠다. 조한춘이 악기를 배웠던 대표적 인물로 다음과 같은 인물을 꼽았다. 이덕만, 양경원, 이태순 등이다. 이덕만(李德萬)은 나라굿을 담당하는 인물로 남한산성에서 악수(樂手) 노릇을 하는 인물인데, 그에게서 갖가지 굿거리와 해금·피리 등을 배웠다고 한다. 양경원(梁慶元)은 대금이나 피리의 명수였는데, 통도사 절에서 피리를 배웠다고 한다. 양경원은 조사 자료에 따라서 양계원(梁啓元)으로 표기되는데,[4] 동일 인물인지 다른 인물인지 판별하기 어렵다. 이태순(李泰淳)은 도배 이씨로서 수원 지역의 대표적인 세습무가계 화랭이인데, 그에게서 피리를 배웠다고 한다. 그러나 이태순의 단골 지역이 기조사자료 보고서에는 안산으로 되어 있어서 이것도 준신할 수 없는 처지이다.[5] 그렇다고 하더라도 조한춘은 일정 기간에 걸쳐서 전통적인 화랭이 밑에서 갖가지 기예와 악기를 익혔음을 확인할 수 있다. 충청도의 대표적인 악사였던 한성준(韓成俊)에게서 장구를 익혔다고 하는 사실을 미루어 보더라도 이상의 언급은 신뢰할 만하다.

조한춘의 나이 21세 때에 무가계 출신인 이연순과 결혼한다. 이연순은 어머니인 서간난과 함께 무업을 하고 다니던 여자였는데, 굿판에서만나 인연을 맺고 다른 여자는 모두 마다고 하면서 이연순과 결혼하였

---

4) 유기룡·홍윤식, 「경기 시나위」, 『무형문화재보고서』 제54호, 문화재관리국, 1968년 12월.
5) 유기룡·홍윤식, 같은 글.

다. 조한춘의 말을 그대로 옮기면 '저분에게 시집을 간다고 해서' 결합
되었고, 조한춘 역시 '도당굿판에서 밤새 굿을 하면서 일을하'다가 자연
스럽게 결혼까지 하게 되었다고 한다.

　조한춘의 나이 24세 때에 시골 구장에게 연락이 와서 집에 갔다가
곧 바로 징용에 끌려가게 되었다고 한다. 일본군 8819부대, 일명 요시
사와부대에 배속되어 중국 광동에 이르는 머나 먼 징용 길에 올랐다.
중국 광동에서 해방을 맞이했는데, 불행하게도 연락선이 오지 않아서
그곳에 계속 머무르게 되었다고 한다. 자신이 국악예능인이라는 신분
증을 감추고 있다가 예능에 뛰어난 최덕순을 만나게 되어 함께 연극부
를 맡아 위문 공연을 하면서 예능을 계속 발휘할 수 있었다고 한다. 많
은 여자를 거느리고 예능을 했을 뿐만 아니라, 조비끼니라는 군표를 가
지고서 돈도 엄청나게 긁어모을 수가 있었다고 한다. 고국에 있는 처와
자식을 보고 싶어서 귀국선을 타고 서울에 오니 이미 6·25전쟁이 나서
빨갱이를 만났다고 한다.

　우여곡절을 겪고서 조한춘은 계속 도당굿에 종사하면서 화랭이의 길
을 걸을 수 있었다. 조한춘은 도당굿판에서 선굿꾼 노릇도 하고, 악사
로서 장구, 피리, 해금 등을 연주하여 음악에 일가를 이룬다. 특히 조한
춘의 장구 솜씨는 정평이 났으며, 그의 올림채 가락은 독보적이라는 평
을 얻었다. 그 까닭은 그가 굿판에서 직접 몸을 굴리면서 터득했기 때문
이다. 아마도 지금 조한춘의 장구 가락을 능가할 만한 인물은 이제 좀체
로 찾기 어렵다.

　조한춘은 굿판에 종사하면서도 환갑 잔치나 절에서 행하는 재(齋)에
불려 다녔다. 삼현육각을 구성해서 이름을 얻게 되었으나, 도당굿판이
급격하게 와해되면서 점차로 설 자리를 잃게 된다. 화랭이들이 점차로
죽으면서 화랭이판이 깨지게 된 것도 도당굿판의 존립을 어렵게 했다.

그러다가 보니 조한춘은 강령탈춤의 악사 노릇을 하기도 했다.

1980년, 조한춘의 나이 62세에 마당 세실에서 기획한 경기도 도당굿을 통해서 그때까지 유일하게 남아 있던 수원의 이용우 노인과 경기도 오류동의 조한춘이 만나면서 경기도 도당굿 재현의 기틀을 다지게 되었다. 조한춘이 오랜동안 단골판으로 가지고 있던 지역과 협조가 되어서 정기적인 도당굿이 거행되고, 이용우와 조한춘의 기능을 직접 굿에서 확인하게 되었다. 화랭이들 자신은 물론이고 굿 연구자 및 현지 주민에게 너무나 다행스러운 일이 된 것이다.

1990년에 경기도 도당굿은 무형문화재로 지정되었으니 무녀 오수복과 화랭이 조한춘이 기능보유자로 인정받았다. 그런데 무형문화재 지정이 너무 때늦은 감이 있었으니 중요 예능인인 이용우 노인은 1987년에 죽고, 무녀인 서복광(서간난) 역시 사망한 뒤이기 때문이다. 그나마 당시까지 생존한 전태용, 김한국, 정일동, 이영수 등이 조사된 것은 천만 다행한 일이 아닐 수 없다. 그러나 전태용이 그 다음해에 사망해서 우리는 또 한명의 중요한 화랭이를 잃게 되었다.

조한춘은 1995년 현재에도 서울시 오류동에 거주하면서 무업을 계속 전수하고 있다. 그런데 무업을 계승할 후보자가 없어서 경기도 도당굿 전승의 심각한 위기가 닥쳤다고 보아도 잘못이 아니다. 도당굿판의 생활공동체가 소멸되니 화랭이들의 예술공동체가 훼손되고 전승자체의 단절 위기에 이른 셈이다. 조한춘은 1995년에 사망하였다.

2. 경기도 도당굿 산이의 예술적 가치

경기도 남부 굿에서 산이는 다양한 이름을 가지고 불린다. 화랭이라고 하는 보편적 명칭이 있고, 선증애꾼이라고 하는 용어가 있으며, 선굿꾼이라고 하는 말도 있으며, 산이라고 하는 말도 하고 있다. 선학습꾼이라고 하는 용어도 있음도 기억해야 할 필요가 있다. 이와 대조적으로 여성 굿꾼을 만신이라고 하고, 달리 지미, 미지 등으로 이를 변으로 쓰기도 한다. 둘은 깊은 연관성이 있어서 하나의 굿판에서 짝을 이루고 있음을 이르게 된다. 화랭이는 세습남무를 전국적으로 통칭하는 개념이다. 선증애꾼은 선굿꾼이라고 하는 말을 변으로 이른다. 증애는 어정이고, 어정은 굿판을 이르는 전통적인 용어이다. 산이는 선 사람을 말하니 선굿을 하는 인물을 이르는 용어이다.

산이는 굿에서 여러 가지 기능을 도맡아서 하게 된다. 산이는 일단 음악 반주자로서의 구실을 충실하게 한다. 삼현육각으로 하는 굿의 반주 음악을 주로 하는데 이들이 연주하는 무속음악은 매우 세련되고 차원이 높은 음악을 연주하게 되므로 음악적 기량이나 이들의 연주 실력이 단연 돋보이는 모습을 시현한다. 그 점에서 산이의 구실은 남다른 점을 보게 된다. 산이의 구실에 입각하여 이들 예술은 한층 세련된 음악으로 발현된다. 굿이 굿이 아니라 찬란한 음악이 되고 예술이 되는 소인이 이들의 삼현육각에 있음을 더 이상 말할 필요가 없을 것으로 보인다.

산이는 청배를 하는 구실을 하게 된다. 산이들이 청배를 하는 것은 몇 가지로 한정되어 있다. 산이들이 하는 청배는 부정청배, 시루청배, 제석청배, 군웅청배 또는 조상청배 등으로 네 가지의 형태를 지니고 있다. 이들 청배의 방식은 각기 같으면서 다르다. 같은 점은 산이들이 자장단에 맞추어서 신을 모시는 청배의 마달을 하는 점에 있다. 산이들의 청배를 통해서 우리는 새로운 차원의 굿을 경험하게 된다. 미지의 청배와 다르게 산이의 청배는 격조가 있으며 일정하게 장단을 빠르게 몰아가는 특징이 있다.

다른 점이 있다고 한다면 이들의 청배는 장단의 틀이 있고 청배에 따라서 각기 다른 장단의 틀을 가지고 있다고 하는 점이다. 부정청배와 시루청배는 서로 비슷하지만 이와 달리 제석청배와 군웅청배는 장단의 틀이 다른 점을 볼 수 있다. 부정청배와 시루청배는 팔박으로 된 것을 활용하지만 모리와 발뻐드래로 이어지는 점에서 거의 같은 양상을 보이고 있다. 이와 달리 제석청배는 오늬섭채를 활용하고 모리와 발뻐드래로 된 것을 연주한다. 군웅청배에서는 가래조를 쓰고 가래조에 입각하여 이들의 가락을 특징적으로 드러내는 장단을 쓰면서 마달을 하는 인물과 삼현육각이 서로 음악과 장단은 주받이로 하는 점에서 각별한 의미를 가지고 있다.

산이는 선굿꾼의 노릇도 한다는 점을 기억할 필요가 있다. 선굿꾼 노릇을 하게 되면 손님굿, 군웅굿, 뒷전 등에서 주된 구실을 한다. 청배를 하고 미지와 임무 교대를 하면서 공수답이라고 하는 독자적인 형태를 유지하고 있으며, 이어서 자신만의 독자적인 긴 굿을 전개한다. 이 굿에서 필요한 것이 마달을 알고 풍부한 놀이를 곁들이는 재담을 중심으로 하는 구실을 하는 것이 기본적 특징이라고 할 수가 있다. 그러한 점에서 산이의 선굿은 선증애굿 또는 선증애굿꾼으로서의 노릇을 하는 점에서 남다른 면모를 가지고 있음이 확인된다. 산이라고 하는 선굿꾼이 하는 구실이 남다른 점을 볼 수 있다. 이들이 하는 굿은 일종의 판소리이고, 판패개제 성음으로 특화한 예술이다.

산이들이 이러한 구실을 하게 된 것은 굿판을 통해서 새로운 예술을 구현하는 노력의 결과였기 때문에 가능한 것이었다고 하는 점을 분명하게 한다. 이들의 예술이 이처럼 발전하게 된 것은 이들의 신분적 제약에 의한 갇힌 예술에서 벗어나고 있다고 하는 점을 우리는 분명하게 알아야 할 것으로 보인다. 이들은 조선왕조 시대에 갇힌 예술을 하게 되는 신분적 지체를 부여받았다. 굿판에서 겪는 서러움은 아무 것도 아니다. 이들은 모두 신분적 천직에 임하고 있으므로 이 신분적 처지가 결국 이들의 질곡을 갖게 하였다. 굿판에서 겪는 고통과 신분적 천직이 결국 이들의 예술 운명을 결정하였다고 해도 과언이 아니다.

산이들이 겪는 다른 고통은 살풀이를 중심으로 하는 지역적 제약과 이를 극복하려는 노력이라고 할 수 있다. 살풀이를 굿판에서의 음악이 아닌 다른 음악으로 상승시키고 고무시키면서도 이를 지역에서 벗어나게 하지 않는 노력을 하게 된다. 산이들의 노력이 결과적으로 지역적 기반을 한정하면서도 동시에 지역적인 예술을 발전하게 하려는 모순적 노력이 결국 소용되는 점을 볼 수 있다. 살풀이와 육자배기토리를 구현하면서도 이 음악을 고도로 발전시키려는 노력이 새로운 음악을 가능하게 하는 것일 수 있다. 이 점에서 이들의 노력은 단순하지 않는 것이라고 할 수 있다.

경기도 남부 산이들의 예술은 전국의 세습무의 예술 가운데 가장 차원이 높은 음악과 춤 등을 만들어내고 있는 점에 주목을 해야 한다. 동해안, 남해안, 호남 등지의 세습무 음악과 같으면서도 차원과 질적 준거가 전혀 다른 점은 주목해야 할 사실들이라고 할 수 있다. 산이의 예술성을 삼현육각의 전통 속에서 찾아야 하고 이들의 예술은 한양을 중심으로 하는 예술의 근간을 차지하게 되었음을 기억할 필요가 있을 것이다.[6]

6) 이보형, 「향(鄕)제 삼현육각(三絃六角) 소고(小考)」, 『무형문화재 음악조사보고서 IV-삼현육각-』, 문화재관리국, 1984.
경기삼현(京畿三絃)은 피리2, 젓대, 해금, 장고, 북으로 편성(編成)되는 것이나 탈춤이나 굿판에서 피리, 젓대, 해금, 장고로만 편성(編成)되는 수도 있는데 이는 간편하게 연주하기 위함이지 원칙은 아니라 한다. 경기도(京畿道)에서는 관아(官衙)의 연례(宴禮)나 행차(行次) 말고도 사가(私家)의 연향(宴享), 승무(僧舞)와 같은 춤의 반주(伴奏), 양주산 경기도 남부의 삼현육각이 우세하고 이들의 예술성이 탁월한 전례는 여러 지역에서 숱한 명인들이 있었던 사실을 통해서 알 수 있다. "오산 수원삼현(烏山水原三絃)이 아무리 뛰어나도 광주삼현(廣州三絃)은 당해내 지 못한다"라고 하는 불문율이 있었다고 전한다. 지역적으로 삼현육각 이 성행하여 광주, 오산, 수원 등을 비롯하여 안산, 이천, 평택 등지의 삼현육각이 탁월한 전례를 보이고 있는데 이들의 전통적인 것들이 삼현 육각을 필요로 하는 굿판에서 우러나온 결과임을 잊지 않아야 할 것이 다. 다른 고장에서 이러한 삼현육각이 발달하였지만 가장 선명하게 그 흔적을 보이고 있는 지역이 바로 경기도 남부와 관련이 있으며 굿과 깊 은 심층적인 기반 위에서 형성된 것을 볼 수 있다.

더욱 주목해야 할 것은 이들의 삼현육각이 그 자체로 굿과 한정된 관 련을 가지는 것은 아니다. 오히려 일반적인 여러 가지 용도의 유흥 속에 서 특정한 음악으로 발전한 것이 확인된다. 앞에서 인용한 용례들을 통 해서 삼현육각이 가장 긴밀하게 사용된 것을 볼 수가 있으며, 이들의 음악이 관과 민간의 사가에서 여러 가지 연향 음악으로 사용되는 점을

대(楊州山臺)놀이와 송파산대(松坡山臺)놀이와 같은 탈춤의 반주(伴奏), 귀인행차(貴人 行次)의 행악(行樂), 대동(大同)굿과 새남과 같은 무의식(巫儀式)에서 삼현(三絃)을 쳤다 한다. 회갑연(回甲宴)에서 헌수(獻壽)에는 「대짜」에서부터 삼현도드리까지 치는 것이나 흔히 「대짜」만 친다고 한다. 승무(僧舞)와 검무(劍舞)와 같은 춤에는 긴염불(念佛), 잦은 염불(念佛), 허튼타령 굿거리를 친다고 한다. 귀인(貴人)의 행차(行次)에는 행악(行樂)으 로 길군악을 쳤다 한다. 무의식(巫儀式)에는 큰 거리의 청신(請神)에, 대동(大同)굿의 돌 돌이와 문잡이에, 또 굿의 춤에도 삼현(三絃)을 친다고 한다. 제석삼현(三絃), 구능삼현(三 絃)과 같은 청신삼현(請神三絃)은 긴염불(念佛)에서 별고까지 치며, 돌돌이는 길군악을, 문잡이에는 취타(吹打)를, 굿의 춤에는 삼현도드리를, 긴염불(念佛), 굿거리, 허튼타령 (또는 잦은 굿거리) 당악을 친다고 한다. 탈춤에서 춤의 반주(伴奏)에는 긴염불(念佛), 허튼타령, 굿거리를 친다. 「대짜」는 대령산(大靈山)의 속칭(俗稱)이며 상령산(上靈山) 본 령산(本靈山)이라고 이르기도 한다. 4장으로 되었고 20박이며 장고는 「기덕궁---, 기덕 --, 궁---, 기덕더르르르---」하고 친다.

감안한다며 이들의 음악이 매우 소중한 것이었고, 그 중심에 이른 바 세습무, 그 가운데서도 경기도 도당굿의 예인들이 중요한 위치를 점하고 있는 점이 실제로 확인된다.

　이뿐만 아니라, 이들의 음악과 예술 속에서 근대의 여러 가지 무용과 음악이 파생되어 나온 점을 잊어서는 안될 것이라고 본다. 이 굿 속에서 우러난 세 사람만 들어도 이들의 예능이 무엇이었던지 명확하게 알 수 있다. 한성준, 지영희, 이동안 등이 그들이다. 이들의 존재감을 드는 것은 중요한 예증으로 작동하지만 이 가운데 가장 중요한 인물이 지영희와 이동안이라고 할 수 있다. 지영희와 이동안이 굿판에서 굿을 익히고 이를 활용한 장본임에 다른 구차한 해명이 필요하지 않다. 이에 대해서는 앞에서 한성준의 예증을 들어서 해명한 바 있으므로 달리 증거를 들 필요가 없을 것이라고 본다.

| 참고자료 |

장주근(張籌根, 1925~2016)과
이용우(李龍雨, 1899~1987)의 면담

* 여기에 전사하여 수록하는 대담 내용은 1986년 4월 12일에 거행된 경기도 동막도당굿에서 군웅노정기를 부르고 난 다음에 녹음된 것이다. 군웅노정기는 대략 3시간 가량 불려지는 긴 내용의 무가인데 이를 마치고 조사자와 연행자 사이에 면담을 하였다. 조사자 장주근(張籌根)과 이용우(李龍雨)의 면담이 녹음되어 김헌선에게 인계되어 정리될 수 있었다. 그 당시 녹음된 자료를 채록하여 옮기기로 한다. 장주근이 이용우의 말에 대꾸한 부분은 대폭 생략하고자 한다. 왜냐하면 주로 '예!'라는 대답이 대부분이기 때문이다. 대담된 내용은 이용우의 개인사와 굿에 입문하게 된 경위를 이해하는데 소중한 준거가 되는 것이다. 면담의 주된 내용은 이용우가 어떻게 굿을 배우고 당굿을 하고, 그리고 직접 군웅노정기와 같은 것을 했는지 하는 점을 분명하게 증언한다. 이용우의 목소리로 이용우의 학습 내력과 조상에 대해서 알아보는 것은 매우 주목할 만한 것이라고 할 수 있다.

조사자(張籌根) 군웅노정기(軍雄路程記)는 어떻게 배우셨습니까, 어디서 배우셨습니까? 문서(文書)가, …

이용우(李龍雨) 내가 원래 여덟 살부터 창(唱)을 했습니다, 시방 목이 이래서 이렇지, 창을 하되 서울 가서, 우리 아버님이 소실(小室)을 얻었는데, 경상도(慶尙道) 박금초(朴錦焦)라고, 참 명창(名唱)이야, 그 냥반이 아들이 없으니 나를 그냥 어머니한테 뺏어가지고 갔거든,

1985년 9월 29일 우이동 전씨굿당에서 길군악을 연주하면서
돌돌이를 하고 있는 이용우산이와 일행

그래서 여덟 살부터.

조사자 그러면, 그저.

이용우 내가 얘기를 해 주께,.

조사자 네.

이용우 아홉 살, 열 살 먹던 해, 경상도로 내려 갔지, 내 누구라고 이름은
안졌지만, 그 분이 우리 다소를 송만갑(宋萬甲)씨, 이동백(李東伯)
씨, 우리 서모(庶母), 그 명창 싯이면 그만이여, 내려가서 부산(釜
山)에서 해산(解散)이 됐지.7) 그래서 열두 살 먹던 해, 글을 배우
기 시작했지, 열두, 열 셋, 열 다섯, 열 여섯, 그, 그 냥반이……,
댕기다감 생각하니깨, 불거가사불거처자, 생각하니깨 이걸로 팔
로 가사 구경댕기먼 장가들어도 마누라가 혼자 집에 있을께고,

---

7) 협률사 창극단을 이른다.

1985년 9월 29일 우이동 전씨굿당에서 길군악을 연주하면서
돌돌이를 하고 있는 이용우산이와 일행

자식을 낳도 본도 못걸고, 그 생각을 해봐. 백방(百方)을 생각해
봐도 그 당체(當初) 부당(不當)해요. 우리 아버님 보고, 저는 이젠
안할랍니다. 그래 장가들어 가지고, 한 해 두 해 되니께, 이게 심
심해 또 백일 수가 있어야지, 근데 대금(大答) 공부를 했어요, 대
금, 그거를 웬 일년(一年)을 했어, 공부를 해가지고 인젠, 이, 당
(堂)굿을 잠간 갔단 말요, 스물 두 살 먹던 해, 가니께, 당굿을
하는대, 별안간 목이 잘 안돼더라고, 필 구멍이 없지, 내 맘이 우
서하는디, 문서만 있으면 내가 하겠는데, 그래 아버님 보고 그래
얘기했는데, 우리 작은 아버님, 우리 아버님은 무용(舞踊)하는 분
으로 제일시지, 또 이 당(堂)굿에는 우리 삼춘(三寸)양반이 참 잘
하시지, 그 냥반 판소리도 잘하시고, 이 냥반한테 꼭 육년을 배웠
어요, 육년 배울 동안에 나가지 않았죠, 꼭 춤 배고, 말 배고, 사
설 배우고, 허는 것 배우고, 춤추는 것 배우고, 가고 보면 진쇠줄
배우고, 해서 내가 소물 아홉 살 먹던 해, 저 광주(廣州)……

조사자 광주는 전라도(全羅道) 광준(光州)가요,

이용우 아니.

조사자 경기도(京畿道) 광주(廣州).

이용우 경기도 광주, 그때부텀 인제 배운거요

조사자 네.

이용우 그때는 삼곱을 줘요, 그래 난 삼곱 나 안해, 노인네도 오시고 젊은
        사람도 왔는데, 젊은 애들이 돈 삼곱씩 가져 가면, 다 돈을 가져
        가면, 누가 옵니까? 안됩니다. 저 정 섭하시거든, 좀 덤만 주시오,
        내 삼곱 안가집니다, 이렇게 얘기하면, 이거를 내 스물 아홉서부
        텀 나서서 했지, 그러니께 내가 여든 여덟이니께, 근 육십을 했지.

조사자 삼십, 사십, 오십.

이용우 육십년 됐지.

조사자 오십 사오년 되는구만요.

이용우 오십 사오년이 뭐여, 오십 구년이지,

조사자 아니 스물 아홉부터 하였대니까,

이용우 그러니께.

조사자 아, 예, 예, 예.

이용우 오늘날까지 이거를 하고 다니는게요.

조사자 그런데 군웅노정기는 어디서 나온 겁니까? 근본이,

이용우 근본(根本)이, 당굿에 거 인제 군웅이다, 부정(不淨) 물리고, 뭐
        하고, 시루청배하고, 시루, 손굿하고, 모다, 이거다, 전례(典例)가
        있는 거여, 이 굿이.

조사자 군웅노정기가 문서가 저 깊은데요, 전부터 내려오던 뭣이 있지
        않아겠어요?

이용우 군웅굿이 이 문서가 좋은게요, 이 군웅굿을 알고 해야 하지, 봐

니, 괜히 입만 유달그면 그건 틀려요, 먼첨 노정기부터 대국(大國)
서 나오는 노정기부텀 말해야 하고, 또 하는 법수(法數)도 알아야
하고, 차서(次序)도 알아야 하고, 또 목구녕을 쓰는 법도 알아야
하고.

조사자 그저, 문서는 없었습니까?

이용우 문서야 왜 없어요? 이 굿낼 적에, 이 도당(都堂)굿 말고 어느 굿이
든지, 순(舜)인군 적에 순인군이 말하자면 중국(中國) 냥반이라고
그러지요. 예, 중국 양반이란대도, 그 중국 양반이란대도, 순인금
의 따님 형제가 있어요, 큰 딸은 아황(娥皇)이고, 둘째 딸이 여영
(女英)이고, 가진 약(藥)을 다 써도 안되서, 그 두 형제가 굿하는
걸 부정 졸이, 뭐 하는 것, 뭐 하는 것 지어서 굿을 해서 그때부터
이 굿이 그 본이 여태까지 내려오게 된 것이 그 분의 본이지 다른
본(本)은 아녀.[8] 그래서 그 베슬 사는 육판서(六判書)가 해금도 배
고, 젓대도 배고, 피리도 배고, 이걸 배워 가지고 해서, 그 아황영
녀 그 형제가 그 순인군을 살렸대는 거요, 그게 그게 본이 돼 가지
고, 굿하는 것이 참 말하자믄 선무당은 차서(次序)도 되아지고,
이게 부정굿 하는 말 따로 있고,[9] 시루비는 말 따로 있고,[10] 시루

8) 굿법의 기원이 순임금의 이비인 아황과 여영이 병을 치유하기 위해서 굿을 창안한 데서
비롯되었다고 하는 것은 흔히 제석굿과 같은 것을 해명하는데 흔하게 거론되는 기원설이
다. 특히 진쇠춤의 기원을 해명하는 민간기원설로 이러한 사정을 들어서 말하는 것은 아마
도 굿판에 종사하는 경기도 도당굿의 산이들에게는 매우 이례적으로 널리 퍼져 있었던
설 가운데 하나라고 생각된다. 가령 진쇠춤을 해명하는데, "아황 여영 두 왕녀가 부왕의
병환이 낫기를 기원하며 추었다고 하는 춤으로 현재의 도당굿이나 제석굿에서 추었다"고
한다.
　朴憲鳳, 『진쇠장단외十一장단』(無形文化財調査報告書第二十八號, 一九六六年十
二月 調査者 朴憲鳳), 文教部, 11쪽.
9) 부정청배를 비롯하여 당주굿의 부정, 거리부정, 섭채로 하는 부정, 부정청배의 부정 등을
이른다.

청배하는 말 따로 있고,[11] 제석(帝釋)굿[12] 하는 말 따로 있고, 제
석청배(帝釋請拜)하는 말,[13] 인저 도당굿으로 되서, 인저 허는 말
따로 있고, 근원이 있는 것이거든, 그렇기 때문에 무식해도 또
못해. 식자가 속에 있어야 이게, 말이 어디 가서 어떻게 됐냐 망수
가 안드는 것이죠. 까닥 실수허면 안돼, 무식헌 사람 하는 거와
글자나 배운 사람 허는 거와 이게 달릅니다.

조사자   정확허신데요, 뭐.

이용우   예, 그렇지요, 오늘날 내려오는게 옛날 고려 이후부터 내려오는
게지요. 내려오는 그 본이지요. 우리가 그걸 어떻게 알 것시오,
허나 인제 옛날 선조(先祖)부텀 해 내려오는 본이니께, 그걸 인제
고대로 공부해 가지고, 고대로 배 내려오는 거지요.

조사자   직접 노정기를 배우기는 군웅노정기[14]를 어느 분한테 배웠어요?

이용우   우리 삼춘한테.

조사자   삼춘 성함이?

이용우   나도 경준(慶州) 이가야. 백사공(白沙公)[15] 자손(子孫)이예요. 게 어
디가도 행세(行勢)하는 집이야 내가 우리 조부님부텀 이걸 했었어
요. 우리 집안에도 효자도 나고, 다 난 집안이요. 우리 징조부(曾祖

---

10) 안반고사를 말하는데 주로 굿의 전물을 준비하고 이를 부정하지 않게 하는 것이 기본적
   특징이다.
11) 섭채로 하는 시루말이고 시루청배라고 이르기도 한다.
12) 미지가 하는 굿을 이르기도 하고 원래 이 제석굿이 매우 큰 굿이었음을 볼 때에 다양한
   굿거리로 하는 것을 이르는 것으로 보인다.
13) 오늬섭채로 하는 제석본풀이의 굿 마달을 말한다.
14) 선굿꾼이 하는 선굿으로서의 군웅굿을 말한다. 경기도 남부 도당굿에서 가장 화려하고
   장한 굿이 바로 군웅노정기이다. 이 굿을 누구에게 배웠는가 하는 점을 묻고 있으며, 이를
   삼촌인 이종만에게 배웠다고 하는 것이 기본적인 요지이다.
15) 이항복의 후손이라고 하는 점을 강조한다.

1985년 9월 29일 우이동 전씨굿당에서 군웅노정기 이용우산이

父)님은 효자야, 삼년식 시묘(侍墓)사시고, 하륙 단지까장 하신 분
야, 나라에서 거 산소에서 뵈는 것은 다 천석지기를 주신 양반이야,
증조할아버님이 떠들썩하던 집안인데, 인제 끝트머리 가서는 이렇
게 됐지요, 우리 조부님부터 이렇게 됐어요. (청중: 웃음)

조사자 그러니까 노정기는 직접 저 숙부님한테 배우셨구만요?

청 중 고향이 어디요?

이용우 고향이 내 원 고향은 오산(烏山), 오산 안말 월리라는 부산리(釜山里,
쇠가막골)라는데, 인제 사방은 팔자가 사나서 마누라가 여럿이 생겼
어요. 그러니 어떡합니까? 그래 인제 수원 한 살림 꾸리고, 오산
한 살림 꾸미고 하다가, 인전 큰 마누라는 주고 애들은 장가 들여서

1985년 9월 29일 우이동 전씨굿당에서 군웅노정기 이용우산이

    저다 직장에 다니고, 그래서 인저 수원 와서 살다 이렇게 됐지요.

청 중 고래, 고래, 돌고래, 돌고래.[16]

조사자 수고허셨습니다.

이용우 사람의 팔자라는 것 쇡이지 못하는 거요. 제 운수는 누가 안가져

    가는 거요.[17] 그래서 이거 도당굿도 함부로 그저 소리만 지르고

---

16) 군웅노정기를 세 시간 가량 하자, 청중 가운데 소임을 맡은 인물과 구경꾼이 작은 인물이
   힘이 엄청나다고 하는 뜻으로 이와 같은 말을 하고 있다.
17) 이용우의 운명관과 같은 것을 엿볼 수 있는 대목이다. 이용우가 굿이면 굿, 마달이면
   마달, 장단이면 장단, 춤이면 춤 못하는 것이 없다. 그런데도 굿판을 전전하는 자신의 신세
   를 이렇게까지 말하고 있다. 특히 굿판에서 놀라운 재주를 가지고 있음에도 불구하고 자신
   의 재주가 쓰이지 못하고 문화재 지정도 받지 못하는 것을 한탄하는 것은 아니지만 많은

댕기는 게 아니라, 뭐든지 노정기라도 노정기도 옳게 하고, 옳게
진설 싫고, 그래야 씨는 거지.

조사자 숙부님 성함은 어떻게 되십니까?

이용우 우리 숙부님은?

조사자 네.

이용우 우리 아버님은 종(鍾)자 돌림, 나는 비 우(雨)자 돌림, 우리 조부님
은 규(奎)자 돌림, 우리 조부님은, 우리 삼춘 양반은 종(鍾)자 만
(萬)자, 우리 아버님은 종(鍾)자 하(河)자.[18]

조사자 숙부님은요?

이용우 숙부님은 종(鍾)자, 만(萬)자.

청 중 숭어를 지져 왔어요.[19]

이용우 좋죠! 나는 비 우(雨)자 돌림이오, 이용우.

조사자 아이구 수고하셨습니다.

신세처량함을 빗대고 하는 말일 것이다. 장주근교수는 이 때에 문화재위원이었으며, 문화
재 지정을 위한 예비조사를 하고 있었던 찰나였다.

18) 이 증언은 허망하지 않다. 두 저작에 입각하여 이용우의 가계를 재구성하면 다음과 같다.
　赤松智城·秋葉隆, 『朝鮮巫俗の硏究』下卷(硏究篇), 屋號書店, 1938.
　장주근, 무속, 『한국민속종합조사보고서』(경기편), 문화재관리국, 1978.
　1. 李啓明 : 表彰方 (高祖父)
　2. 李光達 : 八道都大房(曾祖父)
　3. 李奎仁 : 八道都大方(祖父)
　4. 李鍾河 : 八道都大方(父)
　　 李鍾萬 : 都山主(1908)(叔父)
　5. 李龍雨

19) 군웅노정기 상에는 반드시 숭어를 둔다. 숭어도 작은 것이 아니라, 매우 큰 것을 두게
되는데 숭어의 속성이 단물에 태어나서 짠물에 살다가 산란을 위해서 다시금 회유하는
특정이 있는 것이 기본적 면모이다. 이 과정에서 숭어는 경계면을 넘나드는 특성이 있는
어류이므로 이를 군웅상 위에 올려놓는 특징이 있다. 이 숭어를 지져서 마을 사람들이
군웅굿이 끝이 나면 함께 나누어서 음복용으로 쓴다. 이것을 이르는 말이다.

자료편

. . .

1984년 인천 동막도당굿
이용우와 지갑성의 경기도 남부굿 마달

1984년 인천 동막도당굿

장소 : 인천시 동막
일시 : 1984. 4. 2. ~ 3.

　여기 조사한 자료는 동막도당굿의 자료를 근간으로 정리한 것이다. 해설은 부산대학교 최헌 교수가 녹음을 하면서 해설한 것이다. 음원을 중심으로 중요한 굿의 절차를 정리하였다. 현재처럼 음원을 잘 들을 수 있는 녹음이 아니었으므로 한정된 조건 속에서 이를 채록한 것이므로 완전한 것은 아니다. 그러므로 굿거리 별로 가청적인 범위에서 자료를 채록하여 정리한다.

　　1. 도당모셔들이기
　　2. 돌돌이
　　3. 장승고사
　　4. 시루말
　　5. 시루고사
　　6. 제석굿
　　7. 본향굿
　　8. 대안주
　　9. 삼현 무건서기(무감서기)
　　10. 군웅굿-터벌림-공수답-군웅노정기
　　11. 뒷전

1. 도당 모셔 들이기[1]

(악기 소리로 청취불능)

---정성으로 받어 앉은당굴 새당굴 신의 자원이라 이 정성 대로하였으니 도당할아버지 오냐 이거 양산 본향 임신에서 할머님 본향 도당할아버지 오냐 이 대동에 정성덕 입히고 사정덕 애 많이 쓰구 힘 많이 들였구나

걱정마라 동막지접에 정성덕 입히어 도와주고 사정덕 나수어 들장원도 시켜줄거니까 이렇게 모두 어느 가중이 들어와도 어느 가중이 변화허답니까 각성받이들 이렇게 살아가드라도 아무쪼록 신사난건 젖히어 도와주고 올해 해우년 갑인년에 해마동 이렇게 채리어 대우허니 인에 우천에 --받어 대우허고 인에마다 우천해서 걱정마라 물맑혀 도와주께 도와서 성불허게 받들어 도와주께 어서 ----(악사: 아, 그럼요)

> 당주들 오라그랴.
> 이 상 붙들고 가야지.
> 이것도 가지가고. 다들 들구들 갈거예요.
> 어뜬거 먼저 가야 되는 거에요?
> 다 가주가요, 다 가주가.
> 큰 상 먼점요?
> 예

---

[1] 도당굿은 경기도 남부지역의 굿과 경기도 북북 지역의 굿을 말한다. 서울에서는 이 굿을 부군당굿이라고 이르기도 한다. 그러나 경기도 남부 도당굿이 산이제 굿의 온상이고, 가장 중요한 굿 가운데 하나이다. 이 굿이 마을의 수호신인 도당할아버지와 도당할머니를 굿당으로 모셔서 시작하기 때문에 이 절차가 필요하다. 도당신의 형태는 나무, 바위, 당의 터줏가리 등으로 다양한데, 이 터마다 해걸로 도당신의 터줏가리를 굿당으로 모셔와서 굿을 하기 때문에 이 굿거리가 필요하다. 이에 앞서 당주굿, 거리부정, 부정청배는 이미 진행되었다.

술 먼저 가요?
똑바로 들고 가.

해설 지금은 굿당 옆에 있는 당구리에서 당신 모시기를 하고 있습니다.

삼월은 첫 --감수올시다 소원 일워 도와주시고 성 실게 도와주시고
이래 다 대우허고 우춘허느라고 모두 이렇게 대동 일동에서 그저 애 많
이 쓰고 심 많이 썼으니 자손들 잘 되게 도와주시사 그저 소원 일워 주
시고 성시릅게 도와주시고 용신에 사해 용신할아버지 수어서 다 부부식
구 받들어 도와주시고 소원 일워 도와주시사
인자 깨끗하게 다 소허세요.
~받으셔서 그저 모든 게 집집마다 처사마다 물맑혀 줍소사 그저 입
은 덕도 많사오니 새로 새덕 입게 받들어 도와줍소서
(전악)
~모든 인간들이 말이 많아도 그저 정성이 지극하게 받어서 앉은장소
슨장소 잘 되게 도와주시고 상덕물어 도와주세요 이 갯벌에 댕겨도 물
건에 탈 없이 도와주시고 그저 소원 일워주세요 허시거든 걱정허지 마
라 염려허지 마라 네 옳습니다 --허시고 --로 --하세요

해설 무녀가 춤을 추기 시작합니다.

에 에하 해동은 조선국에 나라님 터전이고 동막은 지접아니시랴
앉은 당주에 슨 당주 아니시리 애 많이 씨리고 심 많이 들었으니 대동
은 일동에서 받들어 도와주마 화성본이 구엽구 --도령이 구엽구 애 많
이 씬 정성에 심 많이 들인 정성 이번에 나하드려 공든 탑이 무너지리

심든 낭구 꺾어지랴 애 많이 쓴 정성에 심 많이 든 정성 모두 손주놈
명성들 귀한성들 모두 이렇게 용신에 왕래허고 천리허는 자손 받들어
도하는데 너희가 이렇게 평소 애 많이 썼다 말도 많고 탈도 많고 군말도
많으니 정성더 입게 받들어 도와주마 외국으로 타국으로 큰자손들 나라
에 충신들 잘 되게 받들어 도와주마 우리 부지개 나를 우치누라고 애
많이 썼다 심 많이 들었인디 받들어 도와주고 이샘월 못다가고 삼사월
수전에 사월달에 뜬재물 생기게 받들어 도와주마 이

(청취불능)

(전악)

아, 수고들 많으셨습니다.

수고들 하셨어요.

해설　지금부터 돌돌이를 하겠습니다.

2. 돌돌이[2]

우물로 가서 해.

(길군악)

해설　동네 우물에 도착했습니다.

---

2) 돌돌이는 다른 고장에서는 유가, 집돌이, 마을돌이 등으로 지칭한다. 산이들만으로 마을
의 곳곳이나 집을 방문하면서 축원을 하고, 굿을 한다. 이때에 독특한 고사 소리를 하게
된다. 돌돌이는 마을 농악대가 있는 고장에서 굿을 하는 전통과 무관하지 않다. 마을 농악
대와 산이의 관계를 추론하는 중요한 굿거리이다.

1986.04.12. 동막도당굿 돌돌이 우물고사

우물신 거 누가 날 찾나 천하에서 날 찾나 지하에서 날 찾나 늙지도 않고
　　　　젊지도 않은 사람이 별안간 퍼런 옷을 입고 와서 찾으니 거 누구요?
조집사 네 다른 사람이 나니라 저 사는 곳은 하당집에서 왔습니다. 왔는
　　　　데, 해해마다 철철마다 높은데 밭풀고 깊은데 논풀어 구백 곡식
　　　　씨를 받아서 그냥 먹기 죄시러워서 동막 지접을 당도 대동일동이

도당할아버지께 삼년에 한해 걸러서 이렇게 자문지 정성에 시무 머리 독반에 삼각가지 도리를 차려 왔으니 많이 잡수되 이두 제 먹은 공을 하랬다구,

(장구: 그러지.)

저때는 칠년대한 가문날에 바람자게 해 주시고 구년지수 장마가 져두 앞으로 비올 날이 많습니다. 해두, 건수 안들게 해주시고. 또 셋째는 이 물을 잡수고 저 인천시 동막동네 방성에 갖인 각성 대주님네나 갖인 각성 계주님네나 갖인 아동들이나 이 물을 잡수 시고 글방마당 문정나고 댕이는 도채마다 한손에 명주고 한 손에 복 달라고 (장구: 좋수다) 이렇게 자문지 정성에 시우머리 커녕은 저 기맥힌 세 가지 차려왔으니 많이 잡수시고. 그저 말대로 뜻대 로 소원 일워 주시면은 잊지 않으시고 그 갖인 각성 대주님네나 계주님네가 해해마다 철철마다 이렇게 대우를 허겠습니다.

우물신 오냐 걱정 말어라. 네같이 후히 이렇게 대접을 허는데 외면 헐 리가 있느냐. 허니 그 니도 제 먹은 공을 허랬다고 (장구: 어이) 내가 잠깐 축원 덕담을 허는데.

조집사 그리구 저리구 조직장헌테 감기가 들었어요. 그거 잔뜩 나가게 해 주십시요. 빨리. 감기가 들어서 당최. (장구: 약 먹어야 나가지.) 약을 많이 먹었지. 그래도 그렇게 안 나가는 거 보니까 오늘 이제 도당할아버지 할머니가 다 걷워주시고.

우물신 자, 여 조집사.

조집사 예 허니

우물신 그냥 있을 수가 없으니. 많아두 정성 적어두 정성, 이 같이 참 해해마다 잊지 않고 대접을 허니까 내가 축원 덕담이나 잠깐 해 드리던 것이었다.(장구: 옳지)

고솔 고설 고설 고설 생겨 디리자 고설
천개는 여자하고 지벽이 여축하여
당청자 우에 올라 일월성신이 되옵시고
당청자 우에 올라 일월성신이 되옵시고
이 정성 디린 것은 다름이 아니오라
동으로 들먹고 남으로 들먹고
서쪽으로 들먹고 북으로 들먹고 중앙으로 들먹고
손크고 발큰 걱정근심 우환재난 삼재팔난 해 달라고
자분지약 ---- --- 아주머니를 찾아왔으니
아주 많이 운감허고 아직-- 헐 때마다
다른 동네 이러니 싫어니 옳어니 헐지라도
인천시 동막동네 방성에 갖인 각성 대주님네나
갖인 각성 계주님네나 갖인 각성 아동들이나
이 물을 잡수시고 이 고사를 디린 후에
동으로 가시나 남으로 가시나
서쪽으로 가시나 북으로 동서남북으 다녀도
산에서는 산신살 거리에는 노중살

동네 방성 건강과 천량을 두루두루 나달랐으니
얼씨구 절씨구 지화자 조좋네
그나 그 뿐이 또 아니지
이 고사 잡수시고 선 샘일 후이 못 가서 후 샘일 못가
남이 꽃이 되시고 남이 눈에 잎이 되아
말끝마다 상내나고 곡간마다 인정나고 댕이는 도체마다
여러 각도에서 오신 손님들 오늘날 댕여가실지라도
---- 대로 소원성취대로 임의 용배대로
점지 점지 한닷으니 이것이 모두 다 뉘덕이냐

이 도당 할아버지 덕택이요 저 도당 할머니 덕택이다

건구영상의 집터 본향님에 덕이요

그나 그 뿐도 아니시오 일년 도액을 막는다

정칠월 이팔월 삼구 사시월 오동지 육섣달

내내 부도덕 할지라도 --- 입춘도 대길허고

중앙이 태평허고 일천령 이학사 삼식신 사주태

오구방 육합식 칠치구 팔단이 구-- 십팔게

육방산 서해바다 댕이실지라도 용왕에 --하셨으니

얼씨구 절씨구 지화자자 좋다

일년 도액을 막는다

정칠월 이팔월 삼구 사시월 오동지 육섣달을

내내 부도량 할지라도

다른 동네 이러지 저러니 옳어니 할지라도

동막지접 방성을랑 이 치성을 잡순 후에

천태 명을 주고 샘일 복 주어

만만추령이나 불어 주옵소사

3. 장승고사3)

해설 우물에서의 덕담이 끝났습니다. 돌돌이에는 주무에 조한춘씨, 피리에 김한국씨, 장구에 정일동씨가 맡아 주었습니다.

조한춘 인터뷰 그전에는 인자 총을 가지고 댕였어요, 화약. 이 샘현 꼭

---

3) 장승 앞에 가서 돌돌이를 했다. 장승에 대한 고사는 별도로 하는 지방도 있으나, 동막에서는 마을굿의 일환으로 하면서 묵은 장승 옆에 새 장승을 세우고 이 굿을 진행한다.

쫓아 댕이먼서. 왜그러냐면 이 장승이나 이리 올 때는 잡귀, 시방 귀신이 어뎄수, 그전엔 인제 귀신이 많었다구. 헛개비, 도깨비. 그 귀신들 동네 못 들오게 위해서, 인제 삼현 뚝 끝나면 총구가 뻥 알 없이 그냥 인제 화약만 재가지구 쐈는데. 이 그 귀신 화약으로 해서 귀신 이 동네 응수를 못헌다구. 이 유래가 있어. 시방은 어디 사람이 있수. 이 형식적으로만 하는거지.

해설 동네 장승 앞에 도착했습니다.

조집사 다름이 아니고 ---해동조선국 인천시 거리지접은 인천시 동막 동네방성에서 해해마다 철철마다 높은데 밭풀고 깊은데 논풀어서 구백곡식 씨를 받아서 이 삼년에는 굿을 내서 이 대동일동 동막 대동일동이 다 잡수다 보니 그냥 잡수기 죄송시러워서 이 뻐뻐지말고 새지신 내지 말랬다고 장첨지 보러 온 것은 다름이 아니라 저 동으루 들먹구 남으로 들먹고 서로 들먹고 북으로 들먹고 걱정근심 우환재란 눈크고 발크고 귀밝은 귀신들과 잡구잡신을 소멸해 달라고 그저 자문지 정성에 시우머리 독반에 술과 갖은 요리를 많이 챙겨 왔으니 많이 응감허시고 다른 데는 어디로 갔던지 그 정성이 좀 좋습니까 있는 건 적고 없는 건 많아가지고 이 대동일동이 합심해서 도당할아버지 도당할머니 건구영산 집터 운전허는 그때 장첨지허로 무슨 다른 잡귀와 또 잡신과 또 아귀 모두 물려달라고 이렇게 모든 요리를 차려왔으니 많이 운감허시고 뜻대로 --허시며 맘대로 --것소 그러니 많이 잡수시고

장첨지 어이 참 이렇게 내가 대접을 허니 잘 잡샀소 말대로 뜻대로 허리다.

조집사 여다 잡수시고 일년 무고허고 십년 태평허고 갖은 자손들을 길러

도 무쇠명 돌끈 달고 긴명 서려담고 짜른명 이어서 다른 동네는
이러니 시러니 이러니 할지라도 ---- 자손을 길러서 혹 만리
전장을 나가도 총알이 펑펑 쏟아져도 무쇠창검으루다가 막아서
비수창검으로 막아다가 의주 월강으로다 버리시고 아진 젓혀달
라고 이렇게 축수허오니 구축을 허니 많이 잡수시고 말대로 뜻대
로 허되

장첨지 니도 제 먹은 공을 허랬다고 그냥 헐 리가 없다. 허니 조집사의
신명을 내려서 축원을 허는데 이러든 것이었다

고설 고설 고설 고설 샘겨디리자 고설
천개는 여자하고 지벽이 여축하여
등천하 십이지곡 남북해동 조선국은
경기오도 삼십육관 서른일곱에 궐내중에
광해 일품 광주 이품 수원은 영삼품에
내명은 제명자금 과천 꽃대중
인왕산 군산신령 광주유함을 내달으니
인천시 동막동네 방성에
갖인 각성 대주님들 갖인 각성 계주님네가
정성이 지극 지성이 감축하여
잘 많이 잠사 시황이 박수가 갖인 요리를
많이많이 차려왔으니 많이 많이 운감허고
이 도당할아버지 저 도당할머니며
경상도 경주 --를 하여 가시고
치성을 잡순 끝에 그냥 잡수기 억울해서
장첨지 보러온 것은 다름이 아니오라
이 정성 들인 후 대동길 일동에 동서남북을 다니어도

악인을 젖혀주고 성인을 상구하야
손에도 녹사망 발에 철로서망
외방 사망 호방 철량 더럭더럭 놔달라고
이 고사를 드리옵고
둘째는 다름이 아니오라 악인을 젖혀주고
해산영산 수살영산 제갈영산 잡귀잡신을
정칠월 이팔월 삼구월 천리만리로 소멸하고
귀분웅과 적병녹이 중앙에 티끌녹이 유기사제 눈큰놈
코큰남 걱정근심 우환재난 삼재팔난
몽당비로 싹싹 씰어다가 의주 월강으로 바래고
셋째덕 다름이 아니오라
일천로 기양석 삼십칭 사중태 오오방 육합칭
칠칠급 팔관님 구토 십방 내려받아 다니어도
산에 가면 산신님덕 들에 가면은 용왕님덕
거리에 노전덕 의전에 근전덕 팔전에 관전덕
해충에 칠전덕 소갈 근덕서방 받아 천리소방
외방 사망 근방 천량은 더럭더럭 나세
의지가지나 좋소냐
일년도액을 막는다
정월에 드는 액은 이월 한식 막고
이월에 드는 액은 삼월 삼질 막고
삼월에 든 액은 사월 파일 막고
사월이라 드는 액은 오월 단오로 막아내고
오월이라 드는 액은 유월 유두 막고
유월에 드는 액은 칠월 칠석으로 막아내고
칠월에 드는 액은 팔월 가위로 막아내고
팔월에 드는 액은 구월 구일로 막아내고

구월에 드는 액은 시월 상달례로 막아내고
시월이라 드는 액은 동지팥죽으로 쑤어 막아내고
동짓달 드는 액은 섣달 그믐날
지붕우에 청병욕에 지붕 아래 대끌욕에
녹이사재 눈큰놈 발큰놈 걱정근심 우환 재난
삼재팔난 몽당비로 싹싹 씰어 의주월강 건넬적에
자축인묘진사오미술해방으로 보낼 제
어기야 디여 에야 (장구: 그 뱃소리는 왜 들어가나)

장첨지　자 그런데 뉘는 누겔이 밥을 대접을 했으니 말대로 뜻대로 해 올
　　　리리다

조집사　예. 고맙습니다

해설　이번에는 돌돌이 세 번째로 서방 백제장군 동네 장승 앞에서 시작
　　　하겠습니다.

서대장군은 찾아 뵈러온 것이 아니오고
대월은 서른날이요 소월은 이십구일 금화 금년 열두달이옵고
(장구: 그러지)
해우년은 올해 임진년이신데 임진년 오늘이 삼월 초이튿날입니다
음력으로
그런데 이 대동일동에 아 유함으로 내다지면 인천시 동막동네 방성
에서
갖인각성 대주님네나 계주님네가 정성이 지극허고
옛날 옛법을 버리지 않고 (장구: 그러지) 그 정성이 좀 좋아요
이렇게 대동일심이 다 합력해서서 이 대접을 허니 어려운 겁니다 사

실은
헌데 다른게 아니에요 저 서쪽으로 들먹고 동쪽으로 들먹고 북쪽으
로 들먹고
남쪽으로 들먹는 잡귀잡신 얼른허면 퇴지해달라고
이렇게 자문지 정성에 시우머리 독반에 술과 갖인 요리를 많이 차려
왔으니
많이 운감허시고 뜻대로 해 주는데

서대장군 어 후히 대접을 받으신 내가 뉘도 제 먹은 공을 하랬다고 그냥
있을 수가 없어

생겨 디리자 고사로다
등천하 십이지곡 남북해동 조선국은
경기오도 삼십칠관 서른일곱 궐내중에
일품으로 다니시는
광해 일품 광주 이품 수원은 영삼품에
내명은 제명자금 과천 꽃대중
인왕산 군산신령 광주유함 내달으니
동막동네 방성에 이 도당할아버지 도당할머니
건구영산 집터본향 우향시에 ---게 두려워서
첫째는 다른 가중이 이러시 싫어니 옳어니 할지라도
동네방성에는 이 정성 드리시고 발없는 용마를 타고
만경청파 동황도리 성황도리 염불 ---개야
왕십리 개악헌 물이 이런대를 대고
말없는 용마 타시고 만경청파 다니어도
앞에 외구을 젓혀주고 뒤에 쉰모를 잡아

갖인각성 대주님네가 정성이 지극허여

타는 건 용선을 타고 앞바다 뒷바다 다닐지라도

물에 실징 젓혀주고 없는 건 비접허고

대동으 동네방성 동막동네 지접을랑

갖인각성 대주님네가 대천리를 갈지라고

사지를 젯혀주고 두해수 봉래수요 거리에는 익선주고

발에는 천로주고 물에는 금목수화 잡귀잡신 소멸허고

다동 다녀오시드래도 다 젯혀주고 성인 상고하여

무당선난대로 덕원난대로 소원성취대로 임의용배대로

점지점지 한댔으니 이것이 모두 다 뉘덕이냐

도당할아버지 덕이요 도당 할머니 덕택이라 장첨지 덕이온대

셋째덕은 뭔덕이냐

자손을 기를지라도 터진 눈에 꽃이 나고 글방마다 문적나고

댕이는 도체마다 남이 눈에 꽃이 되어 말끝마다 상내나고

이름을 더쳐주고 서기는 서리여 낮이면 물이 맑고 밤중 불이 밝어

---따러 모두점지 하야주고 정칠월 이팔월 삼구월 사시월

오동지 육섣달 내내 부도랑 할지라도 안가 태평하고

일천령 이학사 삼식신 사주패 오구방 육합신 칠칠구

팔단이 구토 십방 내려받아 다닐지라도

밤이 면은 불이 밝고 낮이면은 물이 맑어

농사를 지실지라도 앞에 세삼 젓혀주고 뒤에 노적 가려서단

노적우에 범덕새가 한날개 들이쳐서 은금보화 나게 하고

이 도당 방성이 동서남북을 다니어도 앞장서는 대로

뜻돌아 가는대로 소원성취대로 해주고

산에 가도 산신님덕 들에가도 요왕님덕

소갈 근덕서방 받아 천리소방

외방 사망 근방 천량은 더럭더럭 나세

의지가지 장히 좋냐 허나 그뿐이 또 아니지
일년도액 막어낼 제
정칠월 이팔월 삼구 사시월 오동지 육섣달을
내내 부도를 헐지라도
앞장서는 대로 뜻돌아 가는대로 소원성취대로
임의용대대로 점지점지 하시고
말대로 뜻대로 된다면 해해마다 철철마다
--- 복사치고
이 도당할아버지 저 도당할머니 우춘하오니
만만춘춘이나 불어주고
춘춘허면 이 바다를 와서 대문을 잡드래도
수화가 태평허고 요왕님이 지울어서
내내 부도를 헐지라도 ---
뜻돌아 가는대로 소원성취대로 해주고
다른 동네 이러지 싫어니 옳어니 할지라도
집터가 좋으면은 부귀공명하고 상수토 가정은 자손만당하여
집터만당 붙는다 어떤 집터를 보느냐 이 집터 좋거니와
한나령에 분파허고 무삼허리 쌍봉석은 훨씬 군자 날것요
노적봉이 뚜렷허니 대대장자가 날 것이다
옛날부터 집터가 좋으면은 부귀공명하는 법이제(장구: 그렇지)
상수터 가중은 자손이 원만하는 법이고
집을 다가 지어 놓고 한편을 바라보니 웬갖 집치장 다 좋다
금장화류로 마루복판하고 대무로 마루 뒤틀하야 바리바리 딜였거날
중문을 바라보니 금장화류로 마루복판하고
대무로 마루 뒤틀하야 바리바리 딜였거날
안방 치장을 하지 안방 치장이 장히 좋다
쳐다보느냐 소라 반자 내려굽어보니 각장장판 청노화로 띠를 띠고

백년지장 굽다리하고 웬갖 시간이 들었지
용장은 우루목에 놓고 봉장은 아랫목에 놓고
용장 봉장 금장 뒤주지 자개함농 반다지 철침 뒤침 완산베개
깨끼숙이 상침 명경 체경 화경 색경 목거울을 걸어놓고
갖인 시계 재명종은 걸어놓고 시세마다 때 찾으니
얼씨구 절씨구 지화자가 조좋다
그나 그뿐이 또 아니지
부엌으로 내려가보니 부엌 시간이 장히 좋다
가마솥이 열셋이요 오구솥이 열넷이요 간데솥이 열다섯
솥 안을 덜컥 열고 보니 웬갖 밥이 들었지
어떤 밥이 들었나 나라님 전에 수라밥 산에 올라 불본밥
정월 달일에 오곡밥 순산한데 첫국밥 어그정어그정 호랭이밥
간데선데 --밥 야산에 객구밥 시전에 국밥이라
아서라 그 밥을 다 버리고 그거 다 젯혀놓고
또 아낙네가 만지시는 부엌 시간이 있지 (장구: 그러지)
온갖 시간이 들었지
채칼 모판 국수반 이중절 이칭개 삼발이 바라 넓적헌 거
초고 층층 구백 구실일세 적쇠 석쇠 각잽이
강판 댓겨쓴거 쓴게 댓겨풀려 전답 휘놈부지 이남박
함박 두지 쪽박 이댓돌 삼댓돌 용수 채반에 평가루 디싸게
용말은 대수 ----시발 가진 잔대비
아 이거 불어주자면 한이 없죠
만만추력이나 불어 줍시오
많이 잡수고 말대로 뜻대로 해줍시오

해설   지금까지 서방백제장군 앞에서의 돌돌이었습니다.

언제 건 성주님이 대주고 지신은 계주에요.

4. 시루말[4]

해설　지금부터 시루말 혹은 칠성굿을 하겠습니다. 시루말 혹은 칠성굿
　　　에 해금은 조한춘씨, 장고는 이용우씨, 피리에는 정일동씨, 대금
　　　에는 김한국씨가 하고 징은 성황당할머니가 치시겠습니다. 그리
　　　고 그 준비물은 시루에 떡이 있고

　　　동도칠성 남도칠성 북도칠성 ---
　　　---각덕으로 받으시고 오시는
　　　---낙양동천 이화정---
　　　한곳을 바라보니 난데없는 불이로구나
　　　저 곳이 웬 곳이냐 주택 화택 성주지신 매화부인 집이로구나

　　　십색이 찬 연후에 초 애기를 날 적에 ---
　　　(채록불가)

　　**시루말 (이용우 구연-경기도 수원시 매교동 김천길 재수굿 1983년 3월
12일)으로 보완한다.**

---

4) 시루말은 오산지역의 재인 집안에서 전승되는 특별한 문서이다. 오니섭채 장단에 본풀이
　를 구연하는 것이다. 천지조판에 대한 내력을 서술하는 것이므로 우리나라 창세신화의
　내력을 간직하고 있으므로 이를 소개한다. 녹음이 잘 들리지 않으므로 다른 자료의 동일한
　구연자인 이용우 산이의 것을 옮겨와 자료의 중요성을 부각시키고자 한다.

칠성 남두칠성 태칠성 태박사님

전욱 신농씨로다 어---/

천하궁 당칠성님 지하궁에 내려와서

가구적간 인물추심 방방곡곡 대녀

동녕 솟은 달 부군에는 서역 서강에 일몰하고

날버러지 길짐생은 집을 찾어 들어갈제

하룻밤 유정할 데 전혀 없네

옛날 시절이로구나 에---

떡갈남개 떡이 열고 싸리남개 쌀이 열어/

비유천비 할 때

한곳 바라보니 난데없는 불이로구나

저 불이 웬 불이냐

매화뜰 매화부인/ 집이로구나

저 곳 바라보고 왕래우를 다녀갈 적에

그 때에 매화뜰 홀로 기신 매화부인 집이로구나

그 곳을 찾아갈 제

동성방 시설근이요 남성방에 좌기하고

남성방 시설거려서 동성방을 좌기하고

자리 없어 반자리며 벼개 없어 한 벼갤세

그날 밤에 어허/ 자리놓고 모로 앉아 다녀간다/

초경에 꿈을 꾸니 해가 돋어 보이는구나

이경에 꿈을 꾸니 청룡 황룡 뵈여

이직 승직할 제 그 하님 간데 없다

첫날 (청취불능) 바라 내려갈 제/

동두칠성이라 부인 말씀 들오 내가 간지 석달이면

물에선 해금내요 밥엔 생쌀내라

첫 애기를 날 것이요/

태자 성제 날 것이니 선문이요
성은 성신이라고 지어주오
이런 물경한 일이
저 부인 거동 보소
한두 달 기역하여 육칠색을 당도하니 잉태 후에
구색 십색이 찬 연후에
먼저 난이 선문이요 야중 난이 후문일세 나라 성제 나려시니
그 애기 이름 질 적에
선문이라 지어놓고 후문이라 지었더니
육칠 세를 당도하여/ 글방에 들었더니
여러 동접 아이들이 아비 없다 해패하니
저 애기 거동보소 어마님 찾는구나
성군 말씀하고
저 부인 거동보소 천제라
천하궁 당칠성왕이시라고 내려왔다
일몽하여 그 집을 찾아와서
그 날 밤에 인정한 꿈에 성제 있고
너의 성제 낳고 인홀불견 없어 다 꿈이로구나/
저 애기 거동 보소 천하궁 올라간다
큰 구름 노를 젓고 흰 구름 휘어타고
샛별로 원앙 달고 무지개로 다리 놓아
천하궁에 올라가서 선문이라 인사하고 후문이라 대답하니/
네가 선문이면 대한국이로구나
나중 후문이는 소한국을 마련할 제
조선국이라 강홰 일품 광주 이품
수원은 정삼품에 금과천 꽃대주며/
동내방성 다닐 제

수원 시내로구나 매교다리
김씨댁 기주님이 이 정성을 들이랴고
헌책력 젖혀놓고 햇책력 내어놓아
일상생기 이중천화 삼화절체 사중유혼
오중화해 육중복덕 칠하절명 일을 젖혀
먼데 보나 좋은 날 가려내여 오늘 애기하고
정성 디릴 적에
하청수비가 어찌하니
상청은 설흔 여덟 중청은 수물 여닯 하청은 열예달
우중강남수비 좌중강녀수비
벼루잡든 수비 책 잡든 수비
많이 먹고 놀아가고 김씨 대한 가중
만만이 후여들어사

해설   이상 시루말 혹은 칠성굿이 끝났습니다. 시루 안에는 시루떡과 그 안에 접시를 갖추고 촛불을 켜놓고, 그 앞에 상에다 쌀과 쌀 위에 돈, 그리고 북어, 술 두잔, 양초를 켜났습니다.

　　---삼년 시력에 이렇게 갖인각성 대주나 기주들이 앉아서 공론허고 서서 의논해서 이 정성을 위해 상산놀이 본향놀이를 하려고 이렇게 애 많이 쓰고 힘 많이 들였수다 다 좋은 날로 가리려고 천하궁 올라가 묵은 책력 제쳐놓고 새 책력 내야 일상은 생기에 이중은 차마 사마절제 사중유혼 오상화 육중복덕 남생기 여복덕 가리고 여상기는 남복덕 가려 대주는 운을 얻고 기주는 복을 얻으려 좋은날 가려놓고 이렇게 이 도당할머니 이 도당할머니 우허고 대할려고 오늘 이렇게 이 정성 디리니 앉인 당차 당하주 다 거두려 조라 정성을 디릴려구 상탕에 머리감구 중탕에

목욕허고 하탕에 손발씻어 신연백모허고 정허고 공둥댕이 옆에 끼고 심든박 손에 들어 앞냇물을 길러가니 학이라 노든 물이요 울에 영정에 우리다 영정 뒷냇물 길러가니 용이라 노든 물 비리 영정을 금허시구 공중에 솟인물 세일곱수 시물일곱 떠다가 상덕에 상조라 중덕에 중조라 청조라 나조라 놔뒀다 찬조라 들이시고 이렇게 모두 높은 장소 안에 낮은 장소 안에 사외삼당을 배설하시니 이 도당할아버지 이 도당할머니 수에서나 다 초부정 초가망 이부정 이가망에 다 이렇게 모두 부정 상감허구 잘 놀라구 오면 몰라라 하니까 다 이렇게 모두 우허구 대하든 --- 우리나라 이씨 --- 다 이렇게 강남은 홍씨별상 우리나라 이씨별상이 별상님 수위에서나 또 삼신제석은 인애기 이름 얻고 빈애기 비름허고 내는 애기 --없는 삼신제석 다 아들애기 명만주구 딸애기 복만 주시든 삼신제석님 수위에서 이번에 이렇게 잘 받으시구 다른 동네 이러니 저러니 해도 동막동네 방성 아무튼이 인간으로 세속으루 부자되고 장자되고 인간에 깔축없이 도와주시고 맘먹는 대로 뜻먹는 대로 소원성취 이뤄서 가지가지 번성허게 도와달라는 정성이니 그저 이 도당할머니 도당할아버지가 다 본향님 수자가 다 의논허고 공론해서 그저 이번에 다 이 정성 천덕을 입혀서 아무튼지 가중마다 중중마다 밤이면 불 밝히고 낮이면은 물을 맑혀 수화천명 하지 말고 가지가지 번성허게 도와주시고 아무치게 다 이렇게 물란허게 이정성 디릴랴고 애 많이 씬 정성이올시다

　　이리오셔 당주님. 네? (당주 좀 불러요, 당주.) 이리 와요.

　　다 이렇게 당하 이렇게 마주헐 때 당주님 애두 많이 씨고

　　이리 와요. 또, 또 한 분은? 이리 와요, 이리 와.

　　다 이씨야 이씨에 대주야 애두 많이 씨고 힘도 많이 들였고

　　네? 또, 또 한 분.

　　다 이렇게 애 많이 씬 정성에 심맞인 정성 이 잔에 명주고 이 잔에

복을 줘서 가지가지 번성허게 도와주고 잎잎이 도와주마

당주가 누구야? 인제 술 없지? (네.) 또 한 잔 더 따라야해 여기. 삼당주니까. 이리 와요.

이 잔에 명주고 이 잔에 복 줄적에 가지가지 번성허게 도와주구 도당할머니 도당할아버지가 그저 상덕내려서 맘먹은 대로 뜻먹은 대로 소원성취 해 주십사

많이 내, 돈. 여기 가득허게. 잔 값 많이 내야 허는 거야. 진짜야. (진짜고 가짜고 여기 있슈.) 아유, 이런. (전 상당주라 세 푼 냈어요.) 아니 이게 뭬야 이게. (아니 없는 걸 어떻게 내요.) 이런 빙신영감들 봐. 소지종이 두 장 더 가주와요. 두 장 더 가주와 (소지종이 두 장 더 가주오라구.) 아니 이게 웬 일이야. 여기 와서 첨 맞네 이런 거. (아 그런 당주들이 무신 돈이 있어요.)

다 본향에서 아무 일없이 살펴 주십사 그저 없는 건 많아도 오늘 이 정성 디릴랴고 애도 많이 씨고 힘도 많이 씨었수다 가중마다 골골마다 중중마다 다 이렇게 여인간 남인간 아무치 굳게굳게 다 도우고 험난한 지수에 험난한 해운이 지나가도 이 동막동네 방성에 그저 다 가지 번성허게 도와주시구 다 식구에 깔축없이 가중마다 다 이렇게 재수있고 운수 열어 맘먹은 대로 뜻 먹은 대로 소원성취 이뤄 주시고 그저 도당할머니 도당할아버지 덕택입니다 그저 본향에서 받들고 또 동네방성에 가중마다 중중마다 정성이 지극해. 삼당시하가 이렇게 이 정성 디릴랴구 이렇게 모두 나쁜 잠을 덜 자고 나쁜 밥을 덜 먹구 앉어서 공론허고 서서 의논해서 생기복덕한날 이 정성들이니 얼마나 정성이 지극허우 허니 도당할머니 도당할아버지가 그저 상당되게 가지가지 번성되게 도와줍서.

어딜 그렇게 자꾸 도망가. 당주들 이리 와요.

오늘은 다 이렇게

당주 이리 와요. 금방 술 먹고 도망 가.

오늘은 다 이렇게 애 많이 씬 정성 심 많이 진 정성이니 아무 집에 성덕입혀 한때로 맘먹은 대로 서고 뜻먹은 대로 설적에 그저 본향덕 보이고 그저 언덕을 맽겨서 가중이 번성허게 도와줍시오

걱정마라 니 원 풀어주마

너 골매쟁이 걱정마라 원풀어 주마

아유 재수 있겄어, 정말. 내가 재수 있다면 재수 있는 줄 알우. 아유 돈이 이렇게 많이 나와서 어떡해. 어따 지구 가? 아유 맙소사라.

상 내가세요.

해설   이용우씨의 삼현육각 잡힌 축원이 있은 다음 서간난할머니의 축원이 계속 있었습니다.

5. 시루고사[5]

(방울 울리며)

시위허소사 오늘은 다 이렇게 이 도당할머니 이 도당할아버지 이골 안산 집터본향님 본향님 그저 아무치게 상덕 내주시어 다 이렇게 모두 갖인각성들이 애두 많이 씨고 힘도 많이 들여서 당하주를 마련해가지고… (악기소리로 채록불가)

---

5) 시루고사는 시루를 앞에 두고 마을 전물 준비와 정성에 대해서 비는 것을 말한다. 비손의 형태로 신의를 달래고 굿이 잘 될 수 있도록 도와달라는 치성을 한다. 경기도 남부 산이제 굿에서 뿐만 아니라, 집굿에서도 이러한 형태의 굿 절차가 있어서 굿하는 집의 정성을 가늠한다. 제주도 굿에서도 큰 굿의 경우에 보세감상을 하게 되는데, 기능은 거의 같다고 할 수 있다.

1986.04.12. 동막도당굿 안반고사 또는 시루고사

이거 내가요, 상. 잘 받으셨대요.

해설   서간난할머니가 축원 끝난 다음에 삼현육각 반주에 맞춰서 시루
를 사이에 두고 당주 앞에서 마주 앉아서 축원을 했습니다.

6. 제석굿[6)

해설   제석굿은 조한춘씨가 평복에 요령에 노란 띠를 둘러서 합니다.
제석굿 장고에 이용우씨, 젓대에 김한국씨, 해금에 조한춘씨, 징

---

6) 제석굿은 겹굿으로 한다. 산이가 앉은 청배로 오니섭채 장단에 제석본풀이를 구연한다.
이어서 산이와 미지가 선굿의 형태로 섭채 장단에 선굿거리를 진행한다. 그렇기 때문에
겹굿이라고 일컫는다. 겹굿의 형태를 하는 것이 경기도 남부 도당굿의 특징 가운데 하나이다.

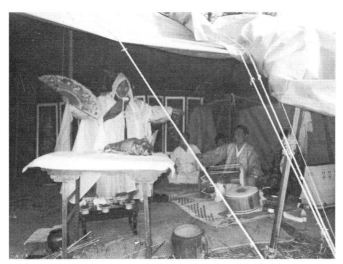

1986.04.12. 동막도당굿 제석굿의 조한춘 산이

에 서북환씨, 피리에 정일동씨입니다.

(제석굿-조한춘)
제석님 본은 게 어디 본일러냐

---용녀부인

여섯살이 되니 부선망을 하니
아적삼춘 집이 가서 고공살이 허는데
아자비는 내아자비요 아주머니는 남의 전처
토장뎅이 식은밥뎅이를 여기저기 던져주며
이 밥 먹고 나무가라
저 애기 거동봐라

대낫갈아 옆에 끼고 소낫 갈아 손에 들고
편송낙 새낄랑은 허리 아래 질끈 매고
문절 나서더니 나무가세 하니
나무 나무 나무가세 --초군들아
정월이라 초하룻날에 그 누라서 나무가랴
저 애기 --- 혼자 가네
차츰차츰 들어가니 황금산 기슭으로 가니
퍼진 떡갈나무 흩어진 광대싸리

내려온다 내려온다 내려온다 내려와
저 중하나 내려온다
저 중은 무슨 중이냐 육관대사
---내려갈제
저 중이 가만 보니 저 애기 거동봐라
한단비고 눈물짓고 두단비고 ---

저 애기 거동보소
사주 불길하야 갈디없어 고공살이 하니까
저 중생 거동보소
나무연장 다 버리고 나를 따러 절에 가세
저 애기 거동봐라

구름도 쉬어넘고 바람도 쉬어넘고

천자 유학에 동몽선습 --
서전 시전 --이명 사서삼경 읽어낼제

저 중상 거동봐라

당금산 당금애기 재질좋다 --

인물조차 나갈제 ---

내려간다 내려간다 내려온다 내려가네

제석청배 (소리 : 이용우, 장구 : 지갑성, 피리 : 이충선, 해금 : 임선문)
에 의하여 보완

*산이 또는 화랭이가 앉은 상태에서 장구를 잡고 마달을 하는 것을
확인하게 된다. 필자의 경험으로 동막도당굿에서 앉은 청배로 이 마달
을 이용우화랭이가 제석굿에서 구연한 바 있다. 먼저 도살풀이로 시작
해서 발뻐드래로 마무리한다. 세 가지 청배 방식의 유형이 있다. 도살
풀이-발뻐드래의 유형, 가래조-도살풀이-발뻐드래의 유형, 굿거리-
자진굿거리-발뻐드래의 유형 등이 그것이다.*

〈도살풀이〉

에야 -

공심은 제례주요

제례 남산 본이로구나

집 터 잡으시니

삼십 삼천 서른 수요

시물 여덟 땅을 마련

허궁천 비비천 삼하는 도리천

일심화경 되었느냐

천개는 어자하고 지벽이 여축하야

천야만야 이룬 후에

일월성신 마련하는구나
대암 제석에 소암 제석
제불 제천 낙산 관악
석암 문전 십이 제석
제석님의 본은 가서
게서 어디 본일러냐
천하궁이 본이로구나
제석님의 어머니는
용궁 뜰 용녀 부인
혼인 동중 인연 맺어
한두 달에 피를 모고
다섯 달에 반짐 받어
십삭만에 낳아 놓니
저 애기 거동 봐라
한두 살 말 배고
다섯 살 글 배워
복희씨 들여갈 적에
사주 하나가 불길 허고
팔자 하나 기박하야
다섯 살에 모선망이
여섯 살에 부선망이라
갈 바리 전햐 읎어
아잡 삼촌 집이 가서
고공살이 허노라니
아재비는 내 아재비요
아주배미는 남의 전처
헌 밥뎅이 던져주며

이 밥 먹고 글을 배라
이 밥 먹고 낭글 가라
저 애기 거둥 보소
나무 연장 들어 멜 적에
굽발 없는 지게에다
등테 없이 짊어지고
세 발 갈퀴를 들어 메고
문전을 나서더니
나무 가세
나무 나무 나무 가세
아무리 외어치니
한산 날 아적이여
거 뉘가 낭굴 가랴
저 애기 거동보소
허릴 없이 혼자 간다
청금산에 청에 조종
황금산에 황에 조종
아래 퍼진 떡갈나무
위 퍼진 광대싸리
한 전 두 전 허노라니
내려온다 내려온다
내려온다 내려온다
저기 저 중 내려온다
저 중은 어떤 중이냐
육환대사 명을 받어
권선문을 높이 들고
시주 집이를 내려올 제

석암 문안에 들려오네
들도 넘고 산도 넘어 ――
〈모리〉
한 곳을 바라보니(청취불능)
조그만한 ―(청취불능)
한 곳을 당도하니
큰 법당 삼 층 절에
하날 만큼 솟아 있고
적은 법당 이층 열안
허공에 솟았구나
천자 유합 동몽선습
사략 초권 논어 맹자
서전 시전 주역 사기
사서삼경을 읽어내니
(청취불능)
하나님전 축수경
땅에는 법홰경
부모에는 효성경
일가에는 화목경
동기간에는 우애경
동네는 화우경
팔만대장경 읽어내니
중의 도법 완연하다
그 때 당금애기
재질 좋다 소문 듣고
인물 좋다 나라 가득
구경차로 가는구나

저 중에 거동 보소———
권선문 높이 들고
제석 뜰로 내려 갈제
아홉선비님네
〈발뻐드래〉
(이하 청취불능이나 아홉 선비 집에 가서 염불하고 당금애기와 만나는 장면이
이어진다. 그래서 문전에서 염불을 하면서 천수경을 외우는 과정이 연행된다. 한
가지 특이한 일은 이 이하에서 이루어지는 제석의 아버지인 중과 당금애기의 사
연이 이루어지고 제석의 내력담이 상세하게 이어지지 않는다. 예컨대 이용우, 오
수복, 조광현 등의 제석본풀이에 이러한 일이 동일하게 나타난다. 아마도 확실하
지 않으나 축소 전승에서 생기는 현상으로 이해된다.)

제석 만수받이

만신몸주 만신몸주
대신제석 대신제석
대함제석 대함제석
젠제석이요 젠제석이요
제불제천 제불제천
천지건곤 천지건곤
일월유와 일월유와
갑사제불 갑사제불
갑사제석 갑사제석
해가솟아 해가솟아
일광제석 일광제석
달이돋아 달이돋아
월광제석 월광제석
일광월광 일광월광

양일광에 　양일광에
전이로서 　전이로서
양외제석 　양외제석
아들아기 　아들아기
점지허고 　점지허고
따님아기 　따님아기
설립허고 　설립허고
연골백골 　연골백골
십이골에 　십이골에
육천매디 　육천매디
심에신주 　심에신주
불어주든 　불어주든
밤바랑아 　밤바랑아
천황제석 　천황제석
억만비력 　억만비력
팔만신선 　팔만신선
구만대선 　구만대선
이골안산 　이골안산
상당제석 　상당제석
본향제석 　본향제석
동두칠성 　동두칠성
남두칠성 　남두칠성
서두유성 　서두유성
북두제사 　북두제사
소리높아 　소리높아
바보칠성 　바보칠성
사해루다 　사해루다

용궁칠성   용궁칠성
높은산에   높은산에
바위칠성   바위칠성
나사로는   나사로는
미력칠성   미력칠성
이골안산   이골안산
도당칠성   도당칠성
천궁불사   천궁불사
일월불사   일월불사
정신불사   정신불사
처사불사   처사불사
신중불사   신중불사
사해로는   사해로는
용궁불사   용궁불사
남가람에   남가람에
만불사요   만불사요
동가남에   동가남에
여불사니   여불사니
해수관아   해수관아
인왕도리   인왕도리
전주시고   전주시고
돈주시던   돈주시던
이골안산   이골안산
도당불사   도당불사
하회받어   하회받어
이정성을   이정성을
받으시구   받으시구

대동일대　대동일대
갖인각성　갖인각성
남녀간에　남녀간에
슬하자손　슬하자손
긴긴명은　긴긴명은
서려담어　서려담어
무쇠목숨　무쇠목숨
돌끈달아　돌끈달아
수명장수　수명장수
점지허고　점지허고
가중마다　가중마다
전중마다　전중마다
낮이면은　낮이면은
물이맑고　물이맑고
밤이면은　밤이면은
불이밝아　불이밝아
수하청명　수하청명
갖추말게　갖추말게
도와주고　도와주고
놀구나 와겨서　놀구나 와겨서

(바라, 방울 울리고)

어 꾸자
구엽고 반가시다 어
해우년은 갑진년 아니신가
나라군은 얼싸고 삼월허고 초이틀

오호라 인천시 지접에 동막지접 아니신가
이 대동에 앉인 동가 슨 도가
어허냐 허허품이로와서
어허냐 이 강산에 이렇게 모두 지성놀이 우춘허고
본향지석에 서신지석 도당제석님 아니신가
기지석에 진지석님 아니시리 사경지석님 아니시랴
어허냐 적간지석님 아니시고 뿌리지석님 아니신가
어허냐 동막은 지접이라 이 정성 대우허니라 애 많이 씨고 심 많이
들여
이 정성 두어라했으며 앉았다 섰다가 어허냐 이렇구 삼월은 보름겉구
어허냐 이렇게 모두 잠깐에 이렇게 구마전이 되까
앉었다 섰다가 두 가정이 이렇구 업이 없구 비올 가정이 있을거를
이 정성 대우했으니 정성덕 입히어 사경덕 나수어
노인 대주에 노인 기주님
어허냐 느이 이렇게 모두 대주님들 상나무 구여운 내 자손들
어허냐 이씨문 정성에 힘쓴 정성 애 많이 들인 정성 힘 많이 들인
정성
이번에 모두 이 정성 대우허구 각인각성에 우리 대주님들
이씨님들 편안허게 받들어 도와주고
올해 갑진년 내내 돌아가드라도 춘추에 원력 돋고 원력에 춘추 돈과
살아 생력 금한일 없고
구여운 남녀 자손들에 명 많이 주고 복 많이 제도해서 악헌일은 제
쳐가며 험헌일 물리어
맘먹은 자손들 소원성취 불게 도와주고 구여운 손주가지 밑가지들
천여학생에 만여학생 갈지라도 이름나게 도와
볼때마다 이름나게 생기어 말뜻도 생기어 어전벼슬도 도와 받들어
도와주며

어허냐 대장안도 받들어 도와주시고

이번에 모두 이렇고 말없는 용하마를 타고 다니실지라도

앞바다도 열두바다 뒷바다 열두바다 스물니 바다에 다니시며

어허냐 이렇게 모두 원대로 타고다니시라도 모진광풍 젓히어 도와
주고

바람은 이렇게 북풍일랑 걷히어 동풍일랑 물리어 도와주며 모진액
운들 젓히어 도와주시고

느이 기주들 이렇게 바다에 넘나들지라도 재수들 있고 몸대롭게 도
와서

올해 험헌 일을 물리어 도와준다마

여기서 비쳐붙면 정 남쪽이 비슬일까 서부 근가 한방이 될까

측간에 업이 없고 두련 가중이 있거늘

어허냐 지끔도 이렇그 모두 우환으로 끊고 자손으로 동말동실있는
가중이 있거늘

어허냐 도당님 수이에서 그런 일 없이 받들어 도당제석님 구이해서
받들어 도와주고

어허냐 가중마다 물맑히고 결을재 이 정성 끝에 난나게 받들어

어허냐 연년이 주추영등 대우허니 얼마나 구엽구 반가우리

그래 놓았으니 삼월영등 잎이 폈다 잎맞이 꽃이 폈다 꽃맞이에

이 정성 대우 상산맞이 대우했으니

상산지석님 수이에서 받들어 도와주고 엿들어 가중마다 중중마다

물맑히고 결을재 상덕입혀 도와주마

어 꾸자

삼신칠성님 아니신가 부리칠성님 아니시리 신에칠성님 아니시랴

이 상산에 도당칠성에 산룡칠성님 아니시랴 부근칠성님 아니신가

높은 당에 얄은방울칠성 얕은 당에 미럭칠성님 아니시리

가중마다 중중마다 부부칠성님 아니신가 칠성님 수이에서 이 정성

대우허구

어허냐 구여운 자손들 짜른명 길게 잇고 긴긴명 서려 담아

무쇠목숨에 돌끈달아 장수장수 수명장수허게 받들어 도와주마

어허냐 이 정성 대우허느라 느이네 이렇게 모두 대주님들

앉은 도가 슨 도가 앉은 당주에 슨 당주 애 많이 쓰고 힘 많이 들여

이 정성 대우했으니

그러나 이렇고 삼세가중이 이렇게 말연이 많고 구미가 많고 말이 많

아서

인하여 이 정성 받자고 해도 서위 서서 받아

어 그렇거나 잘못 자막 있거늘 벌을 풀어 상을 줄까

아무쭈록 이번에 모두 칠성님 수이에서 울러받으시고

잘못헌 내막을 무릎위에 접어놓고 벌을 풀어 상을 주며

악헌일 물리어 험헌일 젓히어

어허냐 이러큼 칠성님 수이에 칠성님 수이에서 우리 노인 대서에

어허냐 나라찬 대주님들 각음달리 면달리 나가서 있는 자손들도

재수있게 도와주고 운수사업 하는 대주도 재수있고

어허냐 이렇게 농사를 짓드래도 풍년되게 받들어 도와주며

어느 가중은 뚤어허구 어느 가중은 두어시리

어허냐 이렇게 순도 각각이요 본도 각각이야 각 명 많이 주고 복 많

이 제도허며

그러나 이렇게 모두 여덜식구 사는 가중 아홉식구

어뜨게 보면 이렇구 여씨가 되나 어뜨게 보면 이씨에 군웅이 될까

나간 식구꺼지 여덜식구에 아홉식구 사는 가중

아무래도 앉었다 섰다가 이달은 그믐마정 같구 새달에 초승 같애

자손으로 대해서 깜짝에 놀랠 수전 있거늘 그런 일 없이 받들어 도

와주구

도당에 서낭일어 도와서 모진액을 물 맑혀 도와주시마

어허냐 그래놓고 이러큼 모두 바다에 넘나들고 왕래들 허구 다니시
드라도
어허냐 용왕지석님 수이해서 용왕칠성님 수이에서 아무쪼록 이러큼
모두 오구가구해
시리 시다놓고 소대 쌀정 쫓아가며 발없는 하마를 타고 다니실지라도
바람결 재워주고 구름동풍일랑 젓히어서
앞바다도 열두 바다 뒷바다 열두 바다 스물 네 바다를 넘나들고 댕
기어
밀물에 썰대걸이 만여섬 생기어 도와주고 썰물걸이에 천여걱 생기
어서
어허냐 팔도 도장원허게 받들어 도와주며
어허냐 그물이라도 무쇠그물 생기어서 재수있게 도와 상덕 물리게
도와주며
모진 액운들을 젓히어서 도당님 수이에서 받들어 도와주고
악헌일 물리고 험헌일 젓히어 명많이 제도허고 복많이 제도해
어허냐 모쪼록 상나무 구여운 내 자손들
나가서 이렇게 글공부하는 자손들 글 잘허게 도와주고 말 잘허게 도
와서
천하 학생들 가드라도 이름나게 받들어 도와주고 귀명나게 받들어
가지에 성풀허게 받들어 도와준다마
이 정성 대우 끝에 난나게 받들어 상덕 입혀주마
어 꾸자
신에불사 산신불사에 도당불사님 아니신가
이 상산에 본향불사 사령불사님 아니시리
착헌불사님 아니신가 미역불사님 아니시리
불사님 수이에서 이 정성 받으시고
어허냐 아무쪼록 재수덜 있게 도와주며 액사난 것 젓혀주시고 수사

난 것 물리어

가중마다 집집마다 어느 가중은 덜허고 어느 가중 더 생기나

명을 줘도 같이 주고 복을 줘도 같이 줘

어허냐 거리에 고압수전 물리어

불사님 수이에서 받들어 여불사 남불사 부리불사에 신에불사

육천은 전중 안에 삼천은 전안 전안불사 상산에 도당님 불사님 수이
에서

아무쪼록 이번에 이 정성 받으시고 정성덕 입히어 걱정말우

그런데 여기서 보면 이렇게 가지게 손이 꺾구 언불차게 피치못한 가
중이 있거늘

아무쪼록 난나게 받들어서 가지가지 성불하고 잎잎이 번성허게 받
들어 준다마

어허냐 아무래도 이렇게 수답을 길허고 액운이 사난 가중이 있으니
어뜩하나

그럭허면 그런 일 없이 받들어 늘 도와주거늘 오냐 눌애기철이 무서워

그리고 아무쪼록 이 정성 대우 끝에 에 난나고 빛나는 이 대동에

빛나고 난나는 일이 분명히 있을테니 걱정마라

가지에 성불허고 잎잎이 번성해 상덕 물려주마

어 꾸자

나는 누구시니 허니 일우천황에 이 상산에 도당천황 살륭천황

부리천황에 신에천황 천황님 수이에서 이 정성 받으시고 정성덕 입
히어 도와 사경덕 물려

노인전 내 기주님들 내 오는 길에 복주고 가는 길에 명 줘

귀여운 남녀 자손들 편안허게 받들어 도와주는데

여 열다섯살이 될까 열네살이 될까 열 살이 될까 이렇구 모두 칠월
과 유월달에 요왕에 물이 무서우니 끄치말고 이렇구 모두 물조심들
극진히 잘 시킵서

앉었다 풍파가 모두 이렇게 자손으로 대야 놀랠계철이 있을 가중이
있거늘 부디 조심하십서
요왕님 수이에 받들어 도와서 선왕님 수이에 받들어 도와주시고
이 정성 후에 난나고 빛나서 정성덕 입히어 사경덕 물리어
모진액운은 젓히어 도와주고 애 많이 쓰고 심 많이 들이시고
이 정성 끝에 걱정말우 노인 대주님 살아생전 험헌 일 없이 도와주
시고
본향천황님 수이에 도당천황 살륭천왕님 수이에서 받들어 도와주며
옆으로 샘기어서 내가 도와주마

〈중타령〉

나무아미가 타불
나무에 나무로구나 나무아미가 타불
어떤 중상이 나려온다 어떤 중상이 나려왔소
검구두 푸른 중상 푸르시구두 검은 중상
구름 속에 나려실제 세모시 장삼을 떨쳐입고
세모시꼬깔 숙여쓰고 저 중상이 내려올제
오른쪽 바라 홍가사요 윈 어깨는 청가사
치리헌 띠를 걸쳐매고 백팔에 염주를 목에 걸고
나무야 나무로구나 나무아미가 타불
나무아미가 타불
백팔염주를 목에다 걸어 세발 염주는 손에 들고
구름 속에 나렸으니 때거리 시주를 받어갈까
아침시주 돌아다가 저녁 불공들이 내이시구
저녁시주 돌아다가 아침 불공도 내이시구
높이 떴다 대바라요 낮은 댔다고 소바라
대바라 철철 나렸구려 은바라도 철철두 나렸네

이 가중에 -- 명발원 복발원에

이 바라사오

(채록불가)

높이 떠 푸른 중상 앞이 떴다 대바라야

명바라 철철두 나렸구나 복바라 철철두 나렸을제

이 두 바라를 사고보면 외방재수 다 이룩허고

여기서 한푼 쓰구 가면 내일 아침에는 열량이 생겨

명바라 많아 사고 복바라 천안은 사야

나무여 나무로구나 나무 나무가 타불

나무여 나무로구나 나무 나무가 타불

해설 지금까지 제석굿 무녀에 정윤자, 장구에 오정환, 징에 서북환,
징에 정일동, 젓대 김한국, 해금 조한춘이었습니다.

해설 지금까지 조한춘씨, 장구에 이용우씨, 피리에 김한국 씨에 ---
습니다.

제석노랫가락

도당제석 오시는 길에 언월도로 다리를 놓소

마누라 나리는 길에 안개선풍에 다리 놓소

제석님 잡으신 잔이 인간고강

도당제석 잡으신 잔에 고초삼작 이슬을 맺소

이잔에도 저잔이오나 지성이라고 쌍비오리

외방에 수없는 잔을 스스라고

인에 하외 허서니다

이내일동이 제석맞이

---이오나 도당제석님 하외라고

마누라 제석님 하외를 하회본듯

천년만세 빌러를 왔소 부모자손이 만년수

천년수 --- 만년재수에 구경을 빌어

삼천년 한오백허니 자손이 창성

--- 여러 대주가 외방소망

외방에도 소망이오나 성안 성안에 재수발원

사도에 모여든 천량 손이나볼까

천라홍수 저치소사 일 대동이 기망 홍수

천라도 홍수요나 지망년에도 대액이오나

마누라 천라은 대횡수 다 제칠까

정성덕일랑 제초와지이다 일 대동이 간곡허여

정성에도 덕이오나 만고지성에 덕이라고

마누라 지운 상덕을 다 입힐까

일광보살 산이로다 월광보살 산이로다

일광월광 양일광에 일대동 명반복반 사해 상덕 복반

(당주님 이리 오세요. 당주와요.)

　오늘은 다 서른다섯 나라찬 대주올습니다 모두 이 정성 모두일때에 무비무환 안진당주 슨당주에 이정성 대우발원 우천허고 정성덕 입혀 도와주는데 올 수이전에 맘안에 먹은 일 성불허게 도와주며 올해 남 일호 끔 어디가서 남이말 참관허지 말고, 뭐허는디 끼여들어서. 오냐 이렇구 잠깐 이렇게 귀설이 있고. 올해 낱낱두 액두앉아 내밥 먹은지가 바삐 충돌했으니 길이 조심하고 넘어갑서. 오늘은 다 가서 약사난 거 젓후고 수사난 거 물려 도와주리다. 오늘은 서른다섯에 나는 양에(대주에요 기주에요? 대주요.) 오늘은 다 서른다섯 나라찬 대주 대주도 모두 만인간 이

룩허고 천인이 우리 대주 우허구, 오늘은 서른다섯 이 정성 끝에

무녀 내가 이러쿰 진너울에 홍치마를 쓰고 왔는데 이 너울을 벗고 가리
까 쓰고 가리까
장고 벗고가시유.
무녀 내가 이 너울을 벗고가는데 벗고 가는 값이 있는데. 나는 이러쿰
얼레빗 참빗에 미경값 채경값 오냐 분값에 연지값을 줘야 내가
이거를 벗고 가고. 내가 이 대동들 물맑혀 도와주고 --생겨 도와
주고. 내가 이 너울을 벗고가면은 이 대동이 편안허고 이 너울을
안 벗고 가면은 내가 모두 집안진중마다 오늘 이렇게 가운이 끓구
우환이 끓어. 여기서 이렇게 노는 가중마다 내가 물맑혀 도와주
리다. 우리 노인 대주님 이거 가지고 어떻게 연지 분지 값을 대우.
당주 이거 천원만 가지면...
무녀 내가 그랬으니. 이거면 연지값도 되고 분값두 되우?
당주 예, 넉넉해요.
무녀 어, 저것 좀 봐. 그런데 내가 여기 우리 대주한테 가서 어느날
대연주, 올해 수가 불길허구 액운이 사난 운이니 내가 모도 액사
난 거 젓하다려 수사난 거 물리어서. 그런데 내가 이 너울 벗고
가서 안당이 개운허고 이 대동 물 맑히고 결을 져서 내가 모진
액운 다 쫓아 도와주마.

해설 지금까지 무녀 정윤자의 제석굿이었습니다.

7. 본향굿[7]

---애 많이 씨고 심 많이 딜여 걱정마라 가중마다 중중마다 물 맑히
고 결을 재서 ---다 제쳐주마. 가지가지 번성허게 도와주마. 그저 남
걸립 여걸립 저걸립해도 동막동네 방성을 곱게 나가 도와서 가지가지
번성허게 ---

(잔 좀 부어요.)

해설 지금까지 서간난 할머니의 본향굿, 조상굿, ---굿을 했습니다.
~그저 실수없이 도와주시고 어사를 사나 만경청파를 나가나 또
--- 받들어서 아무지 없이 남걸립 여걸립에도 그저 이 동막동
네 뒤맑게 해주시고 --- 다 이렇게 맘먹은 정성에 뜻먹은 정성
애 많이 씨고 힘 많이 디려서 이봐라 걱정마라 원풀어주고 한풀어
줘서 가지가지 번성허게 도와주마. 오늘 이렇게 너 이 정성 디릴
적에 허는데 군말헌 인간도 있었다. 인간도 있는데 다 원년을 생
각허고 장래를 길게 봐서 상덕내서 그저 맘먹은 대로 뜻 먹은 대
로 소원성취 이뤄줄테니 걱정마라 가지가지 번성허고 애많이 씬
거 힘들인 거 공든나무 꺾어지까 가지가지 번성허게 도와줄테니
걱정마라

(고맙습니다)

---

7) 본향굿은 경기도 굿에서 매우 중요하게 취급하는 굿이다. 본향을 바라고, 가망을 헤쳐서
대신을 놀리는 절차의 순서가 일반적인 진행 방식이다. 이 굿의 절차를 하는 것이 일반적인
지에 의문이 있다. 본향굿은 서울의 굿에서 하는 것이기 때문이다. 이들의 굿에 산이굿과
서울굿이 습합되면서 달라지는 것이 1984년 당시에 이미 진행되고 있었으며, 그 이전의
일이기도 했다.

8. 대안주-관성제군, 장군, 본향, 별상, 도당8)

해설 이번에 장구에 정윤자씨, 무에는 오주환씨가 하겠습니다. 피리에
조한춘씨, 좌바라에 이용우씨.

어 꾸자
귀엽고 반가우시다 성제님 아니시리
관창은 제군에 무창제군 아니시냐
어이 동묘를 기우시고 남묘를 기우시다
관운장님 아니시리
동막지접에 이 정성 받으시니
설산에 매화본이 같으시고 눈산에 꽃본이 같으시다
기다리던 정성에 바라던 이바지 아니시리
너희 갑자년 해우년에 이중천하 삼하절절 사중유혼 오상화
남생기는 여복덕이요 여생기는 남복덕에
생기 복덕 가려다가 이고랑산 상산 본향님 우춘허니
어찌 아니 구혀시리
수사나고 액사난거는 천리로 소멸시켜 주고
이번에 이 정성 받으시고 국태민안허고 시화연풍해서
험허고 악헌일은 비수창검으로 다 젓히어
이 대동에 물 맑히어 웃음으로 여락 춤으로 만복허고
어허 이 정성을 두어라 했으면은
치치면은 여덜식구구 내려치면은 여섯식구 사는 가중
앉었다 섰다가 삼월은 스무 엿새날

---

8) 전형적인 한양식 굿거리가 이미 습합되기 시작한 구체적 굿거리 가운데 하나이다. 본디
도당굿을 어떻게 했는지 알기 어려우나, 대안주는 상산마누라를 모시는 절차이다.

물러잡으면 사월은 초 이틀이로구나 급한 전령이 무섭더니
우추넘 좌추넘에 일심은 정성 심심은 공덕으로 이 정성을 다령했으니
가는 부중 말을 타고 동서가에를 왕래허고
남녀간의 각인각성이 험난한 세월에
사해용궁을 넘나들드래도 모든 액운 저차주마
이 정성 드려놓고 풍구 풍진이 내 돌아가시어도
날만세 불르게 도와주거늘 어느게 본향에서 받들어

(당악)

안산은 여덜이고 밧산은 열서이라
구덕물마누라 신덕물마누라
여이 모두 덕물산에 최영장군 아니시리
나라충신은 임장군마누라 팔도명산의 도장군님 아니시리
이고랑산의 상산 본향에 산맞이 정성이고 대동일동에 운맞이 정성
이니
이 정성을 추상같이 받으시고 험난한 세월에 불같은 해오년 칼같은
시절이 내돌아갈지라도
동막지접 대동일동간은 남녀간에 각인각성 험난헌 세월에 태평연월
로 도와주마
기린도자 내구르고 잔마다 솟으굴러
원풀어 원당짓고 한풀어 한당지어 만만세 불르게 도와주시고
나라에 나간 내 자손들아
수사났고 액사난 거는 모든 액운은 비수창검으로 천리로 소멸시켜
주고
만리로 대파해서 가중마다 명많이 주고 복많이 생기어
웃음으로 꽃이 피고 춤으로 만족허게 도와주거든

팔도명산에 도장군마누라 허허
이고랑산에 본향님 하외받어 소원일어 상덕물려
어 꾸나

(당악)

어 꾸자
어찌아니 귀허시리
이고랑산에 남도당신령에 여도당할머니
건구영산의 집터본향님 아니시리
어 이 팔도명산의 도신령마누라
사해는 용궁님 모시고 얼마나 귀허시리
이중천하 삼하절절 사중유혼 오상화 육중복덕
남생기 여복덕 여생기 남복덕에 생기복덕을 가려다가
상독에 상조라 중독에 중조라 나조라 육조라 제금조라 디여서
어 상산놀이 본향놀이 우춘허고 대우허니
이고랑산에 도당할아버지 할머니 수위에서
일 대동 물맑히구 잘 되서 천이 천말을 허고 백이 백말을 허드래도
모든 액운들은 천리로 소멸시켜주고 만리로 소멸시키어서
어늘은 노인내위 부처들은 원력에 근력돋아 심구좋게 도와주시구
이번에 상중남에 모두다 남녀가 슬하 자손들은 말 잘허고 글잘해서
물주어 길러주마 북돋아 가꿔주고 동방석 명을 빌고 석숭에 복을 빌어
강태공 낙을 빌어 선팔십 후팔십에 일백육십은 무쇠목숨에 돌끈 달아
수명장수들 시켜주시고 가호마다 어느 다 상업자 농업자며
어진 신하로 도와라 허니 분부대로 소원덜 이뤄주거든
이고랑산에 도당할아버지 도당할머니
건구영산의 집터본향 사살군웅 부군님 수위에서

치망년 대우수는 천리만리로 소멸시켜주고
남과복덕은 어늘으 대동 일대로 휘어들여
나갈 때는 짐바리고 들어올 제는 돈바리 생겨
가지가지로 성불허게 도와주거든
이고랑산에 도당할아버지 할머니 수위에서
소원 이뤄 주거들랑 도당님 상덕입혀 어

(타령)

(당악)

어
이나라 이씨별상에 저나라 홍씨별상
강남은 대한국에 사신별상님 아니시리
수원은 대부안에 두지대왕 양마누라
어늘은 강화루 마리산에 새별상마누라 아니시리
너희 나라에 옥새를 못 받으셔서
한많고 원많으시던 강화도령에 철종대왕
어늘은 모두 김포 통진으로 도령별상님 아니신가
인천 읍내로 어늘은 문학산에 도읍을 기우시다 유부인
어늘은 모두 유씨부인에 어늘으 형제분 아니시리
어늘으 이번에 모두 강남은 홍씨부인 아니시며
우리나라는 이씨손님 아니시리
강남은 대한국에서 한국을 나오실적에
어늘으 쉰 세분이 나오시다가
흑토선을 집어타니 흑토선은 모두 무너지고
종이배를 집어타시니 종이배는 물에 풀어지고

목선을 집어타시니 나무선은 모도 썩어지고
별상님 영검으로다가 이번에 버들잎 따셔서
의주월강을 당도허셔가지고
해동은 조선국 나라터전 오부장네 이렇게 동막지접을 당도해서
가가호마다 어늘으 이번에 어늘으 우리 이렇게
새별상마누라 부군손님이 왕래를 허실적에
한쌍에 보람비고 두쌍에 모두 영검비고
사흘나흘에 푸를시루 받으시고 이레 여드레에 검으시루 받으시구
은다래 금다래 주시던 어늘으 녹두손님 아니시리
이번에 이 정성을 받으시고
험난한 세월은 불같은 해오년 칼겉은 시절에 돌아갈지라도
가가호호에 모두 인물자랑 허울자랑 시키어서
홍진은 수비야 네 돌아갈지라도 자취만 비고 영검 비시어서
물주어 길러주마 유도화 갖춰주고
동방석 명을 빌고 석숭에 복을 빌고
강태공 날을 빌어 선팔십 후팔십에
일백육십에 무쇠목숨에 돌끈달아 수명장수 시켜주거든
우리 별상님 수이에서 이번에 상산놀이 본향놀이 도당놀이 받으시고
대동일대 물 맑혀 주거들랑
별상님 상덕입혀 어

(당악)

(타령)

어늘은 안산은 여덜이고 밧산은 열서이라
구덕물마누라 신덕물마누라 덕물산 최영장군

나라충신은 임장군마누라 수이에서 이 정성
――――

일 대동일대 ―――
이고랑산은 산신호구 남도당신령 여도당신령
집터본향 사살군웅님 수이에서
내가 이 정성 다령헐적에 어늘은 대한가중 소한가중에
어늘은 양두 가중에서 쓸데없이 모두 다
헐 말 못헐 말 흰 낮이 붉어지고 붉은 낮이 희어질 일이
머릿 끝에 서릿발 겉이 넘어갔구나 이 정성 디리시고
대한가중 소한가중에 물 맑히고 겨를 재서
어백미 한일같이 받들어 도와주시구 다
어늘은 이 정성 디리시고
이고랑산에 도당할아버지 도당할머니
건구영산의 집터본향 사살군웅 부군님 수위에서
――――

어늘은 명차지 복차지 하시고 육지에 사실다가
명전내고 복전들 내시고 ―――
이번에 모도 사실천문 모두 명사실 복사실에 영검사실 받으실적에
이번에 사살걷이 받으시고 이고랑산에 도당할아버지 도당할머니
건구영산은 집터본향의 사살군웅 부군님 수위에서
이 정성 받으시고 걱정마라
명 많이 받게 도와주마 복 많이 받게 해주시마
이고랑산에 도당할아버지 도당할머니 건구영산의 집터본향
이 나라 이씨별상 저 나라 홍씨별상 강남대한국은 사신별상
――――

이번에 모도 상당에 도당을 우춘허니 이번에 가중마다 중중마다
이번에 명 타자 정성이고 복 타자 정성이니

--- 이 정성 디리시고 ---

앉인당주 이씨대주야 어늘은 한씨별상

어늘은 다 앉인당주 슨당주에 이씨백성이며 한씨 백성이며

어늘은 이씨 백성들아 이번에 내가 이 정성 받을적에

아이잡아 희롱이냐 어른잡아 농담이냐

기다리고 바랜 정성인데 네가 마음으로 정성이냐 뜻으로 정성이냐

이 정성 받으시고 가지가지 염불하고 잎잎이 창성허게

이고랑산에 본향님 수이에서 이번에 본향---

대동일대 물맑혀주고 ---편안허게 도와주시마

네가 마음으로 정성이냐 뜻으로 정성이냐

어늘은 이마전에 이 정성에

큰손은 허리 짚고 적은 손은 굼기쥐고

왼덕은 홍굴래 둥굴래에 언월도 쥐고 기다리고 바랜 정성

이번에 이 정성 디리니 어느이에서 초이틀 공순데

이 정성을 다령했으면 이 달은 이려세수시야

스무엿새 스무 여드레 공수에 앉았다 섰다가

너 이 정성 두어라 했으면 이 달은 스무엿샛날 새달은 초이틀날

쓸데없이 앉었다 섰다가 동네방성에 크나큰 대악이 머리끝에 서릿

발겉이 서려

원구가 무섭더니 법안의 우춘허고 뜻안의 택일해서 편안허게 도와

주시고

대동일동 물 맑혀 소원 이뤄 도와주시고

가지가지 받들어 주리다

그늘이 졌소 용가신데 소이로다

소이라 깊소건만 모래위에만 수이로다

마누라 영검술을 깊이 몰라

도당마누라 어기연 잔에 저마다에 수이로다

마누라 영검술을 깊이 몰라

영검좇아 오시는 길에 비수창검 다릴 놓소
비수두 창검이오나 난양창검에 서계오셔
줄아래 덩기덩 소리 깊이 몰라

---잡으신 잔에 두세방울 이슬을 맺소
이 잔에도 저 잔이오나 지성이라고 쌍비오리
월광에 수업는 잔을 스스라고

인에 하외 허서니다 일대동에 본향님 하회
일마다 하회오나 본향양산이 하외라고
마누라 본향님 하외를 하회본듯

천만년수를 빌러를 왔소 부모자손이 만년수
천년수 --- 만년재수에 구경을 빌어
삼천년 한오백허니 자손이 창성

재수소망 생기소사 여러 대주 외방소망
외방에도 소망이오나 성안 성안에 재수

신장, 말명, 걸립

(당악)

어쑤
사망이야 어
어쑤
어허허허 신장님수이다
이고랑산에 도당신장 이고랑산은 본향신장
어허허 도당할아버지 도당할머니
건구영산은 집터본향 사살군웅 부군님 모시고
이고랑산에 도당신장 도당대감
어트케 기다리고 바랜 정성인데
이 정성 디리고 가가호호마다 불맑히고 결을 재서
어백미 한늬같고 부군할아버지 오시는 길에 명을 주고
원풀어 도와주리다 한풀에 셈기리다
그런데 슬프시다
가운조상님이 앞으로 영친배설 뒤로 돌아서서 시왕배설 천근새남
만근 진오기 받자그리요
올해는 절대 선도 다니지 말으시야겠어. 어늘은 어리 진에들에 허리
어미백성들에허라. 이 정성을 주어라 했으면 이 대동일대에 내가 부
채질을 해서 앉었다 섰다 흰낮이 붉어지고 붉은낮이 희어질건데. 일
심정성에 심신공덕 애쓰고 힘들었으니 애쓴 보람있게해서 도와주리
다. 힘든 공록있게들 도와주리다. 새해에 손도 양순으로 좋은일 있
게 도와주리다. 어허허허 이번에 어느 가중들허고 어느 가중은 덜허
리. 이 정성 받으시니 내 경사나고 영화가 나게 도와주는데 우수하
나 때문에 만길운점이 생기겠어. 그랬으니 모든 일로 조급히 생각허
지 말아야 돼. 그러면 좋은 일 있게 도와주고. 땅만 치다보지말고
어늘은 이번에 모도 이고랑산 본향신장님 대접허고. 낼 모래 가서
빨리 떡쌀이나 담그우. 이번에 이것도 본향귀신이래니까 와 앉었지.
내 일 겄으면 귀가 잔뜩 먹었어. 교회나 나가면 천당을 가는데 중도

아니고 수간도 아니고 중할판구나. 어늘은 다 붙들어 그랬으니 어르
신안에 대우허고 어늘은 이 정성 디리고 가중마다 천중마다 물맑혀
주리다. 어니 신안은 덜허고 어니 가중은 덜하며 가가호마다 나 편
안허게도 도와주고.

〈신장타령〉
어떤 신장 내 신장이냐 어떤 신장이 내 신장
월하로는 사자 팔만신장님 지부신장 불사신장
천지일월 분가신장님 예서장적은 천존신장
청제신장 적제신장님 백호신장은 전부신장
적제신장은 황제신장님 제가신이 매사신장
지다내고 모신적막 -- 우루루 감든 신장
저바당에 ---주어 영검을 비시든 내 신장님
탁발겉이 도와주리다 북발겉이두 셈기리다
어디 신안을 허라허리까 어니 가중을 허라허리
어느 길에 명을 추고 오시는 끝에다 복을 실어
황급히 내 돌아가도 --으로 영화허고
북으루다가 만복을 혈적에 간단 새길에 강아집 지어
내밥먹은 개가 내 발등 물어
앉았다 섰다 귀설관재 머리끝에두 휘날려서
원구찌개기 많겠구나 어떡헐지 모르겠소
상산구산을 가리지말고 만 조상을 막지마라
어떤 신장이 내 신장
칼끝에 노든 신장 줄끝에서 뛰든 신장
길 아래 삼천병마요 길우루 몰아서 오천병마
어마사 대를 대아 자손 하나가 문밖에 나가
만인에는 인사받고 천인에는 조문받어라

어느 해 신하는 드랴허랴
가중에가 전중마다 불을 맑히구 결을 재서
한나라 축지겉이 도와주리다 두나라 장수겉이두 생겨주고
소원성취를 이뤄주리다 우리신장님 거동봐라
어떻게 좋은지 모르갔소
삼구풍진이 내 돌아도
치망년 대월도 다 젓혀주고
낮이면은 물이 밝고 밤이 되면은 불이 밝아

어허허 조상에서도 대동일대가 어수수 산란헌데 이번에 이 정성 드리고 명 각각 생기고 복 각각 생겨주는데, 나라찬 대주님 남에게 걱정허지 말고 내 걱정 허시야겄어. 올해 문서루 해가지고 경사나고 영화는 나서 문서받기는 날 수전인데 인간 하나가 돕자가 해자가 되가지고 쓸데없는 화를 당헐수 있으니 부디부디 인간 조심허고 모든 일을 조급히 생각허지 말어. 남이 생각인줄 알고 떡 허니 이번에 어느 신하는 드라하고 어느 백성은 드라허랴. 이번에 대동신사 안들였으면 크나큰 대업이 머리끝에 설릿발겉이 서렸어. 너 정월은 일여드레 수무닷샛날 어떻게 넘어갔니. 흰낮이 붉어지고 붉은 낮이 희어지고 앉았다 섰다가 화가 무섭드니 이번에 이 정성 디리시구. 이 집 당장 굿해먹어야 돼. 어허허 이번에 가지마다 전중마다 물맑히고 결을 재서. 돈 내랄까봐 몽땅 도망가는구나. 그랬으니 ---. 그래두 아무쪼록 가중마다 물맑히구 결을 재서 경사나고 영화나게 도와주리다. 작년 구월 시월달에 안 좋은 일 섭섭허니 풀어져서 이 삼월달 사월달에 재수있게 도와주께. ----- 어허허 이번에 동기중창 내 중창에서 비슬기로 비슬어서 어러러 복판이 퍼졌으니 돈복이 터졌구나. 그랬으니 올해는 집안은 진중할 수야. 올해는 중창도 허지말고 비슬기로 비슬어서 헌재목에 새재목 다루지 말고. 이건 도당신장님이 가리켜 주는거지 기자가 그러는거 아니야. 어늘은 얕은 귀 깊이깊이 들어서 인간이 주의허면 태평연월로 넘어갈거유. 가중마다 중중마다 눈으로 보고 가리켜주고 아는거는 젓차주고. 어 이월달에 앉었다 섰다 쓸데없이 흰낮이 붉어지고 붉은낮이 희어질 일이 머리끝에 서릿발겉이 서렸으니 이 삼월은 보름날이나 이레때 열이렛날 두 사람 세사람이 앉어서 이러고저러고 구경들 하지 말우. 쓸데없는 귀설만 걸머지겠어. 그랬으니 여기 와이루만 쓰면은 젖혀다 주는거야. 내가 거짓말은 절대 안해.

　내가 닐릴 대하리라

　　　어느 신장이 내 신장이냐 ---
　　　어마신장이 내 신장이냐 독각신장이 내 신장
　　　오는 길에 명을 주마 가는 길에 복을 주어

　　　다 막아 주리다 내 신장님네 거동봐라
　　　신장대감 도당대감 군웅대감 --대감
　　　날이 흐려 비가 오실까 ----
　　　이승에서 저벅저벅 어사를 두시던 내 대감님
　　　순력을 두시든 도당대감 이 고랑산 부군대감
　　　좌청룡대감 내 대감 우청룡대감 내 대감 해가지리 ---
　　　사해루는 용신대감 동막지접에 도당대감
　　　쳐다봐라 장수 철버머리 약대단으루다 안을 받쳐
　　　청술산 해를 둘르고 주먹겉으신 밀화파양
　　　양화도 너른 끈에 양태문 허구는 용문싸서
　　　내려닫이 가자허여 안구 놀구 찌고 놀구
　　　욕심이 많든 본향대감 탐심이 많으신 군웅대감

썩은 사과도 안겨주마 ---
앞다리선각 내려주시다 뒷다리 후각이 내사 좋아
양지머리는 거안해다 해달찍어서 만구늘 꾸어
이부어 드시든 내 대감
내하 실실 내 대감 영검을 비시든 내 대감

어허허 오냐 자손으로 해서 만인에 인사를 받고 천인에 조문을 받으실 일이 생기시구. 또 올해 유월달 구월달에는 절대로 병중을 가지 말으시구. 가드래도 왼발 먼점 딜여놓구 왕래허시면 태평성대로 넘어가실 거유. 그런데 작년은 칠월달이나 동짓달에 앉았다 섰다가 어늘은 다 인간 하나로 해가지고 흰낮이 붉어지고 붉은낮이 희어진 일이 머리끝에 서릿발같이 넘어갔으니 무엇으루 그 수를 모면허리. 인간만 경사보고 재밀봐서 경사 끝에 불이 붙은 격이우. 그랬으니 올해는 두말말고 이달은 열 사흗날 떡쌀이나 담그시유. 그러면 좋은일 있게 도와주고 열 사흗날 아무개도 만인간 우춘에 신에대비 허시구. 의견껏 해. 그러면 좋다. 어느 신하는 그러허고 어느 백성은 그러허리. 집안은 진중에 외상문은 내상문에 진상문이 끼고 들어서 흰낮에 집안진중에 굴다리 들든 몽사에 죽은이는 살아뵈고 산사람은 죽어뵈고. 기주님 앞으로 불화 허실적에 가말기 벙어리에 대접이 따라왔어. 그런데 업주님은 삼천리강산에 떼다 버리고 자기네들만 경사 볼려고하니까 은근히 내 몸신이 남보기에는 멀쩡해도 궂은액이 쓰는 거 겉애. 젖은 남개 불안일 듯 마른 잎낭개 줌일 듯이. 한울바람도 아니고 신경통도 아니니 빨리 가서 업 받아 모셔야 돼. 그러면 좋다. 헛말은 안헐거유. 그렇게 아시고 나라찬 대주님아 자손이 경사를 보고 영화를 봐야 허는데 똥이 두자루가 되서 걱정이구나. 어늘은 집안은 진중에 그런데 올해가서 다가 잡으면 사월달이구 물러

잡으면 오월달에 좋은 일 있게 도와주리다. 그런데 이 집이 작년 동짓달에 물끓듯 술끓듯이 어수수 산란이 왜 이렇게 넘어갔을까. 정월은 일엿새 열여드렛날 스무사흗날 앉았다 섰다가 돈으루 맥이단을 허느냐 인간으로 맥이단을 허느냐 두가질 놓고 한가질 택했구려. 그랬으니 두말말고 인제는 기자 돈을 좀 줘야돼. 그러니까는 나 솔직히 말해 좋지 뭐. 아무쭈룩 어는 신하는 덜하구 어느 백성은 덜하리. 아 천당가지 왜 여기 귀경왔수. 어늘은 중도 아니고 숙간도 아니고 장배에 내 배다치하고 내 배만 잔뜩 믿고사는 기주님아. 어늘은 그러니까는 인제는 모두 도당놀이했으니 본향놀이 했으니 다 젖차주는데, 내 정성은 내 정성이야. 그니까 맘껏허셔. 그러면은 고살허던지 춤을 추던지 맘대로 해요. 어니 신하는 덜하고, 이번에 가중마다 전중마다 신장님헌테 물으면 굿허래는게 일쑤니까 그건 의향껏 해야지 뭐라 그럴 수가 없어. 근데 이 집이는 동자업이 앞을 서고 뒤를 서 밤낮 꿈이면은 애기를 업구 댕기고 안어비고 하는데, 혼자만 먹구 사는구나. 그래서, (기주: 좋은데 뭘 그래요.) 글쎄 좋긴 좋으나, 동자업이 앞을 서고 뒤를 서 밤낮 여기가 결려 죽겠는걸 뭐. 한짐을 짊어진거 겉애. 그랬으니 누구 뽑을 양반 있으면 뽑으셔. 어늘으 후회허지 말구. 어허 기주님 걱정말우. 작년 구월 시월달에 이루지 못한 일을 □해 삼사월달에 좋은 일 있게 도와주는데. 그와 반면에 사월은 그믐경에 남 다투는덴 절대 말 참여도 절대 허지 마셔. 귀설은 걸머지고 이리저리 뛰어댕길 판이니까는 사월달 주의허시면 일년 열두달에 무병허고 태평헌데, 기주가 밤나 쭈그렁 밤탱이처럼 내 몸이 곤곤해 걱정이야. 그랬으니 올해는 약탕관을 집어 버릴테니 염려허지 마시유. 이번에 어느 신하 더하리. 나라찬 기주님아 지관으로 문밖에 내보내야할텐데 중도 아니고 수판도 아니고 걱정이야. 오늘 낼 오늘 낼 밤나 날짜만 집어주고 석달 동안 끄느라고 애 많이 썼구려. 그랬는데

올해 이월은 스무날깨나, 그렇지 이월 스무날깨 좋은일 있거나 삼월은
초열흘에 열이튼날 꼭 좋은일 있수. 염려하지 말우. 이달 초열흘날이나
열이튼날 두고봐. 맞히면은 신장님 작은 거첨은 내버려둬. 이번에 아무
쪼록 신장님 수이에서 가중마다 중중마다. 그런데 공짜가 어디있어. 어
허허허 이번에 우리 신장님이 어떻게 좋으신질 모르겠다.

　여기오신 여러 기주님들 수사난 것도 젖차주고

　액사난 것도 막아주리다 얼마나 좋으신질 모르

　어허허 이렇게 돈을 많이 벌었으니 대동일대가 이만큼 벌어주리다.
어허허 나는 우리 신장대감 본향대감님을 돈을 많이 주면은, 그만큼 많
이 와이룰 쓰면 많이 벌어줄 거고 쪼끔주면 쪼끔 벌어줄 건데 그걸 생각
지 못허고 당장 주머니에서 나가는 것만 문제가 되서 이렇게 틀고 앉었
으니 어뜩허면 좋아. 그래서 자 대동치성 드리느라고 가가호호마다, 오
늘은 모두 이렇게 세주쓰고 화주쓰고 오늘은 이렇게 물추념 좌추념 헌
것만도 과남헌데 신장대감놀고 본행대감 논다고 돈달래니깐 너무도 어
이가 없어서 멀거니 하늘만 치다보고 있는걸. 그래서 이 정성 드리고
내가 걱정말우. 가가호호마다 수사나고 액사난걸 저 물 건너로 버리고.
모든 액운들을 허공중천에 다 날려 보내고 편안하게 도와주리다. 이번
에 뉘두 저 먹은 공을 허랬다고 그만한 덕화있게 도와주구, 수사나고
액사난거는 어늘은 백미에 뉘 골라내듯 도와서 모든 액운 다 젖혀주거
든 본향대감이 받들어 어꾸자.

　(북어 하나 줘요.)

　　어 꾸자
　　귀엽고 반가우시다
　　나는 이고랑산의 도당말명 살룽말명 원주말명 진주말명

사해로 용궁말명 밀물썰물에 오구가고 왕래허던 용신말명님과
또 동막지접에 대동일대에 본향말명님 본향할아버지 본향할머니 모시고
또 이고랑산에 손별상님 모시고 대간님 모시고 이 정성 디렸으니
가중마다 전중마다 물맑히고 결을 재서 어백미 한뉘겉이 도와주거든
도당말명---

어 꾸자
나는 누구냐허면은 이고랑산에 하졸이야
도당걸립 살륭걸립 부군걸립
이고랑산에 상산본향에 도당할아버지 도당할머니 모시는 하인이란
말이야
그러니까는 걸립마누라가 이 정성 달게 받으시고
또 대동일대에두 이번에 수사나고 액사난거
모든 액운은 허공중천으로 다 날려보내고
무량대복은 모두 동네방소루 휘어들여
만고복덕을 휘어들여
가중마다 전중마다 웃음으로 열락 춤으로 만복허구
디린 노자 내 굴러 주거든 도당걸립---

어 꾸자
나는 도당걸립 모시고 상산영산 본향에서 도당에서 살륭에서
원주 집주영산 동네방성에 산수비 들수비 용신수비
난데없는 원혼 조상들이 이고랑산에 와서 다 가득이 소복히 태산같
이 쌓여있어
그런데 오늘 도당놀이에 많이들 받으시고 가가호마다 물맑히고 결
을 재서

어백미 한뉘같이 받들어서 ---
어 꾸나

해설 지금까지 오주헌만신에 본향풀이 본향굿이었었는데, 이 본향굿
에는 신장굿의 성격 신장굿의 요소가 많이 포함되어 있어서 오방
기를 들고 축원과 얘기를 해 줍니다.

9. 삼현-무감서기(무건서기)[9]

해설 지금까지 장구에 이용우씨, 피리에 박범훈·정일동, 대금에 조한
춘, 젓대에 ---씨.
(굿거리)
(당악)

무감서기(무건서기)

10. 군웅굿(터벌림-공수답-군웅노정기)[10]

(올림채 장단을 치고 난 뒤에)

---

9) 무건서기 또는 무강서기는 마을굿에서 핵심 절차 가운데 하나이다. 굿 구경꾼이 미지의
신복을 입고 전통적인 무악 장단에 맞추어서 자신의 신명을 풀어내게 된다. 자신의 몸
속에 도사리고 있는 신명을 끌어올리고, 굿춤을 추고 체험함으로써 대동일동의 집단적
신명으로 나아가게 하는 특별한 과정이다.
10) 산이제 굿의 본령에 해당하는 것이 이 굿거리이다. 이용우산이의 칼칼함이 드러나는
산이제 굿의 필수이고, 같은 방식으로 진행하는 뒷전의 굿거리와 호응하는 사례이다.

1990.04. 동막도당굿의 군웅굿 군웅노정기 조한춘 산이

조한춘 아이고, 거, 오래간만에 쳐 봤더니 뻣뻣해서 못치겠네. 이게 장고
중에 젤 어려운 거여, 아휴, 울림채란 겁니다.
서간난 요만 침 놔요, 상,
(상을 차리고서, 서간난 구연)

군웅님 나오실 제군웅님 치레 좋아
베알 겉은 홍건 망건
오이곶 같은 금관자는
양귀 밑에 떡 붙이고'물결 같은 저 탕자는, 함박
통양갓 금관차로 숙여 씨고
본양 고보 오시
어춘단 자쳐 온다, 홀아비 상살피는
눈비마저 저쳐 온다.

1990.04. 동막도당굿의 군웅굿 군웅노정기 조한춘 산이

바람 불어 후려신들
앞에는 용승배요 뒤엔 학승배라
장자바지 통행전에
음양 섬
뒤엔 수진배라
군웅님 나오실 제
노정기로 나오시네
서촉을 바삐 지나
수동 오백리 얼른 지나
낙영성 육백리를 얼른 지나(아휴!)
번양 영성 얼른 지나
소상강 칠백리 얼른 지나
금양 동곡 산년을 얼른 지나
의주 압록강 얼른 지나

피양 계명 얼른 지나
황성으로 사방을 굽어 보시고
군웅 소상 오실 적에
대장은 청도 들어
청도 한쌍 영기 한쌍
나발 한쌍 두모 한쌍
쌍을 치어 나는 시주
좌우를 후어 보시니
청한을 말분쑉에
모란 평풍 둘러치게
요난 대문 반호접시
드문 듬성 불어넣고
양중을 끌어 얹은 후
(해금이 소리에 동참)
그칼 꽂어 받읍시오
상처로 후안 받으시고
받으실 것 다 받으시고
동막 동네 다 받으시오
가정마다 중중마다
복 많이 내리고
명 많이 내려
가지 가지 번성하게 도와주시고
험난헌 시절
꿈꾸는 해후년이 지나가고
지나와도 동막동넬랑 편안허시오
의백년 한결같이
의양

다 많이 편히 도와주시고
군웅님 모셔다
근야 철근이나 모여 하자

(악기 연주, 태징, 장고, 해금)

도와주고 빌어주오
월손을 고쳐 잡고

(이하 악기소리로 사설은 청취불능이나, 갖가지 비념이나 공수를 내리는 것으로
되어 있다. 또한 꾸짖기도 하고 나무라기도 하면서, 댁내 건강과 복이 있을 것이라고
큰 소리로 공수를 내린다. 동네 사람들이 왜 역정을 내느냐고 따지기도 한다.)

조한춘 앉아 있지 말고, 쇠머리를 어떻게 놀리셔야 할텐데, 근력이 없어
　　　　서 놀리시겠어요. 쇠머리.
서간난 못해, 쇠머리 못해.
조한춘 그럼, 이 대구포나 좀, 그럼 저.
서간난 아이 쇠머린 못해, 무거서 못해.
조한춘 아, 그래도, 저기, 대구포나 놀리세요.
서간난 아, 그래 대구포허고, 이거 들고, 아 이따가 남자가 놀려.
조한춘 그러세요. 남자가 놀리고, 대구포난 놀리세요.

(다시 악기 연주, 덩덕궁이가 태징, 장고, 피리, 해금과 함께 연주된다.)

서간난 (커다랗게 공수를 내린다.) 이러니 저러니 해도 이 동막동네.
청　중 예, 많이 도와주세요.

서간난 협력해서 부허리다. 가정마다 집집마다 정성을 드리니 어떡해야
      좋지 모르겠어.

청 중 잘되게 해 주세요.

서간난 잘 되게 도와주리다. 이러니 저러니 해도 이 동막 동네 하루 같이
      잘될걸요. 만복이 솔솔 들어올거요. 평양서 협력해서 모두 잘하
      시요(청취 불능) 도와주리다.

(다시 악기 연주)

악사들 어휴, 훌륭하슈. 조끔 쉬세요. 조끔 쉬세요, 잠깐 쉬세요.

(터벌림이 벌어진다. 진쇠 장단, 화랭이들이 나와서 오방밟기 등을 하면서 공연이
벌어지는 공수밟기와 쇠를 치는 묘기를 벌인다. 다른 악기로는 태징과 장고인
타악기만 운용된다. 흔히 이 거리는 공거리, 터벌림으로 서로 다른 명칭이 두 개
가 쓰이는데, 공거리는 마을 사람의 처지에서 터벌림은 화랭이의 처지에서 쓰는
용어이다. 공거리는 그냥 지나가는 거리라는 뜻이고, 터벌림은 놀이를 위해 짚이
나 흙을 끼얹으며 자리터를 확보하는 용어라 한다. 터벌림 장단은 특히 놀기가
어렵과 발디딤새와 춤사위, 가락이 어지럽게 만나는 독특한 장단이다. 따라서 여
간 숙련된 화랭이가 아니면 흉내조차 내기 어려운데, 여기서는 이용우, 조한춘,
이영수 노인이 차례대로 시범을 보였다. 터벌림에 쓰이는 가락은 부정풀이, 진쇠,
자진모리, 덩덕궁이 등이다. 붙임새가 섬세하게 맞물려야 하는 때문에 맵시 있는
솜씨가 돋보이는 대목이다.)

(다시 장구만 덩덕궁이를 계속 연주한다. 이용우 노인이 나선다.)

공수답

여 보아라,

  예-

여 봐라

  예-

하날 언제 나고

땅은 언제 나고

고차에 천지 없은지라

한 기운 뿐이라

  예-

태극이 어린 후에

음양이 모호하야 지리가 생겼구나

사방지리 사람 맞어

신농씨 닉함 맞어

염제 신농씨 불을 마련하야

허-

첫 번 치국을 잡으시니

경상도 안동땅

  예-

(한잔, 먹어야지 당최 되질 않아)

여보아라

  예-

두 번 치국 잡으시니

전라도 전주 이씨라

시번 치국 잡으시니

시번 치국을 잡으신다

개성은 덕물산

삼지창을 잡고
한양 안택을 잡으시니
허-
강남 나오신
동막동성에 여러 각인 각성
대주님이 일허게
이도당할머니 지도당할머니

성산 마누라님을 위전하고 대전하실 적에(장단이 장고 반주와 북반
주가 곁들어져 나옴)

어딜 가나 가렸으랴
(청취 불능)

열편도한수

들어온다 들어온다
들어오지, 들어온다, 들어와
들어온다, 들어온다, 들어오신다
구능님신이 오시랴
구능마누라님이 들어오신다.
강남은 홍씨구능
우리나라 이씨구능
옆년은 도한수라
나라 찾던 군웅이며
시위 차던 군웅일세
군웅님이 들어오신다

아서라, 그 군웅도 아니로구나
정작 군웅님이 들어오신다
(고수 : 좋다!)
당태종 같은 군웅
흐늘거리며 들어오신다
아서라, 그 군웅도 뜬아니로구나
(고수 : 허이!)
당태종 같은 군웅이
흐늘(부채를 펴며)흐늘이거리고 들어온다
아서라, 그 군웅도 얼 던 군웅이로구나
정작 군웅님이 들어오시는데
옛날 삼국시적 유현덕같은 군웅이
군웅님이 들어온다
군웅님이 들어올때
얼씨구나 좋구나 지화작 좋구나
요런 좋을 때가 어디(있나)

아서라, 그거 괜한 말이지, 군웅님을 모시고, 올 것 같으면, 이 동네
방성에서, 군웅님을 청배해서 모셔와야지, 덮어놓고 군웅님이 오실 리
가 있겠느냐(고수 : 그렇지!) 그러니께 사람 하나 사고, 나귀도 하나 사고
(고수 : 암!) 이래 가지고 강남으로 보내서 군웅님을 모셔와야지, 거 나귀
하나 삽시다. 거, 누가 살꺼요(고수 : 어이구, 사슈!) 이왕 사면 옛날 서산
나귀로다가 좋은 놈을 사쇼(청중 : 많이 사, 한 여나 뭉테기를 사)이왕이면
하나 더 놓지.

나귀 솔질 쉴쉴
나귀 솔질
나귀 솔질 솰솰
대경머리도 솰솰
장등이도 솰솰
배때기도 솰솰
넙적다리도 솰솰

　아이, 이렇게 해노니, 나귀가 나오냐 말야, 식후경이라, 나귀를 끌고 가자면, 또 나귀를 사야지.

나귀 안장 짓는다
나귀 안장 짓는다
홍련 자강에 산호편
오관금차 황금욕
청홍당사 좋은 굴레
상모 물여 덤벅 씌여
칭칭다래 온닙동자
호피 도듬이 장히 좋다
신수 좋은 고훈 얼굴
분세수 고히 하고
청의도복 갖쳐 입고
나귀 등에 선뜻 올라
이러 이 말 어서 가자
강남 먼-먼 길을
언제 가라느냐
건들건들 충충 건들건들 충충(허, 이렇게 간단 말여 : 흉내를 내면서)

 아이, 이렇게 나가다 보니가, 아, 그 소리도 안될 말이다. 맨날 거짓말만 하니 될 수가 있어요, 그래 여기 대상에서 여러 도사 간에 여러분이 앉아 계시니, 운제 강남을 갔다오며, 군웅님을 모셔 온단 말이냐, 게 다 틀리는 말이니, 조금 나한테, 저렇게 놔, 괜찮어, 이 동막동네 방성에서, 동막동네 방성에서, 거 각인각성 여러 대주님들이 정성이 지극하고, 지성이 감천하여, 거 서기가 저 강남으로 쑥 뻗쳐 나오겄다,

　　　강남서 훨훨 떠내다러(고수 : 좋다)
　　　편달주를 당도하야
　　　좌우산천을 구경하고(고수 : 좋다!)
　　　가다리 여울목을 지나
　　　거기서 떠내다라(고수 : 허, 좋다!)
　　　성도 익주 지났구나
　　　거기서 떠내다라
　　　어여국을 당도하니
　　　서기 좋고 구름은
　　　좌우로 벌여 잇고 모두 다 걸려 있고
　　　국회사 회사국을 지나
　　　동작대를 당도하야
　　　대국지방을 당도하니(고수 : 좋다!)
　　　봉황성이 천리로구나
　　　서축 바삐 지나
　　　남산 오로봉이요
　　　무산은 폭포수상이라
　　　적병강 자룡 와룡강
　　　강태공 위수 서촉을 얼른 지나

강동 칠백리 구경하고
촉산은 이천리로구나
낙양성 구백리
금릉이 육백리로구나
악양루 거기서 얼른 지나
소상루 얼른 지나
동장각 얼른 지나거기서 내다라
병인명지 하야
양자강을 건너서니
산동산을 훨훨 넘어
거기서 떠네다러
수미산을 돌어들어
거기서 떠내다랐구나
화류정을 얼른 넘어
곤륜산을 넘어
만리장성을 구경하고
거기서 얼른 지났구나
남경 비릉포를 다 구경하야 놓고
옥과 관수역을 얼른 지나
안창문을 지나
빗창문을 지나
내외창문 구경하고
요동 칠백리를 얼른 지나
저 사공 불러 배를 대라 하니
저 사공 일른 말이
어떤 행차가 되관데
배 간 데를 모르시오

적벽강 동남풍에
세세동풍 도감선 행거리라나은
어선 도실바람에 부지를 제,
남경장사 선인들 북경으로 가는 배
동중 육덕하야서 황중으로 가는 배
이런 배는 없사오나
당신 타실 배는
시절연풍 고주지에
만군을 거나리고
천석 실컨 당두리배
이런 배 다 대였소

　여봐라, 예이-, 존중하신 군웅님을 그냥 오고가는 행인처럼 그냥 모
실 수가 있겠느냐, 배치장을 차려야지(고수 : 그렇지!)

배 치장을 차린다
배 치장을 차린다관선 우에 백포장
보기 좋게 높이 치고
화초평풍 둘러 치고
금향수주 차렴이불
홍담 백담 보료총담
의자 책상 안석이며
가진 침구 다 들였어좌우로 떡 벌렸놓고
군웅님을 선반에 모셔 □고좌우로 앉혀 놓고
문산여 청학타듯 낙포선여 구름타듯
슬렁 슬렁 슬렁 슬렁
만경창파 떠나가는데

한곳을 당동하니
풍랑이 대작하야
바람 불고 파두 처
배머리 빙빙 돌아부두쳐
어룡이 싸오난닷
잠던 용이 놀라는 듯
창해가 요란하듯 천지 아득하얏다
도사공 황겁하야
버선발로 우루루 뛰여나가
배머리 주저 앉아
두손 합장 무릎 끓고
아이고 하나님
이 배는 다른 배 아니라
저 동막동네 방성에서
각인각성 대주님이
이 도당할아버니 저 도당할머니를
상산마누라님 모시고서위전하고 대전하시랴고
저-, 강남국 대한국 싣고 가는 배요
명지바다 집순풍에
풍파없고 재변없이
무쇠 돛을 달아 무쇠 같은
닻도 무쇠같이 달아
고이 받아 도와주시옵소서

허, 비는데, 저기 한잔 먹여야겠습니다(고수 : 참 잘노쇼, 한잔 먹어야겠네) 과일은 그만 두세요(청중들이 소란스럽자) 조꼬만 놓세요, 어휴, 그거 너무 많이 노시는데(고수 : 북 잽이도 한잔 먹어야지!) 금방 제 살될텐데(고

수 : 북잽이도 한잔 먹어야 할텐디) 거, 사실, 북잽이도 어려워요(청중 : 북
치는 것만 쳐다보고 있어요, 나) 내 이번에 가만 고사들 지낼 꺼 아녜요.
나, 와서 또 안달랄께요(고수 :아니, 웬일이야!) 뭐라고(고수 : 영화 찍어 가
고 돈 내고!) 둘만 꺼내요. 더 꺼내요(청중 : 이제 고만 꺼내요) 어, 저, 안달
래면 섭히 여기실꺼란 말예요. 아, 나는 또 섭히 생각하실까봐, 허허허,
돈 내는 것도 정성이요. 달래는 것도 정성이요. 모두 다 정성이요(청중
: 내는 게 더 정성이야!) 이게, 얼마짜린데, 아, 나는 대포자 리 꺼내는 줄
알았지(고수 : 고, 어떻게 오만원짜리고 봐요), 봐라, 예이, 여기라 하는 데
는 가는 행차 오는 행선이, 그냥가기가 어려워서, 옛날에 인당수 제수
처럼, 고사덕담을 해야 헌다. 허니, 가진 과실이며 미역도 팔고, 쌀도
팔고, 돗도 사고 할랴며는 다시 달라고 하면 너무 심하다 할테니(고수
: 그렇지!) 정성을 디리는데

> 이물간 돛대 밑에큰 제상 들여놓고
> 외소머리 큰돛 장배
> 사지가마 받쳐 놓고
> 황초 육초 불을 밝혀
> 좌우로 꽂어 놓고
> 도사공 나앉더니
> 북채를 갈러 양손에 쥐고
> 북을 두리둥둥둥
> 천상옥황님 십이제국
> 차세왕공명황제 석가열애 법문내던
> 불도내던 헌원씨 내신 배
> 후생이 본을 받어
> 이제불통 하옵시니

배 아니 중하리까
북을 두리둥둥둥둥
하우씨 구년지수
배 매고 돛을 달어
구주로 돌아 들고
오자서 분노하야
노가 주고 건너 주고
공명 탈조화로
동남풍 빌어내니
배 아니 안중하리
북을 두리둥 두리둥둥둥
임술지추 칠월에
종일위지 소요하야
소동파 놀아 있고
지국총 어사화로
공선만재 월명귀는
어부 중에 질검이라
물 우에 용왕님과
물 아래 해수관암
천용 주작 백호 현무
오방신장 골고루 모두 다
많이 잡숩고
여명 저 바다 집순풍을 만나
풍파없고 배돌없고 염려없고
점지하야 실 수 없고 염려없이
점지하야 주옵소사
옛날부터 이르기를

공든 탑 무너지고
일월이 지극이라
이렇게 빌어노니
바람도 사라지고
물결도 잔잖다
그저 서해바다 넓고 널은 물에
어서 노를 젖어 떠나가지

압록강을 건너의
의주를 당도하니
의주 땅이 조선 땅이로구나
의주에 당도하여
사공을 불러다 대접하고
통군정을 들어가서
서천을 얼른 지나
태천을 얼른 지나
경주 가산 박천 지났구나
거기서 떠내다라
거기서 떠내다라서
광전 지나서
거기서 내달아서(고수 : 좋지!)
피양 개명을 당도하니
옛날 시절에 군웅님하고
피양감사님하고 아마 유정한 친군가 보더라
평양 가서 전인 있어서

여봐라, 예이-, 내 여까장 왔다가 (청취불능) 하인을 불러 서찰을 줄테니 갔다가 오너라, 하인이 갔다 와서, 답편지를 받아 왔겄다. 인사가 여러 가지지만 그 안에 태평하신 말을 이상시럽게 하겄다. '동내 나루터에 맛물에 씨레발' 이렇게 나가는데, 그거 다 할 것 없고, 다 그게 다 재담이니께(고수 : 아먼 재담이지. 정성만 들었으면) 내 들으니 피양은 인물 좋고 기생이 좋다는데(고수 : 그렇지!) 내 기냥 갈 수가 없어, 암만 바뻐도 거 다만 몇 명이라도 구경을 해야지, 사또가 호장 거 있느냐, 거 피양에 있는 기생은 하나도 냉기지 말라. 다 불러디리렸다. 예이, 호장이 안책을 분부 듣고 안책을 내 놓고 부르는데,

행수 기생에 월선이
월선이가 들어온다
월선이라는 기생은
가무가사 일등이요
얼굴도 일색인데
점구 맞이러 들어올제
홍삼자락을 거둬
세류흉당에 붙혀 놓고
아장 아장 아장 아장'
들어가는데,
예이, 등대 매오
기생점고를 맡더니만
좌부진퇴로 물러를 간다
행수기생에 월선이
월선이가 들어온다
월선이라는 기생은

기생 중에도 두목이요

가무가사가 명창이요

걸음을 걸어봐도

멋기 있게 걷는구나

홍삼자락을 거듬거듬

세류흉단에다 붙혀 않고

아장아장 아장거리고 들어온다

점고를 마칠 적에

예오, 매오

점고 맞더니마는 우부진퇴로 물러간다

추월강산 원보름에

월색을 자랑하덧

음선이 왔느냐

음선이가 들어오는데,

음선이라는 기생도

인물이 천하일색이요

가무가사가 좋지만

일심 많고 전후 알심이 가득하야

기생이 여러분이귀염받고 대접받는

기생이로군데

예, 등대 매오

기생점고 맞더니

　여봐라, 예, 나 이번에 한참 거북했네, 아, 이 수다한 기생을 이렇게 부르다가 밤 새워 불러도 못 부르겠구나. 그러니 그, 자주자주, 주워 샘겨라. 호장이 안책을 내놓고, 한번 넉자 화두로 부르것다. 멋기있게 이렇게 부르것다

촌모양 양대선이 매우
사군불견 반월이
독자유향 금선이 왔느냐
예 등대하였오
이산 명옥이 저산 명옥이양명옥이 다 들어왔느냐
예 등대하였소
기생 점구 다 한 줄로 아뢰오-

　여봐라, 내가 들으니께, 이 피양에 성산옥이라는 기생이 있다 허는데, 거 어째 점고시에 참예치를 아니하엿느냐, 바삐 잡아드려라, 호쟁이 군로사령을 압량하여, 여봐라, 사령 게 있느냐, 예이-, 바삐 가서 성산옥이를 잡아오너라.

　(군로사령이 나간다)
　아차, 거 한잔 먹고 나가야겠는데(고수 : 거 그러죠, 컬컬한데, 허허허) 내 돈 달래는 게 아니고 그렇단 말씀이예요(고수 : 한잔 먹어야, 덕담도 나오고 북도 신이 나고) 북치는 사람 한잔, 나 한잔(청중 : 잔이 마르지 않을까?) 아니요, 고사덕담하는데 말라요, 더 그만 내요. 아, 오래 꺼낼 것 없어요. 괜히 됐어. 아, 거, 다 놔야지. 그래야. 한잔씩 먹지, 한잔 먹었냐, 예, 예, 먹었십니다.

　　군로사령이 나간다
　　군로사령이 나가
　　산수털 벙거지에
　　남일곤단 안 받쳐
　　날랠 용자 떡 붙이고

충충충 거들거리고 나간다
이얘, 김범수야, 왜 부르느냐
이얘, 박패두야, 무엇할라느냐
걸리였다 걸리여
걸이다니 뉘가 걸여
춘향이가 걸렸

아따, 이거 춘향이라고 불렀네, 이거 잘못했네, 이거 다시 불러야겠
네, 가만 있어.

걸리였다 걸리여
성산옥이가 걸렸다
옳다 그 재미불고 발겨갈 년
양반 서방하엿다고
우릴 알기를 조리로 알고
조만이 너모 많더니마는
잘되고 잘되었다
- (몇 행 결락이 생김)
아차 아차 내 잊었네
오날이 삼일 점고라더니
무슨 야단 났나보다
지자다리 걸리 ㄴ유문겨우사로
머리를 아드득 졸라 매고
오동통 오동통 흐늘거리고 나오더니
어허 번수네 와겨섰소
한손 들어 김번수 손 잡고
또 한손을 들어 박편수를 거머이리 오소 이리 오소

　　내 방으로 들어가시오
　　뉘 집이라고 과문을 하며
　　뉘 방이라고 내우를 할텐데
　　내 방으로 들어가세

　그래, 딜여 놨거든, 하는 김에 산옥이, 애, 여봐라. 산옥이 주안 한상
차려 놓았겄다. 주안상을 차려 들여오는데, 풋고추 해삼 들여서, 술을
가득히 차려 왔겄다. 군로사령은 한 순배 두 순배, 한없이 멕여 놨더니,
이 혼은 빠져 도망가고. 대체, 등신만 남아서 부대끼는데, 콧물 눈물이
한데 합쳐서 여름장마에 또랑물 내려오듯 하겄다(청중: 수건 사야 콧물 닦
겠네!) 아, 저렇게 아시니 내, 수건 하나 불가불 사야지 어떡허겠오(청중
: 나, 제기, 손수건 사서 눈물 닦는 짓) 그럼, 나 들켰네(고수 : 저기서 사쇼)
(청중 : 그럼, 나 저기서 손수건 하나 샀잖아) 이리 놔요, 내 가져 갈께(고수
: 저 선상님 너무 돈 쓰시는데) 손수건요 (청중 : 내가 사지, 다른 청중 : 저
뒤에 가 하나 사지!) 원 또 그새 훔쳤구려, 손수건 겨야지 안되겠어, 이때
에 말하자면, 집장 사령이 술이 곤드래가 되어서 치는데, 사령군로가
오느냐 소릴 질르니, 여 성산옥이를 솔개미 병아리 채가듯 차다가 동헌
에 떡 둘러대다가, 성산옥이 대령하였오. 구능님이 내려다 보시더니,
애, 말 들으니 농산에 앵무로다, 저만치 났으니 개향의유소문하구나,
그러나 끝내 네가 서방님을 이별하고 수절을 한다는구나. 각골 기생이
창녀에겐 당치 않다. 관속이나 건달이나 용당 애부 있을 것이니, 오늘
저녁부텀 몸단장 고히 하고 나에게 수청 들렸다, 이때, 내 이름 바꿔버
리지, 춘향이라고, 이때 춘향이 듣더니,

여보 사또 들조시오
피양 기생 월선이난
소섭의 머리 비여
나라 근심 덜어 있고
진주 기생 이앰이는
왜장 청장 목을 안고
진주 남강 떨어져서
이 진중 되었으니
그난 충렬 아니리까

　사또 거, 위부 유생한데, 내가 너더러 옛날 하쟀더냐, 여봐라, 내가 저년을 화나는 말하면, 대매에 없애고 싶은데, 오늘 저녁에는 정성을 드리니 없앨 수 없고, 내일 다녀서 올라 오는 길에 처리하겠다 하옥해서 단단히 가두워라, 거기서 떠나지

피양서 훨훨 떠내다라
신천을 얼른 지나
태천을 얼른 지나
경주 가산 박천 지나
거기서 훨훨 떠내다러
동설령을 당도하야
동설령 고개를 올라서 보니
좌우산천 때 마침 모촌이다
각색 새가 울음을 우는데,
옛날 삼국시절
조조의 십만대병이

적벽대전 큰싸움에
물에도 빠져 죽고
총에도 맞어 죽고
살에도 꽂혀 죽고
오는 행인 가는 행인
보기만 하면 오라기로 앉아
울음을 우는디
온갖 새가 앉아 울음을 운다
저 뒤견새 뒤축궁
아니 급서
적병도 화룡 인간이 되어서

이렇게 말하자면 많지마는, 갈 길이 바쁘니께,

동설령 훨훨 떠내다러
거기서 내다라서
거기서 내다러
서흥을 얼른 지나
봉산을 당도하여
봉산 참배를 구경하고
거기서 떠내다러
떡전거리 달기우물
청석골을 얼른 지나서
송도성을 바라보니
송악성이 기봉하야
왕근이 도읍터요

개성물 덕물산은
신동이 제일이로구나
좌우 한량들은 여기저기
궁시를 걸고 들어 미구서
이리저리 왕래하니얼씨구나 좋고 좋다

　거기서 제육 한잔 먹고, 거기서 내 제육이 옛날 옛시절부터 좋다 허
니, 내 기냥 갈 수가 없다, 당초 누구한테 달랄 데가 없어, 먹었다고
하고,

거기서 훨훨 떠내다러
이-
임진강을 당도하야
사공 불러 배를 대여
그 배를 타고 건너서서
파주읍에 숙수하고
거기서 훨훨 떠나서
홍주원을 당도하니
옛날 시절에는
여기 저기 좌우로 앉아
손님 영접하야영접을 하더니하나도 간데 없다
빈 터만 남았시니
어이 아니 한심하리거기서 훨훨 떠내다러
새문안 들어서서
남산 잠두 올라가니
장안 경개를 살펴보니

장안 구경이 장히 좋다
남산은 안산이요
삼각산은 주산이라
동작이 수멸하고
왕십리 청룡이요
칠패 제가 뛰는 고기
오강에 올라오고
만호장안 쌓인 쌀은
삼만 전라 충청에서 올라온다
무예별감 송구떡 군복
삼천동 빨래질 소래
응덩춤이 절로 난다
한곳을 당도하니
어여쁜 각댁하님
색보구니 옆에 끼고
음때를 옆에 쥐고
새벽제자 보랴 허고
아장 아장 나오는 것이
그 아니 절색인가
이렇게 두루 구경을 하야
서울을 당도하니
옛날부터 이르기를
이 문안 막걸리 맛이
좋다허니
그저 갈 수가 없으니
한잔 먹어야겠다

거, 누가 사실랴, 내 이번만 달래지(고수 : 거, 너무 달래시지!) 막걸리 꼭 한잔만 사쇼, 이번만, 아깐 따고 했으니께 이번엔 따고 하는 거지.(청중 : 저기 저기서 산다네) 아 이거 너무 달래서 미안합니다. 허나 내시는 것도 정성이고, 달라는 것도 정성이니께, 거참(청중 : 따고 한다더니……) 군웅님이 이문안 막거리를 잡숫더니 취흥이 도도하야, 사방경치를 바라보시는데, 예, 서울이 골목이 한두개가 아니여. 골목구경을 하시는데, 하도 많다더니

골목 구경을 다닌다.
골목 구경 다닌다
골목 구경 다닌다
해가 떨어져서 어두묵골
초경 이경 개평묵골
아이 머리 다방골
어른 머리 상투절골
어룬 머리 지고 가자
씻고 가자 갓전골
발이 빠져 진고개
어물 많은 대추묵골
먹기 좋은 벙거지골
이다리 저다리 광충다리
또두락 똑닥 대장골이며
여기 저기 구경하니
말을 하자며는
몇날을 풀어도
여기 저기 구경하니 해가 떨어졌다

여봐라. 예이, 이 서울의 장안에 골목을 다 보자면, 한이 없어. 하니 갈길도 멀고 나도 배도 좀 피고 허여, 아이고 가퍼 죽겠어(고수 : 어이 노인네 좀 쉬엇다 허셔. 노인네가 여든 여섯이야) (청중 : 아이 정말 잘 하십니다) 군웅님이 서울서 떠내다러 오시니

> 남대문밖 썩 내다러
> 칠패 팔패 청패 배다리
> 돌모루 오야고개
> 수래마당 새남터
> 동작강 당동하야
> 사공 불러 배를 대라 한옵시니
> 사공이 배를 대야
> 그 배를 타고 건너
> 남태령을 얼른 넘어서서'
> 과천 들어 숙수하고
> 찬우물 인덕원
> 갈미 자진고리
> 사근대 벌사근내
> 과천을 지내였네
> 거, 택시 하나 사야겠어

아, 그거라도 타고 들어와야지 어떡 허겠어(청중 : 샀다고 그래, 샀다고, 그러지 뭐 따고 하지) 따고 할까? (고수 : 따고 왔다, 슬쩍) 따고 하지, 내 한번 냉거요.

영등포를 당도하여 거기서 떠나서
오류동을 당도하야
좌우를 구경하고
거기서 떠내다러
김포를 얼른 지나서
저기 저 들어옵신다
대장 청도로 들어오신다
청도 한쌍 홍문 한쌍
주작은 남동각
남서각 남초 홍문 한쌍
대장 청도 들어오신다
청도 한쌍 남홍 한쌍
대장이라
각방에 표를 하였으되
동방칠면에 청기를 세웠으되
각항자방심미기 표를 하고
남방칠면에 적기를 세웠으되
각항자방심닌기 적기를 표를 하고
서방칠면에 백기 세웠으되
두우여우우슬병 표를 하고
북방을 일렀구나
몸기를 꽂어 놓고
대장청도로 들어오신다
청도 한 쌍 홍문 한 쌍
젓대 소리가 나니나 나니-
쾅

군웅님이 좌석을 둘러보니, 대상을 둘러보니, 여러 노인도 많이 계시고, 여러 선생님이 이렇게 밤을 새서, 예부터 이르기를 정성이 지극하면 지성이 감천이라 하니, 말과 뜻을 하나, 명색이 내가 군웅인데, 내가 여기를 들어 왔으면, 기자가 있어야 옳지. 좌우부동하고 앉았으니, 꼭 붙들어셔야지, 이번엔 따고 할 수가 없어요.

나 돌어 간다
나 돌아 간다
나는 간다 나는 간다
강남어로 돌아간다
강남을 떠나갈 제

내는 것도 정성이니께, 내가 억지로 노란 말은 안해요. 군웅님이 기세야. 그기로 갖은 복덕이도 이런 것도 점지해줄 테니, 거 왜 섭섭하게 놔요(청중들 : 웃음) 애, 귀헌 돈을 이렇게 많이 내셔서 어떡허우.

강남으로 나는 간다
내가 여기 나온 지를
동막동내 방성에서
각인각성 여러 대주님들이
도당할아버지 잡귀잡신을
불원천리 떠 왔더니
좌이부동하고 앉아 있네
이런 법이 있단 말이냐
간다 간다(이거, 누가 붙들어야지)
정짓고 나는 간다

그러나 걱정이죠. 군웅님이 가시면, 그러나 걱정도 취지 근본이 있겠
다. 걱정근본을 들여보오.

걱정 근본을 들어보오
걱정 근본 들어보오
걱정 근본 들어보오
삼십 먹은 노총각은
장가 못가니 걱정이요
과년헌 노처녀
시집을 못가 걱정
간신히 시집가니
시어머니 잔말소리
속이 썩으니 걱정
대한 가문 날에 비가 안와도 걱정
구년지수 장마끝에
햇빛을 못봐도 걱정
이런 걱정 저런 걱정
왼갖 걱정이 다 있지
이런 말을 하면
이 정성을 디리려도
여러분 모두 모여
공회할 일도 걱정이요
공회 끝에 생각하니
도당할 일도 걱정이요
도당가려 싸움할 일은 걱정
문서수렴 가가호호

돈 걷기도 걱정이요
저기 섰는 구경꾼들
다리 아프니 걱정이요
여기 있는 여러분들
돈을 많이 쓰고 보니
손해가 나서 걱정이요
이런 걱정 저런 걱정
왼갖 걱정 모두 하면
자는 일도 걱정이요

그러나, 첫째, 깜박 잊고 가는 일을 차마 잊고(청중 : 교회서 종치네)
그래도 나를 모루겠죠(청중 : 지금이 네시반) 모두 이 군웅님이 가신다니
께, 어른 근본을 아르켜들려야 근본을 알제.

어른 근본을 들어보
어른 근본을 들어보
천지만물 마련하던
천황씨가 어른이요
산천초목 후려내던
지황씨가 어른이요
귀목위수 쌍목하던
유소씨가 어른이요
궁팔십 강태공은
어부 중에도 어른이요
시우 팔괘하던 복희씨도 어른이요
당굴심어 화식 마련하던
신농씨도 어른이요

일광녹 백낙천에
신선중에 어른이요
육국을 조함하던
소진장이가 어른이요
실하에 조공받던
곽형씨가 어른이요
삼국시절 어른 가던
어딜 가도 어른이요
역발산 초패왕 어른이요
여기 저기 어른이요
들며나며 걱정
이런 걱정 저런 걱정
왼갖 걱정 하다 보면
잠잘 일도 걱정이요

　그러나, 고만큼만 빌었으니, 내후년부턴 그렇게 하지 않지(고수 : 내년
도 와서 허실려우) 이 사람이 내가 이렇게 하는 게 참, 기가 맥히지 (고수
: 기가 맥히지, 참) 아까보담 쬐금 펴 나긴 나아가는데(고수 : 허든 것이 제가
닥 있으니 허시는데) 당주를 불러서 군웅상은 차려 놨는지. 삼소임 어디
갔나(고수 : 당주 불러 와야지!) 어떤 분이 당주셔(청중 : 당주, 당주, 당주!)
아이고 죽겠다(고수 : 저 옛날엔 잡담이 많았죠, 청중 : 그럼요, 고수 : 잡담은
누가 하느냐, 사실 대동돈을 문서한테 맡겨 놓고, 또 한잔, 헌제, 지금은 잡담
없어지고, 지금은 정성만 내리 드리는 겁니다. 완전히) 하 시방 게 다 할려면
다 해요(고수 : 그건 예전엔 너머 많고, 허 이래서 잡담이 생겼는데, 지금은 거
할 사람이 없습니다. 대동굿인데, 대동은 잘되라고 하는데, 지금은 덕담만 순전
히 허지, 그전에 덕담을 빼니까, 그저 말이나 되는 소리냐, 이 말이야) 당주 양

반이 하나야(당주 : 어제 저 예비군 받아갈고요. 어저께 우물 치고) 군웅님 모
셨으니께, '국궁'허면 이손이 이렇게 올라가요, '배'하거든 여기다 붙이
고, '흥'하거든 엎드려 덜하는 거요.)

국궁-
배-
흥-

아, 이 양반이 누구요, 세 분이로구만 이 양반은 모를텐데, 그럼 또
가르쳐야 되, 그저 남 하는 대로 해.

국궁-

손 이렇게 올려요

배-
하거든 붙이고
흥-
하거든 절해요

국궁-
배-
흥-

여러 말 헐 것 없이 잘 허네(고수 : 예, 청년들이 잘 헙니다) 가만 기슈,

거, 술의 근본도 없이 막 들이네, 허허.

술 근본을 들어라
술 근본을 들오보
원나라 들어가서
주도독과 대회하던 승전주
삼해용강 김홍서는
평양진중 들어가서
쌍학병을 높이 들고
소섭을 서로 만나
술을 권한 후에
만고흥담 모두 한 후
취한 장사 목을 비니
만고영웅에 차진 주

야, 잡쉬요. 안주를 뭐로 할까(고수 : 거 술값 또 내겄군. 큰일났군. 청중
: 웃음 고수 : 거절 딱 허우) 대추는 두 개구, 두부는 고개를 잡지 않았수(고
수 : 잊었겄다. 그대로 상 치워)

안주 근본을 들어보
안주 근본을 들어보
이 안주로 말을 하면
예냥 안주가 다 들었지
앞못보는 맹인네들
눈을 뜨게 하는 개안주
오복 답에 나문 가슴

말 못하는 벙어리
말 하라는 차진주
삼신당 눌러주는 불사약에
이 안주를 잡수시면
백대천손 만대유전
자손창성 그저 이리 저리
모도 나누지

(부채를 펴며) 술 값이나 내고(청중 : 웃음) 여, 술값들 내고 나가요(청중
: 여, 오야가 다 냈대요) 아녀, 상량을 내리시고, 각댁의 은금보화며 집도
다시 짓고, 암만 집을 잘 지셨지마는 군웅님이 들어와서 한번 치사를
짓고 간다. 집이 좋고 있으며는 이집은 손님 접대하난 집이라.

왼갖 집터가 생겼다
웽갖 집터가 생겼다
남문밖을 썩 내다라
칠패 팔패 청패 배다리
동적강 카너리, 왼갖 명기가 좋을제
남태령을 훨훨 넘어서
영등포를 당도하여
뒤주산을 살펴보니
건화룡이 분파하야
철리행룡 이은 맥이
하도 낙서 분명하고
건곤간곤 기봉하야
태극주산 자진오향이 생겨 있고

일산봉은 떠서 오고
노적봉은 비쳤으니
상공육경이 날것이요
대대 부귀가 생겼다
백호안에 옥녀봉은
여자손도 발복이요
탐남덕 거문파는
당대발복이 생겼다
이런 집터 얻었으니
어이 아니 다 좋더냐
이런 집터를
여러 각댁에 다 노나드렸겄다, 골고루
지경을 닦는다
집을 하나 다시 지랴
왼갖 지경을 닦는다
지경터로 얽어 놓고
사람을 청하는데

어디다 청할까(청중 : 웃음)

저 넘어로 넘어가자
오십명을 불러드려
저 아랫동네로 내려가서
사십명을 불러 들여
백여명을 불러 들여
여러 각댁에 노나 가져
온갖 지경을 다 드릴 동안

온갖 지경을 닦는다
지경터 얽어 놓고
지경대 하나씩을 쥐고
온갖 음석을 차리는데
떡도 많이 해서 놓고
콩나물도 많이 질러 놓고
두부도 잔뜩 눌러 놓고
괴기로 안주해서
이것을 잡수시고
많이 먹고 다져 주오
왼갖 지경을 닦는다
어- 허- 여기여차 지경이여
동방 닦는 지방네
청학 하나 묻었시니
학의 머리 다칠세라
가만 가만 가만 가만
가만 가만이 닦아 주오
어- 혀- 여차- 어기 여차 지경이요
지경을 다 놓고
왼갖 지경을 다 놓고
주추를 들이이는데
집을 하나 지랴하고
이른 주추 자런 주추
둥글둥글 호박주추
산호 금파 주추
왼갖 나무를 들이는데
여기 나무는 못씨겄다

육이오 동란때
왼갓 화약 때문에
해서 좋은 나무를 가져 오는데
(기침)
경상도 안동땅 제비원에 솔씨 받어
소편 대편 던졌더니
그 솔이 즘듬 자라
낮은 데는 변네 쓰고
낮은 데는 변네 쓰고
임진난 유실 맞어
대산에 대목 내고
소산에 소목 내여
먼 산에 칙을 끊어
대끌로 궁을 뚫어
이물에 이사공
고물에 고사공
허리에 화장아히
물때 늦었으니
어서 바삐 노를 저어
둥덩실 떠올제
앞강에 대어 놓고
마차로 실어 놓고
여러 각댁에 부려 놓니
왼갓 지위를 부른다
어떤 지위 불르나
옛날로 이를진대
아방궁 짓던 귀공신

광한전 짓던 양공이
이런 지위 불러 들여
굽든 나무 접다듬고
젖은 나무 굽다듬어

헌데, 시, 먹고 근데 거 뭐요(청중 : 사이다요) 지금 약 먹었으니께, 괜찮아요. 어여 잡수세요. (청중 : 아, 북치는 양반 이리와요. 고수 : 아, 먹었세요. 먹었어요. 청중 : 아여 잡수세요)

그 솔이 점점 자라
소산으로 소목 내고
대산으로 대목 내고
먼산에 칡을 끊어
떼끌로다 궁글 뚫어
이물에 이사공
고물에 고사공
허리 간에 화장아회
물때 느졌시니
어서 바삐 노를 저어
둥덩실 떠서 올 제,
마차로 실어다가
여러 각댁에 노나드려
집을 하냐 지랴 하고
지위를 부르는데
어떤 지위를 불렀나
근력이 그저 일곱채 안중막이었다
그렇게 다 들와 두고

어떤 지위를 불렀나
어떤 지위를 불렀나
옛날로 이를진대
아방굿 짓던 귀공신
광한전 짓던 양공이
이런 지위 불러 디려
굽은 나무 젓다듬고
젖은 나무 굽다듬어
이리 저리 마른개질
도리 얹고 상량을 할 적에
(청취 불능)

거, 흔히 사물을 젖고 뭐니 해도 이, 갑자년에 이 정성 드릴 때는 군웅님이 한번 특별히 한번 상량때를 지어보겠다.

인자는 낙수하고
지자는 낙산이라
상등
하등
옵고이 탐섬하고
자손이 창성이라
뚜렷히 씨 얺어 놓고
집을 지랴고
석가래를
좌우 석가래를 걸어
선자 추녀 접을 붙혀
새 올리고 우 덮을제

암기와 자쳐 이고
숫채와는 엎어 이여
안채는 오십여간
행랑채 사십여간
구십여간을 지어놓고
사랑채를 내다보니
왼갖 시간 다 들었다
마당 앞에 연못 파
숙석어로 면을 맞춰
대접같은 금잉어는
오둥퉁퉁 놀아나고
이리 저리
좌우로 바라보니
후원을 살펴보니
벽오동 버덜 심어
황금 같은 꾀꼬리는
제 이름을 지가 불러
꾀꼬리 소리로 소리 불러
무궁하니
그 아니 장히 좋다
한편을 바라보니
왼갖 화초가 또 들었다
갖은 화초가 다 들었
팔월부용에 군자룡
만단추수에 홍련화
자불지인은 홍도화
자문주에 하서책

치 같은 파초잎
광풍을 못 이기여
우줄우줄 춤을 춘다
이리저리 노니니
어이 아니 좋을 쏘냐
그는 그리 하려니와,

집만 이렇게 대궐같이 지어 놓고, 그 시간이 없으면 아무 것도 못써, 거 시간 하나 짓는데.

마루 치장이 장히 좋다
어떤 마루로
금사화류로 마루 복판하고
대모루 마루 귀철하니
그 아니 선경이라

(청중 : 거, 북을 치니께 돈이 절로 오는구랴. 다른 청중 : 시간이나 마나 아, 시간이나 마나, 내 삼만원을 한꺼번에 쓰지. 거 아깐 북잽이 너머 북을 못쳐요. (웃음) 청중 : 북을 치니께 여기 돈 쓰는 것 봐요. (웃음) 아, 이 북쟁이 어디 갔어)

금자화류로 마루 복판하고
대모루 마루 귀철하니
그 아니 선경이라
(주위가 소란해새 청취불능)
방안을 살펴보니

온갖 시간이 다 놓였다
온갖 시간이 다 놓여
용장 봉장 금장귀
뒤지 자개함 농 반닫이
새금 덜미 삼청장
왜경 대경 팩괘수리 철침
퇴침 안석
각대 요대 철편 등채
말안장 달안장
안강도듬 호피 방석
양대련 당채련 부채련징신 마른신 농피 능피
청석 운여 축구 나막신
업신 짚신 초신이며
모두 왼갖 시간이 다 꾸역 꾸역 들었으니
노릇을 모두 어찌할까
왼갖 비단이 들었다
왼갖 비단이 들어
삼청 장문을 열고 보니
왼갖 비단을 들어
소간부시상 비쳐 보듯
더러 일광단
서왕모 오거련에
진상하던 천도문
태백이 기경 상천 후에
강남 풍월이 한단
등정 명월 화창한데
장부 절개 송금단

등태산 소천하에 공부자에 대단이요
천하영웅에 와룡단
천고일월에 명주단
사해량 분주한데
내골 한쌍에 영초단
풍진을 서루 치니
태평건곤에 대운단
승전북 쾅쾅 울려
항복 받던 왜단
춤추기 좋은 장단
주렴 취객 별초단에
구십 춘광 화초단
제비단 일광단 이광단 하도단
지황단 천도문 지도문
보라 남능색
천자 유합
시전 서전 주역이 다 들었다
이런 책을 모두 내놔
하나 가득 들었으니
저기 놓고
글 공부 신경 써서
소년 등과 등대하얐으니
얼씨구나 절씨구나
이런 재 또 있는가

거, 여거는 한잔 좀 먹어야겠어요(청중 : 어, 여기 이리 와요, 여기 한 잔
더 먹어요, 한잔 먹어야요) 거, 장난 삼아 한잔 먹어야겠네(청중 : 한잔 먹어

야겠네. 입때 자고 일어낫으니 입때 자고 일어, 이리 와요) 아, 안달래면 섭히 여길 것 같애서, 거 한잔만 먹어 한잔만 내서, 누가 내든지(청중 : 야, 내는데 왜 이래. 다른 청중 : 날 더런 더 달래지 말우) 아, 예-, 예-(청중 : 더 달래지 말래나 마나, 여기 빼노면 섭섭할께요) 빼노면 안돼요(청중 : 입때 자다 가 일어나서. 다른 청중 : 이렇게 해서. 이렇게 해서 도는 거지. 청중 : 한 번에 만원씩이먼 백만원 나와) 아침 잡숴고 점심 잡숴야지

　(청중1 : 내면 군말하지 말고 내. 다른 청중 : 아니, 한꺼번에 내……. 청중1 : 아니, 군말은 왜 해, 군말은 왜. 고사 덕담을 차라리 안하는게 낫지) 옛 버텀 이르기를 (다른 청중3 : 나더러 더 어떻게 하라는 거야) 적덕지가엔 필유여복 이고, 적액지가에 필유여앙이니, 그러니께 정성을 디리는데, 일구월심 으로 정성을 지극하면(고수 : 지성이라!) 공든 탑이 무너지고, 심든 낭구 꺽어지랴 말이 있으니께, 그 말은 재수와 공덕이 있을테니 아무 염려 없을테야. 뭐 이걸내서 아깝다고 하면, 그렇길래 내가(청중1 : 이따 또 잡 수라고) 내 입으로다 불어드리면 말과 같이 다 되는거야.

　　　온갖 시간이 다 들었다
　　　온갖 시간이 들어
　　　시간을 놓고 보니
　　　한편을 바라보니

　이렇게 별안간 동막동네 방성에서, 선상님께들 이 정성을 들인 후에, 금세발복하고 그저 부자되고, 그저 해서 손님이 하루 더도 말고 백명씩 만 오시요. 그럼 이 손님 대접을 건거이로 이루 암만 이루 할 수 없어. 해변이 가깝지만 할 수가 없어. 한번 내가 어물을 한번 불어들는데, 생 실 숙실 합해서 똑같이 한번 불어드리리다.

온갖 어물이 들었다
온갖 어물이 들어
명태 동태 대구 미역
전복 조개 홍삽 해삼
나가지 삼치
넙치 참치 삼치 광어 무너
붕어 미꾸리 뱀장어
참치 밀치 삼치
방딩이 그저 꼴뚜기까지
하나가 가뜩이 일로 들어와서

이만하면 찬거리 넉넉하죠. 넉넉해요. 이렇게 불어 놓고서, 손님 대접을 하는데, 거 너모 많으면 어따 쌓실 데도 없을 거요 아마, 그런데 온갖 시간을 그만 둘까 좀더 할까, 좀더 불어디레요. 적다면 내 더 불어드릴테니(고수 : 이제 보약이나 불어드리죠) 아, 말씀하세요. 말씀을 하세요. 더 불어드릴께. 돈 달래 소리할께배(웃음)

시간을 모두 다 여기다 저기
하고 늘어놓고
온갖 패물을 모두
다 들어오는데
순금 황금 백금 들어 있고
호박 산호 모두가
청옥 백옥 흑옥이 들고
끌
하나가 가득 들어 있고

이리 저리 좌우로 늘었으니

어이 아니 장할쏘냐

그건 그리도 하려니와

한곳을 좌우로 바라보니

어떤 것이 받을쏘냐

앞에 노적 뒤에 노적

노적이 풍족하래

저 치게 은봉장 떨어지고

금봉장 떨어지고

수기장도 떨어졌으니

이것이 뉘덕인가

도당할아버지 덕이요

모두 다 덕기 있고

고상하는 사람 덕도 있고

(청중: 영감님 점점 더 생기가 나시는구랴)

어이 아니가 좋을쏘냐

아까보담, 조금 낳지. 보다. 어이 아니 그런데, 자 인제, 불어드릴 것 그만침 불어드렸으니(청중3 : 아, 거 많이 불어주면 좋지. 아 많이 불어주면 좋지. 왜 고만큼만 불어드려요.) 더 불어요(청중3 : 아, 그럼 많이 불어드리는게 좋지, 왜 고만 불어드려. 청중4 : 그럼, 시주를 하셔야지. 시주를 시주를 하셔야 지 흥이 나죠) 너모 많으면 귀찮아. 어따 쌓을 데가 없어(청중3 : 여러 사람 이 노나 가질 걸 혼자 가져가나. 청중2 : 너모 많으면 거북해) 좀 누가 나와서, 나나들. 에(청중2 : 조선생)

(장고를 친다. 자진몰이)

인천직할시 동막동네(청취불능)

야, 그 참 살 잘 간다 (청중 : 한 천리 간다) 아유, 일본으로 건너가서, 이놈이. 거, 미국으로다 도네 시방(청중2 : 만리 갔다, 만리) 에(텅중3 : 화살이 나가?) (청중4 : 이거 연극으로 하는 거야) 아, 이거 내 거짓말을 했네 그랴 (청중3 : 아, 화살 그거 나가냐고) (고수 : 활 진짜라구. 아, 팔찌도 안매고, 어디메 있어요) (청중 : 아 저기 갔다 놨다고) (청중2 : 팔찌를 사야 하고, 깨끗하게 말을 해야지. 뭘) 나 잊어버렸잖아. 알으켜 주시는구려(청중3 : 살 것도 여간 사네) 어, 많죠(청중2 : 이거 봐요. 팔찌는 문서 보고 사라고 그래. 다른 청중 : 따고 해) 아 이건 따고 할 수 없어(청중2 : 나머지는 내가 살테니) 한잔 먹는 건 따고 가. 될 수 있죠(청중2 : 문서가 하나 사요, 다른 청중 : 팔찌 하나 더 사라, 나 원참. 청중들 : 팔찌 하나 살려고 그래. 이리 와요. 여 여기 있어요) 이렇게 해선 안되요. 걷어 모와야지(청중 : 걷긴 뭐) 이 누가 이건 팔찌를 돈 주고 사요(청중2 : 그럼 나 안사. 마음대로 해요) 누가 팔찌를 백원 놓고 사요(청중 : 이따가 한꺼번에 다, 아, 화살을 한번 쏘니 안 나가면 모르지만, 나가는 놈의 화살을······) 요고 가지고 사요(청중 : 예, 사요) 요고 가지고, 그럼 낭중에 이러저러한 말씀하지 마쇼(청중 : 무슨 말씀을 해? (웃음) 다음 화살 있는 걸 어떡해 그럼) 그럼 난 심술이 많아서 냉기질 못했어요(청중 : 웃음. 다른 청중 : 다음엔 내가 사고 자.) 아니 이건(청중 : 한꺼번에 절대 못사) 손에 쥐고 있는 것(청중 : 절대 못사) 아니 이건 내가 걷으러 댕기는 거 아니라(청중 : 못사 글쎄) 당주선상님이 하시는 거지(청중 : 글쎄. 거 다음 살을 내가 사지) 어떡 하실랴우(청중 : 이중헌 데문서도. 다른 청중 : 궁시 전부나 장만 할려므는, 다른 청중 : 다 털어갔네) 글쎄, 처분을 하세요. 나는 여기다 심술보를 가지고 댕겨서(청중 : 아 어서 팔찌를 왜 사요? 활 쏘구서 또 한번, 내, 내지 안내지 않어. 잠을 자서 그렇지. 다른 청중 : 돈 삼만원 가져 왔다니까, 여기. 청중 : 매일 하는 소리. 다른 청중 :잠을 못자서 그렇지. 청중 : 야 여 그럼, 얼른 내나. 다른 청중 : 아니 이리 봐료. 글쎄, 활을 쏘고 다음에 그럼 또 살거야)

준비에 달랬더니
살을 부질러 놨으니
어떡하면 좋단 말이냐
에라, 여기 이 동네 방성에
각인각성 여러 대주님에
모도 잘되고
잘되났더니
활 부질러 뇌랬수

약, 한 첩 먹어야겠어. 그럼(청중 : 다했잖어. 다른 청중 : 약값 내 어서) 잔전 꺼내지 말고(청중 : 없어, 오백원짜리도 안되) 저, 옛버텀 이르기를 신농씨 백초약이 한번 대 보자.

실근 실근 실근
실근 시리근 그저
점점 산으로 올라가
실근 실근 그저
놓쳤으니 어떡게 해

그저, 약 한 첩 먹어야겠네(청중 : 나한테 오백원짜리 있대니께) 아이.

실근 실근 실근 실근
놓고 가세
(장고, 태징)

(청중 : 또 안 놓셨수. 또 안 놔) 너는 윈 수비냐(청중 : 아니 또 안 나갔어)

상청은 여른 여덜
중청은 스물 여덜 수비
하청으 옐여덟
우중강 남수비
좌중강 여수비
마루 넘던 수비
재 넘던 수비
개결 영산 가던 수비
우리를 많이 먹여 주시오
우리를 많이 먹여 주야
여러 각댁 대주님네
소원성취 하오리다
(자진몰이)- 격렬한 음악
못쏘왔오. 너는 왼 수비냐
나는 나는 호영산 수비요
구질전에 정성유목 알자하고
나 먼저 들어왔소
동네 여러 첨주님네
내 슬은 말 들어보오
이 내 내림하시기를
차산후토지신 성무 우학
제군지접 우엽할제
근귀영산 후토지신
부인익선 선왕
좌부처 제륜선왕
우부처 대륜선왕
여러분이 왕림하야 계시오

내가 근동 사람으로
심산 중에 나무 갓다
심산 중 깊은 골에
한 김생이 내려온다
한 김생 내려온다
곰에 허리 이리 등에
양귀 꺼져 지고
몸은 얼쑹 덜쑹하고
꼬리는 한발 잔뜩 되고
주홍 입 딱 벌리고
어저렁거리고 오는 소래가
천지가 진동하며
앞발로 성큼 그려당겨
아더덕 깨물으니
삼혼이 망망하여
이제 이미 죽음이라
영산 수비가 되였소
차동방 동막동네 당신제귀
번방한다기에
얻어 먹자 왔사오니
우리를 많이 먹여 주오
우리를 많이 먹여 주면
이 동네 방성이
이산 저산 양산중에
층암절벽 상에
나물하는 여인덜과
나무하는 초동덜과

말게 쇠게 전곡 실코
왕래하는 장군덜도
실수없이 왕래하게
점지하여 디릴테니
나를 많이 먹여 주오

못쏘왔소. 넌 무신 수비냐? 한잔 먹어야지 안되겠는데, 어떻게 혀,
한잔 먹여야지. 한잔만 먹입시다. 이거, 다 정성이예요. 자, 술을 내 물
어오니께. 아이거. 그러믄 그러지.

동네 여러 가가호호 모두 다
하나도 빠지 잖고
정성을 들이실제
(청중 : 아까 털어가고, 또 왜 와서 이래. 웃음들)
우환질병 걱정 근심
삼재팔난 관재구설

거, 내 봐요(청중 : 없어?) 인자 달랠 데가 없어(청중2 : 없으면 꿔서 내.
다른 청중 : 여기는 정말 꿔서 내. 청중 : 꿔야지. 어떻게 해) 너머 달래도 욕허
지. 내 이번만 달래고 안 달래지.

날이 새고 보니
아까 참 달랬지. 놔요. 얼른, 정성이 지극하면 안돼. 허유, 말도 지겹
게 안 듣는데.

먹고 가세
나는 다른 수비 아니라
글림대신이요
여러 글립 합하여도
소동갑을 하잤던니
도거립대신께서
동네 정성 부족타고
노별차로 머물더니
맘을 펼쳐 생각하고
만단가유하여 들어왔소
섬길터니 들어보오
학제군 산신걸립
태산부군 서낭걸립
강신하백에 용왕걸립

11. 뒷전[11]

(뒷전의 시작은 먼저 굿꾼(이용우)과 깨낌꾼(조한춘)이 서로 만나서 씨름을 하
고 굿꾼이 이기면서 재담이 시작된다)

깨낌꾼(조한춘) 허, 젊은 사람이 노인네헌테 졌으니 어떻게 혀. 이 분헌걸.

　　(청중: 거, 씨름들 안해요) 어허, 노인네가 근력도 좋아.

---

11) 굿의 막바지 거리이다. 동막도당굿에서 깨낌과 굿꾼이 서로 어울려서 깨낌을 하고, 굿에
서 구실을 나누어서 재담을 하고, 행위를 하면서 굿을 진행하는 것이 각별한 방식이다.
뒷전이 연희사에서 차지하는 중요성이 있고, 뒷전의 서울굿 사례와 경기도 남부굿 사례를
비교하고 한국 연희사에도 복귀시켜야 할 책무가 있다. 그만큼 이 자료는 소중하다고 아니
할 수 없다.

1990.04. 동막도당굿의 뒷전 정애비를 놀리는 조한춘 산이

1990.04. 동막도당굿의 뒷전 정애비를 놀리는 조한춘 산이

굿꾼(이용우) 어휴, 난 주저앉을라고 그랬어. 난,

깨낌꾼 꾀 많은 놈은 날랜 놈을 이긴다고 했어. 이거(부채를 찾으면서 잠시
        연행을 중단)

고수 부채, 부채 어디 있어.

청중(여) 부채, 없어 부채 가져갔대요.

고수 (부채를 찾아서) 부채 여깄어.

굿꾼 그런데.

깨낌꾼 덴, 뉘슈. 대관절.

굿꾼 나를 모르나, 날 모르겠어.

깨낌꾼 난 몰라요, 어떻게 된 양반인지, 난 몰라요. 누구신지. 난 모릅니다.

굿꾼 모른다고 하니, 진정 날 몰라.

깨낌꾼 예, 모르죠.

굿꾼 가만 있자. 그럼, 이 행원을 해야 할텐데. 어디, 누구한테 하까.
      그것 좀 알게 할 방침이 있는데.

청중1 또 이 냥반 달래네.

청중2 아이, 밤새도록 다 떨어먹구서. 이런, 밤새도록 다 떨린 사람을
       또. 이응.

굿꾼 요기 잠깐 떠들러 봐요. 잠깐.

청중1 요깄어.

굿꾼 아니, 이쩍 구석 주머니.

청중1 뭐, 뒤져 봐야 뭐 있어. 아무 것도 없지.

굿꾼 이편.

청중1 이편 짝에도 아무 것도 없지 뭘.

굿꾼 그럼 여기

청중1 여기도 없어. 있긴 뭘 있어(이용우 노인이 부랄을 가리켜서 청중들 모

두 웃음 웃는다)

깨낌꾼 　몰릅니다. 거, 웬 양반이 벌건 대낮에 어휴, 노인네.

굿꾼 　모르는 볼짱을 뜯을리고 했더니 어떻게 달랬는지. 그냥 **뻔들뻔들**
해서 말도 안듣고.

청중 　(웃음)

굿꾼 　(창으로)

나를 몰라 날 몰라

날 몰라 날 몰라

천지만을 마련하던

천황씨도 날 알고

산천초목 마련하던

천황씨도 날 알고

산천초목 그려내서

지황씨도 날알(고)

등태산 소천하에

공부자가 날 알고

한종일 여한공이가 날 알아

협천자 조맹덕은

동적대를 알고

만승천자 진씨황은

아방궁을 알아

역팔산 초패왕은

우미인을 알어 있고

(고수 : 숨이 차서서)

몰라 날 몰라

나를 몰라 날 몰라
기산영수 별건곤은
소부 허유가 날 알고
채석강 명월야
이적선이가 날 알고
적벽강 추야월에
소동파도 날 알고
세상 오륙천
독처자 날 알고
채약하던 진씨황도 날 알고
만호장안 기생덜도
날 알고 들어가고
신하에 조공받던 날 알고
만조백관 조신중에
날 모를 리가 없건마는 나를 몰라

정말 모르나 그래.

나는(깨낌꾼인 조한춘이 없자) 이 사람 어디로 갔어. 나 어디 갔어.
어, 이거 털 수 없으니께, 해야지. 어떻게, 서방님, 어머님 세지근
본을 내 잘 알지. 그것 보담도 아마 밥 잡순지가 오래되서 그러는
가 본데. 여, 어릴 때 밥을 먹은고 하니, 윤동지달 초하룻날 저-,
김동지댁 방석 뒤에서 내가 밥 사서 가져와, 그것 먹은 뒤에 여태
안먹은 모양이여 (고수: 그렇지!) 그래서 허기가 지고, 사람이 음식
을 못먹으면, 기운이 없고, 정신도 없으니께, 저 밥을 좀 사맥여
야겠는데, 밥을 좀 사맥여야지 어떻게 해요. 누가 사시겠소. 좀

사숩시다. 요걸로.

청중 요걸로가 뭐요.

굿꾼 요걸로. 이왕이면 그래도 한그릇이나 사 먹어야지. 어떻게 사먹어요. 그 그 사람만 사줘요. 나는 안 먹고.

청중 얼만데.

굿꾼 우동 한 그릇에도 시방 칠백원이예요.

청중 뭐?

굿꾼 칠백원

청중 뭐가!

굿꾼 우동 한 그릇에

청중 가만 있어. 이런 건 또 안받는대지. 이런 건 안 받는댔으니까는 이런건 안 받는댔어.

굿꾼 다 놔요. 죄 아녀. 가만 있어. 남의 얘기 좀 들어야지. 시구역대하면 침성이 발한다는 얘기도 있지마는.

청중2 관둬. 관둬. 그것도.

굿꾼 말을 안듣게 생겼네. 진작 그렇게 하실 일이지.

청중3 꺼낸 걸 또.

굿꾼 하나만 또 놔요. 에이.

청중3 그것도 밤새도록 떨리고 남은거요.

굿꾼 이런 거면 두 그릇 놓든가 해야지. 하나만 더 놔요. 그렇지 않으면.

청중들 웃음

청중3 이거 괜히 구경을 시켰네.

굿꾼 잔뜩 지고 하나도 안 내놨네.

청중3 엊저녁엔 주니깐 하나도 안받고도 왜 그래요.

굿꾼 아니, 왜 안받어. 배가 부르니까 안받지. 시방은 배가 고프니께.

1000원이야. 아이고, 지겨워. 밥을 먹되, 말하자면 함부로 말하자믄 개도 안주고 먹는 것이 아니라, 그렇게 먹는 것도 아니고, 밥도 근본이 있는 거야.

밥 근본을 드러보오
밥 근본을 들어보
나라 어전엔 수라상
각골 수령은 관청밥
삼백궁녀는 의전밥
광주 분원은 유수밥
만첩청산은 토끼밥
실근실근 톱밥이요
만경창파에 배밥이며
밤중에 제사밥
부처는 공양밥
산신은 공양밥
아서라, 그 밥 다 버리고
미역국에 혼 밥 말어
배 부르게 많이 먹으니
얼씨구나-, 얼씨구 절씨구
요런 좋은 데가 또 있느냐

그래도 모르나, 원 모르나.

고수(이영수) 모른데, 에, 캄캄 속이래.
굿꾼 허, 이런, 제기 나는 저 서방님의 어머님 시지근본을 잘 아는데,

고수　근데, 저는 모르는대.

굿꾼　어찌된고 하니, 예의범절이며, 행실체통은 똑똑한데, 말 잘하고
　　　어여쁘고, 아름답고 가냘프고 똑똑하고 하나, 한 가지 흠이 있어.
　　　서방을 잘 얻어들여(웃음) 얻어 들이는데 어떻게 얻어들이는고 하
　　　니, 이렇게 얻어 들이겄다.

　　　　　열 일곱에 얻은 서방
　　　　　급생환에 떨어지고
　　　　　열 여섯에 얻은 서방
　　　　　나무 동투 앉어 죽고
　　　　　열 일곱에 얻은 서방
　　　　　나무 동투 앉어 죽고
　　　　　열 여덟에 얻은 서방
　　　　　양반 보고 능욕하고
　　　　　해남어로 귀양 가고
　　　　　열 아홉의 얻은 서방
　　　　　(사이가 떴다)
　　　　　범한테 물려 죽고
　　　　　갓 시물에 얻은 서방
　　　　　화약고에 불이 나
　　　　　천만 길이나 높이 떠-
　　　　　간 곳이 없고
　　　　　시물 하나에 얻은 서방
　　　　　지가 공중 달아나고
　　　　　시물 둘에 얻은 서방
　　　　　소문 없이 나가 죽고

시물 싯에 얻은 서방
담뱃불에 디여 죽고
시물 넷에 얻은 서방

이렇게 험해요, 팔자가(청중 일동 웃음) 쥐새끼들 엮어 타도 시원찮으니, 이걸 어떡하면 좋아, 그러나. 그 부인이 팔자는 꽤 험해서, 그 남편은 잘도 죽지마는 예이범절과 침대질이 장한 고로 몸을 버리고 품을 팔았겄다. 이렇게 팔았겄다.

삯바누질 품을 팔제,
오관금채 족두리는
장해 화고나 장옷짓기
이러내 저러내 장옷짓기
금관제복 관대짓기
섭수 쾌자 중추막
상침 놓와 꾸며 놓기(기억을 더듬으면서)
남여의복의 진 뉘비질
도뉘비 땀 누비고 외올떠기
좌우에 붙혀 놓고
전후 선배 학 그리기
배자 단축 토수 버선
후양 복건 오색 천우 짓기
놀지 않고 품을 팔제
서답 빨래 삯바느질
호상 대사 음식하기
큰 일걸이 고임새질

홍동백서 좌포우혜
줄을 맞춰 차려 놓기
일년 열두달 육십일을
놀지 않고 품을 팔어
돈을 모아 관돈 되니
착실한 데 빚을 주니
부인에 공을 든 돈이
실수없이 받아 들여
봉제사 접빈객
가장 공경 극진하니
인근 동리 사람덜이
모두- 모여 칭찬이 자자하고
입이 마르게 칭찬(고수 : 얼쑤!)

거, 나를 모를테지, 허, 그 서방님께 아버지 역시 품을 파는데, 요몬
양으로 또 팔겄다.

상하평생 지직 매기
전시 대동에 방아 찧기
이월동풍 놀이기며
삼사월 부침질
이집 저집 영엮기
영엮기
날 구진 날 멍석 매기
이집 저집 붕채질
시장가에 나무베기
오푼 받도 마철 박기

    술밥 먹고 말짐 실키
    술밥 먹고 짐싣기
    저녁이면 잠재기
    이렇게 모도
    일년 열두달을
    놀지 않고 품을 팔어
    근근히 앉어 탄식을 하는데,

(창조로)

시상의 사람덜은, 자식이 있어, 봉지사를 행하고 죽을텐데, 이내 팔
자는 무삼죄로

(안이리)

    사십이 넘도록 혈육이 없시니,
    봉지사 접빈객과
    뉘게다가 전해 주며
    만약에 우리가 죽어지면
    초종장례 소대상과
    연연이 오는 기제사며
    일가친척 동기일신 모두 모여
    의론하고 공론하며
    누가 나서서 말해 줄까
    인생이 서러서는
    이러니 저러니 헐지라도
    시상을 하직하고
    어느 시절에 올는지

영결종천 하직이로구나
불쌍한 건 우리 인생일세

　여보, 하루는 마누라를 부르는데, 얘, 여보 마누라. 예, 당신이나 내
나 나이가 사십이 넘도록 실하에 일점 혈육이 없시니, 우리가 사후에
간들 봉사를 누가 받들며, 초종장례를 누가 하리까, 평생에 한이 되니
이를 어떻게 했음 좋겠소. 부인이 여른 마음 (창조로) 그 자리에 앉아
말하길, 옛글에 하였으되 불효삼천 막대는 무후봉사라 하였으나 뼈를
갈고 품을 팔든 무신 일을 못하리까, 한번 품을 또 팔지. 근데 공디리러
나갈 텐데. 다먼 쌀떡이라도 팔아야 할텐데, 하하. 이거(고수 : 서루 얼굴
처자보니 어떡햐) (청중 : 누가 내요) 이 냥반, 이 냥반, 보고 서로, 자꾸
얼굴만 쳐다보니(고수 : 곤란헌데) 뭘 좀 낼 모양이죠. 아마, 안달랬다가
는 섭히 여길 모양이니, 다만 쌀 한말 값이라도 보탰으면 좋겠는데(고수
: 어서) 어떡하실라우, 다 썼어요(청중 : 다 썼어요) 허, 이거(고수 : 돈 줌
쪼끔씩 내슈. 말하자면 가래질을 해도 젓줄은 잡으면 훨씬 나신 것이야) (청중
: 여기, 여기) 어디, 그럼. 아니 이번만 한번 해보라구요(청중들 서로 미룬
듯) 내 이딴 안달랠께. 이렇게 말을 좀 잘 들으지. 남을 좀 보지도 못해
요. 아이(청중 : 왜 그렇게 말을 안들어) (청중 : 대가리가? 얼른 내) 아이고
옆에서 내시는 양반들이 안내면 섭히 여기실 거고. 진작 꺼낼 것이지.
이렇게 벌어서 이걸 다 뭐하나?(청중 웃음) 됐수. 야, 쌀 팔어. 미역 사고
(고수 : 넉넉하지)

　　저 부인 거동 보소
　　공 딜이러 나갈 적에
　　목욕제계 고히 하고

삼태성 공 디리며
무원부사 영신당과
허유 허유 나가신데
천일 시주 시방 시주
불공을 가지가지 다 딜이며
재재봉봉 선왕제며
삼신님께 공 딜이기
삼태정에 재배하기
원로 행인을 인도하기
시냇물에 다리 놓기
가지 가지 다하오며
공든 탑이 무너지며
심든 나무가 꺾어지랴
하루는 천상선녀 모여
안개 자욱 채운이 둘러 비치더니
천상 선관 내려오시
자서히 둘러 보니
근적 하나 품에 안고 내려온다
살펴보니
계회가지 손에 들고
부인전에 재배하며
소자는 천상사람
반도진사 가는 길에
옥진시제를 잠깐 만나
수원수답 하옵다가
시간이 읍삽기로 늦사와
상제께 득죄하여

인간으로 내치시니
갈 발이 전이 없어
일저리 다닐 적에
태산신령 후토지신
석불 미륵 보살님이
댁어로 인도하야 이댁으로 왔사오니
어여삐 여기소사
안으로 달려드니
저 부인 거동 보소
운각어로 인도하야
몸이 하도 이상하야
깜짝 놀라 깨여보니
남가일몽이 뚜렷하구나

　안저서, 여보 영감, 간밤 꿈을 꾸니 사실 여러 하니, 이게 좋은 꿈이
요, 그른 꿈이요, 꿈을 해몽할 좀 합시다. 영감이 옆에 있다가, 허허,
웃고 하는 말이 우리 둘이 부부간에 자식 없는게 아마 하느님이 자식
하나 점지했나 보오, 반가운 꿈 해몽 꿈이니 염려하지 마오. 그날부터
태기가 있겠다.

석부정부좌하고
이불청음성하고
목불식액식하고
침물침라불변
이 아니 저리가
그날부터 해복 기미가 있든가 부드라

하루는 난데없이
아이고 배야 아이고 배야
아이고 다리야 아이고 허리야
뛰고 박고 쩔쩔매며
방바닥도 쥐어 뜯고
담뿌락도 쥐여 뜯고
문지방도 찧여 댕겨
아무리 어른 한들
하직없이 아푸구나

　그댐부터 쑥 밭테 났겠다(고수 : 아들 낳나 딸 낳나) 여보 영감, 나는 혼
미중에 자식을 났시다. 남녀간에 무엇인지 알 수가 있소. 자세히 좀 들
여다 보오. 그렇지, 영감이 곁에 앉었다 둘러보더니 껄걸 웃으면서, 봉
지사 받들 아들 하나 낳소, 어서 일어나 국밥이나 잡수시요. 이때, 세월
이 여류하야 한두달 지내 아이가 점점 자라겠다. 한번 어루는데,

둥둥 내 새끼
어허 둥둥 내 새끼
둥두 내 새끼
여러 니가 생겼나
니가 어서 생겼나
하날에서 떨어졌나
땅에서 불끈 솟았나
바람에 쌓여 왔나
구름에 불려 왔나
어디 갔다 이제 왔나

어딜 갔다 인제 왔나
어딜 갔다 인제 와
둥둥둥둥 내 새끼

　이리 한참 어룰제, 허, 옛날이나 시뱅이나, 사람이란게 글을 배야 예
이범절과 수신제도를 잘 알제, 무식해노면 뭐든지 다 많겄다. 글을 가
르치는데 전에는 언문뒷풀이를 많이 했지마는, 게 다 소용없고 한문 한
번 갈치는데,

　　자시 생천하니
　　불유행사시에 유유비창에 하날 천
　　축시 생지하니
　　만물장생에 따 지
　　공부자에 착한 도덕
　　포할사 검을 현
　　중상각치우 동남 중앙토색에 누루 황
　　천하승지 별건곤에
　　별유 좋다 천지 집 우
　　살기 좋다 집 주
　　승지강산 좋은 중에 만물 중에
　　살기 좋은 집 주
　　주야장천 호시절에
　　만생유수에 넓 홍
　　시상만사 황달하다고 거칠 황
　　소간부사 삼백척의
　　번뜩 들어 날 일

억조창생 격양가

강구년월이 달 월

추구삼경 깊흔 밤에

시서백가 찰 영

미색 불러 술 부어라

넘쳐간다 기울 책

하도낙서 잠깐 보니

일월성진 별 진

원앙금침 부용당에

훨씬 벗고 잘 숙

녹낙동침 깊은 정회

사양말고 벌 열

가인생사 기루던

만단정회 베풀 장

유월 염천 원한 절에

하지 추래 찰 한

작별한 님 잊었는가

어서 오소 올 래

이렇게 한참 해가는데 그래도 모르겠느냐, 이 말이여(고수 : 몰른대)
근대 정말 참 이 사람 어디 갔어(고수 : 철리 천리로 갔어) 응(고수 : 천리)
정말이야(고수 : 한양) 아, 우리만 냉기고(고수 : 그렇죠. 볼일 있으니 가야죠.
굿 마저 해고선 우리도 마저 가고 그러죠) 아니 그른 법이 시상에 있나(고수
: 법도 찾으면 된다) 가만 있어, 이렇게, 이렇게, 가르쳐도 모른단 말이지
(고수 :몰러, 몰른대), 이런 멍청이를 시상에 에, 어디가 또 있단 말이요(청
중 : 좌상님 가서 여쭤 보세요, 그럼 인제 잘들 방도가 있을텐데) 시상에 글을

가르쳐도 모르는 멍청이는 가르쳐도 소용이 없겠다, 하나, 천상 농사나
지어서 가르쳐야겠다, 이것도 가져 갔나(고수 : 뭐?) 꽹꽈리(고수 : 고기
한번 봐, 깽매기 없어) 아, 정말 가져 갔나, 어떻게 된거야. 아니, 이 사람
이 이게, 이렇게 하는 법도 있나, 하하 나 참 별일 다 보겠네. 장고 좀
어디 갔어요. 참, 이러나 마저 갔나 이 사람(북으로 장단을 치려 하자) 아,
장구를 쳐야지(고수 : 장굴 쳐), 징도 쳐야 하고 장구고 쳐야 할텐데 이
사람.

여-혀-여여루 상사디요
여-허-여으루 상사디요
여봐라 농부들아
아나 농부들 말 들어라
농부야 말 들어라
남훈전 달 밝은데
순 임금의 놀음이요
학창의 푸른 솔은
산신님의 놀음이요
오뉴월이 당도하면
우리농부 놀음이라
(중간 청취 불능 및 테이프 교환으로 몇 대목 삭제)
얼럴럴
아나 농부 말들어라
아나 농부 말들어
(소란스러움으로 인해서 따로이 사설이 잘 들리지 않았다)
여봐라 농부들아
여혀 여여 상사디요

(꽹과리를 찾게 쳐서 맺음)

(고수 : 몰른다, 몰러) 개 이렇게, 전부 모르는 일만 생기니. 이거 큰
걱정거릴세.

걱정 근본을 들어보오
걱정 근본 들어보
칠년대한 가문 날에
비가 안오니 걱정이요
구년지수 장마질 제
볕이 안나 걱정이요
삼십 먹든 노총각은
장가 못가서 걱정이요
과년한 노처녀는
시집 못가도 걱정이요
간신히 시집가니
시어머니가 잔말 속에
부덕 붙어 하는 소리
속이 썩으니 걱정이요
이런 걱정 저런 걱정
온갖 걱정 모두 하니
남원 옥중 춘향이
이도령 못봐서 걱정이요
시들시들 봄배차는
이슬맞으니 걱정이요
이런 걱정 저런 걱정

온갖 걱정을 다하니
신옷 장구 싸서 놓고
짐군이 없어 걱정
덜며 말며 생각하니
소남도 날까 걱정이요
왼갖 걱정 모두 하니
잠잘 일두 걱정이라
그래도 걱정이요

　거기, 내 모자 거기 있소,

어른 근본을 들어보오
어른 몰러 그려
어른 근본 들어보오
어른 근본을 들어보오
천하만물 마련하던
천황씨도 어른이요
지하만물 생겨나던
지황씨도 어른이요
산천초목 귀목유수
유소씨도 어른이요
역발산 초패왕은
만곡의 어른이요
저-기 상산사호 네 노인은
바둑판도 이런 어른이라
이리 저리 다니면서
어른 근본 봐

얼른 근본을 들을제
왼갖 근본을 다 들어도
아무리 생각해도 어른 근본 모르지

  거, 천상 인전 날 알아봐야 할텐데, 똑똑히 자세히

고수   글쎄 누군지
청중   (웃음) 모르고서
고수   웃지 말고서 아르켜
굿꾼   내가 으, 으, 으, 으덩인데
청중   (웃음)
굿꾼   야, 으덜이란 말을 듣고, 반가워서 서로, 네가 대관 으던이냐, 오
       냐, 으던이다.

반갑구나 반가워
반갑구나 반가워
청학 백학 높이 떠
백운을 보니 반갑고
삼국시절 유현덕은
공명을 얻으니 반갑고
역발산 초패왕은
우미인을 보니 반갑고
만승천자 진씨왕은
아방궁을 얻으니 반갑고
반갑구나 반가와
어지간히 반가워

칠년대한 가문 날에
비가 오니 반갑고
구년지수 장마질 때
볕을 보니 반갑고
얼씨구 절씨구 요런 경사가 또 있나

　아, 대관절, 내가 물어볼 얘기가 있는데, 우리 막둥이 잘 있소, 여러 말 할 것 없이.

고수　잘 있어요
굿꾼　잘 있어?
고수　네, 잘 있어요. 저기, 저.
청중　죽산 갔다우. 죽산 갔대.
고수　죽산?
굿꾼　죽었어? 정말 죽었어
청중　죽산 죽었어. 그럼 내가 울어야 할텐데, 내가 이 속이 비어서 못울
　　　겠시니, 누가 뭘 좀 사서 먹였으면 내 한번 울겠는데.
고수　한잔 맥여야지
굿꾼　천상 이,
청중2　윤동짓달 처서 먹고, 밥 먹고 밥도 못먹었으니……
굿꾼　뭐, 한 그릇만 사 먹게 좀 주시오
청중2　그랬따고, 먹었따고 하고서.
굿꾼　아니 우선 울어야 할텐디 속이 비어서 기운이 없어서 못 울겠어.
청중2　그래도 먹었따고 허구서
굿꾼　따고가 아니지. 그거는, 그렇잖어요.

청중3   그럼, 줬다고, 그러지. 줬따고 그러지 그럼.

굿꾼   줬따고

청중3   줬따고

굿꾼   간단히 잊어버리게 아니고, 이반 한번만

청중2   그래, 그래, 또 속아봐. 그럼.

굿꾼   아니, 속기는 왜 속어

청중2   그런데 있는지 없는지 모르겠는데. 여기다 잔뜩 넣주께.

굿꾼   거기다가

청중2   한섬 잔뜩 됐네.

굿꾼   어둥이가 막둥이가 죽었단 말 듣고, 대성통곡 울음을 울지.

       어허 이것이 웬말이요
       정말이요 참말인가
       농담인가 재담인가
       우리 막둥이 영 죽었오
       천상천하 몹씰 귀신들아
       천지만물 여러 중에
       여러 인간들 다 젖혀 둬버리고
       내 사강을 다려 갔시니
       천지도 무심하고
       귀신도 야속하다
       우리 막둥이 살어 있을제,
       내가 와서 보왔더라면
       원한이라도 없을 것을
       팔도강산 곡곡마다
       돌아다니며

바람 맞고 구름 맞어 다니다
우리 막동이 못봤시니
어디를 가서 만나볼거나
아이고 허-
아이고 이것이 웬일이란 말이냐
그리 쉽게 가거든
이 시상을 나오지 말든지
이 시상에다 나 혼자 두고
니가 먼저 황천길을 들어갔시니
시상에 남은 나는
뉘게다가 의택을 하고
뉘를 믿고서 산단 말이냐
아이고 이것이 웬말인가
아이고 이것이 웬말인가
황천이 머다는데
그리 쉽게 가랐든가
황천길을 가자면
몇날 몇일을 걸어가도
못가는데
오날은 가다가 어디 가서 자고가며
내일은 가다가 어디 가서 자고가며
만약에 황천을 들어간들
누굴 보랴고 갔단 말이냐
뉘를 찾아서 갔단 말이냐
환릉묘 이비연의 송낭자를 보러 갔나
낙양동천 이화정에 소중랑을 보러 갔나
백이숙제 주려 죽던

수양산을 찾아 갔나
어디를 가서 만나볼거나
아이고 이것이 웬일이란 말이오
시상천지 넓고 너른 땅에
어디 가서 본단 말이냐

(아니리)

　이왕 죽었으니 염해서 장살 지냇버리지. (그러지) 그런데 나도 자꼬 달래기가 염체가 없는데, 이거 이거 어떡혀

청중2　장사 비용이 없어서 그런 모양이구만

굿꾼　예?

청중2　장사 비용이 없어서?

굿꾼　예, 아 좀 뭐, 어떻게 좀

청중2　모도 돈 좀 있나?

굿꾼　내 보시겠어요.

청중2　아, 근데 돈이 한푼도 없는데.

굿꾼　없시면 할 수 없지마는, 거기 좀 남은 것 같은데.

청중　거기서 딸랑딸랑 소리가 나긴 나는데.

청중2　글쎄 주머니는 그렇게 많은데, 한푼 돈이 없으니까.

굿꾼　이번엔 말을 아주 말을 곧잘 들어.

청중2　여기 이거 이거 남았네.

굿꾼　아, 됐어요!

청중2　어 거저, 잘 동막 동네에. 아무 이상 없시게 해.

굿꾼　예, 그건 뭐 염려 없시게. 부탁하지 않아도 되니까.

청중2　여기 오세요.

청중3 여길 잡아와요.

청중4 거긴 다 부자들이요.

청중2 좌상님도 돈 내는 거요, 이따 달래지 말우

굿꾼 베 바꾸고, 종이 사고, 소렴 대렴 원삼 나삼 면 모악수 입관 후에
상두 치레를 하는데, 이렇게 하지.

흑운단 뚜껑
백운단 앙장
오색 드립을 좌우로 둘러쳐
백포장목 좌추로 둘러치고
전나무 장강틀
차나무 연추대
열두 명 상부덜이
줄을 맞춰 골라 놓고
발링축을 읽을텐데
막둥이가 아마 천년 한번 뵈었던가
발인축을 지어
양손에 받쳐 들고
잠깐 사설을 하겠다.

막둥아, 시상에 났다 못다 살고, 시상을 하직을 하니 불쌍한 놈이
로다. 아무쪼록 너는 아무쪼록 잘 가거라,

막둥이 발인축을 양손에 받쳐 들고

영이기가 왕즉유택

재지견려 영결종천

고수　소용없어 거, 소용없어. 넌
굿꾼　앞채 숙여 하직하고
　　　뒷채 숙여 돌아서서
　　　삼전공포 명정공포
　　　앞을 서서 인도할제
　　　있던 집을 하직을 하고
　　　건너 산천으로 떠나간다
　　　황천이 머다드니 대문밖이 황천이며
　　　저승길이 머다드니 건너산이 저승이라
　　　(청년이 어떤 이를 보고, 어저께 얼어 맞었서)
　　　이 일을 어찌할까
　　　사람 한번 죽어지면
　　　영결종천 하직일세
　　　어느 시절에 다시 와서
　　　날과같이 동락하나
　　　아이고 넌 구로구나
　　　요량은 쟁쟁치고
　　　동기일신 다 모여서
　　　뒤를 쫓어 따러갈제
　　　열두명 발인군은
　　　소리 맞차 요량칠제
　　　요량은 땡그랑 땡그랑
　　　소리 지처 들어간다
　　　(장단변화)

어러러게 너가리 넘차 너호
어러러게 너가리 넘차 넘호
저승길이 멀다더니
대문 밖이 저승일세
황천길이 머다던니
건넛산이 황천이라
이제 가면 인제 오나
새벽서리 찬 바람에
올거자던 저 기러기
짝이 없이 혼자 가니
우리 막둥이 나를 두고 혼자 가니
어찌 아니 한심일까
너너너너 어이 가리 넘차

　이렇게 한참 가노라니, 동네 주산 넘는다고, 작대 든 사람, 괭이 든 사람, 우루루 좇아나와 때려 부셔서, 신체가 언챙이 아가리 토란 비여지듯 나왔겠다, 헐 수 없이 사람 사고, 지게 사고, 이산저산 넘어가서 사향지 지다 묻고, 하직차로 평토제를 지낼 적에 주과포, 탑잔하여 우는데,

주과포 탑잔하야
많이 먹고 돌아가오 (좋다)
인자 가며는 언제 오나
올 날이나 일러주오
시상에서 나 하나 두고 가니
뉘게다가 맽기고 가며
뉘게다가 의탁하고 산단 말이냐
아이고 이것을 어찌 하나

웬수같은 이 신세며

필자도 야속하이(어!)

불쌍하고 가련한 우리 막둥이 (얼쑤)

여기다가 묻더 놓고 가니

창천이 무심하며

내가 살아서 다시 왔더래면

얼굴이라도 만나 볼 것을 (어!)

열결종천 아조 떠나갔시니

언제 다시 만나볼거나

아이고 이것이 웬일이란 말이냐

흐여 이것

다 그만 두고 집에나 들어갈까, 어떡할까

고수 집에 들어갔오요

굿꾼 집에 들어갔으니, 잠깐 헙시다. 나무 사오너라. 뭐 사오너라, 대
     처 요동이 야단인데, 휘유- 아휴, 더워.

고수 더워. 좀 쉬었다가하슈 더 더워. 옷도릴 벗으슈. 아이고 조금 쉬
     었닥하쇼. 노인네가

굿꾼 근데 이 사람이 싱긋이, 일찍 가는 수도 있어.

(녹음기 조작 실수로 중간 대목 생략)

굿꾼 (결락) 멍석 보리전에 멍석 뽀았다니 닭 다 맥였다고 야단, 또 집
     보라고 해서 집 봤더니, 문고리 빼서 엿사먹었다고 야단, 하루난
     불르더니, 그럼 넌 이놈 너는 장사에도 못씨고, 혼인해도 못씨고,
     씰데가 없어. 그럼 아무 것도 댈 데가 없으니께. 나가봐라, 내쫓

는다.

허허 이것이 웬말이요
나가란 말이 웬말이요(좋다)
의지없는 이 신세
어디로 가라고 통촉하오
(좋아, 어흐-)
불쌍한 이 내 몸(어흐)
가련한 신세로구나
어디로 가라고 통촉하나
옛글을 모루느냐
적선지가에는 필유여경이요
적악지가는 필유유악이라(어흐, 좋다)
옛글도 있느니라
무엇을 보고 살며
인정 사정 바이 없이
내쫓으니 웬일이냐(어흐-)
허허 이것이 웬일인가

어, 이왕에 나갈 적에, 내가 내 오쟁이나 찾아야지.

고수 찾아야지

굿꾼 여그 오쟁이 누가 가지고 있었어요?

고수 거, 오쟁이 속도 넣야 할텐데.

굿꾼 대사가 가지고 있었어요

청중 아, 거, 한섬 잔뜩 들었어요. 거, 줄로다 묶어야 할텐데

굿꾼 근데, 여기다가 내가 돈을 넣어두었는데.

있던 돈이 오만냥
꿔 준 돈이 오만냥
들어온 돈이 오만냥
빚준 돈이 오만냥
꿔 준 돈이 오만냥
돈이 하나 가뜩 들었는데

어여, 내 놔요. 한두푼 되야지. 남의 돈을 거저 먹어도 유분수지.
어여 내놔요. 어여, 아, 내놔야지 어떻게 혀. 여기다, 내. 넣둔
돈인데 어떡하라고

청중 아, 거그 먹어 막어놔야지
굿꾼 아, 여고 오만냥이
고수 거기 넣는 것도 정성이니깐 넣야지. 안넣면 안되죠.
굿꾼 남 돈을 거저 먹으면 돼. 요거 하나, 하나 있던 것 다 가져 간데.
청중 거, 한섬인데, 함섬 있던 것 어쨌수.
굿꾼 (기가 막히다는 듯) 자 이건
청중 참, 이런 워떻게 난 건드리지 않고 한섬을 차려 놨는데, 왜. 그걸
      건드리고 끌고 댕기다가 어따 쏟아 버리고설랑.
굿꾼 그래, 가만 있어.
청중 사람이 이렇게
굿꾼 여기다 내 나무를 넣어 놨오. 우리 막둥이 허고 집 짓고, 대령으로
      집판에 다 짓고, 살라고 나무를 넣어 놨오. 근본을 들어봐요.

왼갖 나무가 들었다.
어떤 나무 들었나

정상동 안동땅
제비원의 솔씨 받어
소편 대편 던졌더니
그 솔이 즘즌 자라
낮이면 볕 내 쓰고
밤이 되면 이실 맞어
대부동아가 되었지
대산으로 대목 내고
소산으로 소목 내여
먼 산 칡을 끊어다가
떼끌로 궁을 뚫어다가
이물에 이사공
고물에 고사공
허리 간에 화장아이
물때 늦어서
어서 노를 저어
둥덩실 떠내려 올제

하나도 다 없어졌지. 그래. 내 놔 내 나무.
청중 아니, 하나 다 차려놓은 것 어따 다 쏟아버리고서.
굿꾼 아이고 이런 젠장. 여기 다 비단도 들었지.

온갖 비단이 들었다
어떤 비단이 들었나
소간부사 삼백척은
별 들었다 일광단

서왕모 요지연의
진상하던 천도문
태벽기경 상천하의
긁고 보는 지황단
여기 다 많이 두었더니
하나도 없네

청중   아, 세상 사람이 다 주어도 모자라. 못다 주겠는디. 다 그거 어따
        주었소, 그거 다 어쨌소. 이걸 어떡해요.

고수   이거 큰일 났소.

청중   (웃음)

고수   아, 거, 거짓말하면 안되겠는디.

굿꾼   거짓말 안되겠네

청중2   만원 영수증, 내한테 많은데.

굿꾼   여기다 또 내. 한번 이를께 들어 보오.

청중   영수증?

굿꾼   이 신사 동네가 부자가 되서 하루 손님이 백명씩 들어와. 그래서
        공들여서 찬거리를 늘였제.

왼갖 어물이 들었다
명태 동태 대구
미역 다시마 문어
전복 홍합 해삼
청시 황시 수시 반시 연근시
왕밤 대추 은행 호두
자성유 포두 빗다루

살구 오이 가지
단차미 익은 수박
유자 감자 탱자 비지
숭어 농어 댐이 민어
넙치 순치
키큰 장대방 병어
칠산 가조기 붕어 미구리
뱀장어 오징어 굴 꼴뚜기
실치 밀치 삼치
고등어 말미잘 맛가립
맛대화 새우 죽갑이 생굴
칙둥이 망둥이 꼴떡이까지
다 넣났네

청중 아, 자꾸 자꾸 갖다 쌓건 쌓요.
굿꾼 헐 수 없이. 빌어 먹으러 나가지.

충청도로 내려가서
예산 덕산 빌어 먹고
공주 붕극 빌어 먹고
서천 대천 빌어 먹고
전라도로 내려가서
이리 목포를 빌어 먹고
남원 곡성을 빌어 먹고(허, 좋다)
광주 여수를 빌어 먹고
거기서 떠내다러
경상도로 내려 서서

동래 울산을 빌어 먹고
진주 토영을 빌어 먹고
김해 명호 빌어 먹고
안동 상주 빌어
대구 청도 빌어 먹고
경기도로 올라올 제
행정부로 발을 딜여놔 보니(하, 좋다)
가루 맺쳤구나(하, 좋지)
언제나 풍나비어서
인간이 왕래를 하고
우리 한핏줄 한동족
만나보고 볼까 허니
아니 들어서랴
경기도로 내려와서
송파 뚝섬을 빌어 먹고
여주 이천을 빌어 먹고
광주 분원도 잠깐 빌어 먹고
거기서 훨훨 떠내다러(허, 좋지)
시흥 과천을 빌어 먹고
거기서 훨훨 떠내다러(허, 좋지)
시흥 과천을 빌어 먹고
거기서 훨훨 떠내다러서
소새 부평을 빌어 먹고
이리로 차차 들어오는데
난데없는 행차 소리가
물렀거나 치었거라
대체 야단 법석을 해서

대구리를 이런 데다 확 디리 박았지. 숨어서 있을라니께. 너 이놈 무엇이냐. 얼결에 나오는 말이 버드나무 등걸이요. 이놈 버드나무 등걸이 엇찌 말을 하느냐. 그래가지고 헐 수 없이 나는 다른 사람이 아니라 안전 막둥인데, 이렇게 다니는 사람이오. 그럼 뭣하러 다니느냐. 어느 동네든지 어느 방성이든지 아, 잡귀잡신 어는 어느 집이 삼재팔난 다 모다 죄 잡아 먹고 다니는 아전 막동이요. 검 잘 됐다. 얘, 내 오늘 어디 가는고 하니. 저 동막동네서 동당할아버지를 위전하신 끄트머리에, 잡귀잡신이 모두 신이 나서 그걸 몰아내야 모두 여러 가가호호에 일년 열두달 재수도 있고

고수   그럼은요.

굿꾼   만사망 덕사망 외방사방 근망천랑도 있고, 낮이면 물이 맑고 밤이면 불이 밝고 낮이면 물이 맑아서 소화가 청해서 재수가 많고, 자손을 길러도 일취월장해서 소년등과 할 일은 수비가 몇이 있어서 그걸 잡으러 나가니 나는 갈새가 없어서 바쁘다. 허니 니가 내 대신 가서 모다 잡아내뻐려라

고수   그렇지. 잡아내야지.

굿꾼   그래 들어왔소. 타령차.

고수   또 한잔 먹어야지

(장고, 북으로 타령)

굿꾼   거저 빼놓면 빼놓는다고 하실텡께. 다 해야지(장구치는 이가 없자) 장구를 쳐야 할테니. 어디 갔어. 아이구 장구 좀 쳐요.

(장구, 징이 덩덕궁이 타령을 친다)

굿꾼   못소왔소. 넌 웬 수비냐

나는 나는 장청수비요(허, 좋다)
스물여덜 충청수비요
예려덜 하청수비요
유중강은 남수비요
좌중강 여수비요
마루 넘떤 수비
재 넘떤 수비
우리를 많이 맥여 주오(옳지)

이 동네 장돌방 자가 제번방 한다기에(좋지)
얻어 먹자 들어왔소
나를 많이 맥여 줘야
여러 각댁 대주님네
소원성취를 할 수 있습니다
떵꿍-

(악기 연주)

너 웬수비냐? 나 호영산수비요
나는 호영산 수비요
호지자는 정성 유모(좋지) 알자하고
나 먼저 들어 놨오(좋지)
동네 여러 첨주님네
내 서른 말 자세 들어보쇼
이 내 내림하시기를
성무우학 제군지접(하, 좋지)
좌우로 우엽할제(하, 좋지)

선왕건귀 영산 집터 본양
후토지신 부인이 성서낭 부군
좌부체 제륜선왕
우부처 대륜선왕
왕림하야 계시오
나를 많이 맥여 주오
저는 근동사람으로
심산 주에 나무 갔다
송림산 깊은 골에
한 김생이 내려온다
한 김생이 내려와
곰에 허리
이리 등에
양귀 찢어지고
몸은 얼쑹덜쑹
꼬리는 한발 잔뜩 되고
주홍입 딱 벌이고
으르릉 거려 우는 소리
천지가 진종하야
앞발로 성큼 끌어당겨
아드드득 깨물으니
삼혼이 망망하야
영산 수비가 되었소
나를 많이 맥여 주오- 장단
떵꿍

(악기 다시 연주)

또 못쏘왔소. 너는 웬 수비냐, 나는 다른 수비가 아니라 걸립대신이요.

여러 걸립이 합하였소(좋지)
동네 여러 첨주님들(좋다)
내 설움을 들어보오(좋지)

　　　도걸립대산께서
　　　동네 정성 부족타고
　　　노별차로 머물더니
　　　마음을 떨쳐 생각하고
　　　만단가유 하시길래
　　　얻어 먹자 왔사오니
　　　우리 동무 여럿이요
　　　섬길테니 길이 들어보오(허, 좋지)
　　　학제군 산신글입
　　　태산부군 선왕걸립
　　　강신화백 용왕걸립
　　　오방오토 제장걸립
　　　오미 주지 하던 걸립
　　　월여미로 지신걸립
　　　몸주걸립 직성걸립이
　　　모두 다 들어왔소
　　　잘 왔다-
　　　많이 맥여 주오(좋지)
　　　나를 많이 맥여 주면
　　　여러 각댁 대주님네들이

소원 성취를 하오리다

덩꿍

(다시 악기 연주)

(무엇이라 굿꾼이 말하나 청취 불능)

이 동네 방성이 뭐랬죠.

청중　동막이예요.

굿꾼　동막이죠. 여가 동막이죠. 나는 소경 수비요. 어째 들어왔소. 어째 덜어 왔느냐고. 어째 들어왔냐고

고수　어째 들어오셨소.

굿꾼　예, 난 다름이 아니라, 이 동네 방성에서 오늘날 갑자년 삼월 초하룻날, 이튿날 정성을 들이는데, 일년 열두달 삼백육십일 사월 십일날 내내 푸더러 갈지라도, 우환 재난 걱정 근심 삼재 팔난 모도 멀리 젖혀 놓고, 나날이 웃음 보고 다달이 영화 보라고 재수 있고 소망 있어. 아 지옥장이 그저 돈이 들고, 자손을 길러도 일취월장을 해서 글을 배서 되야서 소년 등과도 하고 부모님 태평하게 해 달라는 점지요, 점지했는데, 아무 뒷끝이 있을까 없을까 그거 한번 물어보러 왔오요. 들어왔소. 거 점채를 내야 할텐데.

고수　점채를 널

굿꾼　또 달라고 할테지

고수　점채 넣야지

굿꾼　또 달라도 하먼 안되지

고수　아, 거 점챌 넣야지

굿꾼	여그다 놓세요. 마음대로 해요.
고수	점챌 놓서야지
굿꾼	느세요.
청중	점채 따고 하면 안좋우
고수	이건 다 운세 있는 거니까
굿꾼	여러 각댁에서 갑자년 해오년에 모든 길을 이 정성을 딜인 후에 영접합시라고 그거 다 있고,
청중2	이만 하면 점채 되겠지
굿꾼	아, 돼요. 또 저뒤
고수	안줄 리가 있나
굿꾼	이건 정성이니께. 정성딜여봐요(기침) 점채가 많애. 어른 말씀 좀 들어봐요. 쬐그만 나요.
청중3	거저 만원짜리 꺼내면 안돼
굿꾼	아이 거 너무 많아요. 받긴 받어요. 많긴 많은데 내 받긴 받어요. 가만 있어. 또 누가 좀 내.
청중4	여겨 인저 문서한테
굿꾼	이건
청중5	여전 문서 하나도 인내. 점이나 한번 잘 쳐보우
굿꾼	노인께서 다 내시는데
청중6	그만허면 점채 두둑하우
청중7	할아버지 많이도 내시는데
청중8	거 점채가 여간 많지 않은데
고수	여 오는 점채는 밴댕이가 먹는 건데. 돈을 쪼끔 냈시니
굿꾼	돈이 동전이 조금 있어야 허겠는데.
고수	동전?

굿꾼   여 아까 나왔는데 어떻게 됐나

고수   동전 어떻게 됐나

굿꾼   여기 있구만, 여기

고수   동전 좀 더 주슈. 동전, 어 아까 어떤 할아버지가 많던데. 삼지
       빠진 할아버지 많던데.

굿꾼   거 만 꿔주요. 애 그저 여깄서요.

청중   이 거 바꿔줘

고수   동전 좀 내슈

청중   천원짜릴 바꿔줘. 천원짜릴 바꿔야지.

청중2   천원씩 내놓으니까 바꿔져.

청중   점치는건데 바꿔줭

청중3   꿔줄 거야

고수   이따 나이롱뽕할려고 돈들 안내놓는데

청중   (웃음)

청중   나이롱뽕꾼들이여!

고수   거기 잘 허게 됐어. 얼굴이

청중2   뽕 한번 모르는 사람이 어딨어. 거 바꿔.

고수   그거 얼마요

청중1   천원

청중2   그냥 바꾸는 거야.

고수   천원이야 천원, 천원짜리 바꿔줘 주지 말지

굿꾼   경우는 경우대로 해야지

청중   경우대로 해야지, 점채를 거

굿꾼   그걸 그런 돈에 때 묻히면 쓰나!

고수   점괘를 잘 풀이슈

(굿꾼이 돈을 가지고 점을 치며)

천황, 지황, 인황, 태우, 복희,
실농황제 문무제공 제갈공명
곽곽선생 이선풍
정명도 정이천 소강절 주희암
자세히 들으세요. 옛 성현들이예요. 말짱
천지초학 기덕하고
일월로 학지명하고
귀신으로
귀신으로 귀룡하단 하나니다
해동 조선국 남문밖 내다라서
예가 동막동네 방성에
열 각성 대주님들이
갑자년 삼월 초이튿날이지 이튿날
이 도당할머니 저 도당할아버지
근구영산 상산본향 마나님
위전하신 연후에
이 동네 일판 백여호
백여호가 넘는댔죠
걱정 근심 삼재팔난
우환재난 멀리 몰려나 주고
나날이 웃음으로
다달이 영화보고
그저 걸음걸이 자옥자옥이 돈만
점지하고

또 자손을 길러도
흐르는 문장이 되어
소년등과 하게 점지해 주시고

아무쪼록 일취월장해 잘자라도록 이렇게 말을 했는지 안했는지
알 수가 없음께 한번 점괘를 마련 보는거요

축왈,
귀신어로 물비 소실하옵소서

근데, 소경들은 군말을 하지, 이 나는 눈을 뜨로 해야, 여보시오,
동네 대표 양반 들여보내세요. 운건이 청천지괘라 그 뜻 아시겠소.

대표	몰라
굿꾼	운건이 청천지괘, 검은 구름이 많이 꼈다 하나도 없이 다 달아났다 이거요
고수	아 좋지 거뜬하지
대표	맑았던 말씀이지
굿꾼	그러믄, 걱정 근심이 모두 많이 끼었다가, 다 없어졌다 그런 말이요
고수	그거 제일, 그거 없앨라고 하는 건데
굿꾼	또 고다음에는 금옥이 만당지괘라, 금과 옥이 하나 가득하게 생긴다 그 말이야, 그럼 마당으로 하나 가득하게 생긴다
청중	고 내 그럴 줄 알았어요
굿꾼	새로 부자가 나지. 또 끝이 머리께 하나 또 있는데. 이거 나 억울해서, 말하기가 참, 거.

청중   목이 말라 또 한잔 잡숴야겠서요. 생각이 나오고(웃음)

굿꾼   여 나 한잔 먹게 줘요

청중   거, 나 아까 미리 한섬 갔기 때문에 어, 만복이 들어올 줄을 짐작
을 했는데

굿꾼   얼레얼레, 야 아니 이거 저 어른이 내신거여

고수   근데 북채만 간직하고도 얼굴이 누벼지건든(웃음)

굿꾼   그래도

청중   차 이거

굿꾼   미운 도둑놈이 아니니께 괜찮아

청중   서른 닷 석심을 냈나봐

굿꾼   내 뭐랬소

고수   얼굴을 펴야 할 수가 있는데.

굿꾼   축왈, 백화가 정발지성이라. 그 뜻 아시겠소?

대표   아, 아르켜줘요.

굿꾼   백가지 꽃이 펴서 머리에 옛날로 이르면 어사화요. 말하자면 어
사 벼슬을 해야, 그 꽃을 꽂는거요. 그러니께 아마 댁에서 노인네
시구. 앞이 장차 얼마 업고 자손덜이 장성해서 그냥 문장이 되기
만 하고, 대통령들은 다 한번씩 하리다. 그러니께 이 보담 더 좋은
게 어디 있소. 그러나,

대표   고맙습니다.

굿꾼   운때 맞고 삼때시고 삼때 밖에 운때실은 정애비라는 귀신이 있는데
놈을 있는데, 그 놈을 잡아다 그냥 난장 주릿대 방맹이를 앵겨서,
멀리 회송하라고 했으니 그걸 저허나, 어떻해. 그나 큰일 났네.

청중   (웃음) 이거 또 달래는 소리 아냐(웃음)

굿꾼   그만 둬요. 내가 저울테니.

고수	점채는 주머니다 넣고
굿꾼	덩덩
	(장구, 징소리)
	(밖에 있는 정애비에게 이동한다)
	정애비를 디려다 놨더니
청중	굼뱅 칼 어딨어. 칼.
청중2	여기 있어요
굿꾼	정애비 어미가 쫓아 왔겄다
	아이고 정압아 어디 갔느냐
	칼 여기 있는데 못봤구만, 내가
	내 이것이 웬일이냐
	내 팔자 기박하야
	종당에는 이런 환을 보니
	어디 가서 원악하며
	어디 가서 산달 말이냐
	아이고 이런
	이놈 부랄 대단히 크게 생겼다(웃음)
	아이고 이놈아
	웬몸이 기다랗게도 생겼나
	사대삭신 육천마디를 모두
	만지며 어루며 탄식할제
	만지며 어루며 탄식할제
	얼굴이 이놈이 더렇게 생겨 못씨겄다(칼로 얼굴을 친다)
	어허 이것이 웬일이냐
	천리강산 먼먼 길

노중에서 죽어도 원통한데
여기 이 동네 와서
난장 주릿대를 방맹이를 안고 죽을테니
원통하고 개운한 일을
어느 곳에 말할소냐
어림없는 일이로다

여봐라, 예-. 여러 말 길게 없이 얼른 저놈 때려 부셔라. 어디 갔어

청중   뒤에 있어요
굿꾼   매우 쳐라. 허, 정신없이 이 사람아, 사람 죽겠서. 이 사람아, 예
        이! 딱
청중   아이고 아이고
굿꾼   아이고 아이고 아이고
        애통하고 울음 운다
        정애비가 탄식하며

일짜로 아뢰리다
일부종사 못한 몸이
이부종사를 원하리까
어서 바삐 죽여주오
매우 쳐라 예-이(또 한대를 치며)
딱
이짜로 아뢰리다
이부불경 이 년몸이
이도령을 이별하고

형장 이때에 훼절할까

어서 바삐 죽여 주오

매우 쳐라 예-이(또 한대를 치며)

삼짜로 아뢰리다

삼종지의를 알았거늘

오리사명을 버리리까

어서 바삐 죽여 주오

매우 쳐라 예-이

부치니

사짜로 아뢰리다

사대부 양반님에는

사기사도 모루시오

예매하고 영분한 이 목숨을

무슨 죄고 죽이라느냐

어서 바삐 죽여 주오

다섯을 딱 부치니

오짜로 아뢰리다

오행일신 가는 분이

열녀를 하루한들

매우 쳐라 딱

육짜로 아뢰리다

육국을 달래던

소진장도 나를 알고

방시월색하던 육도

일곱치패 하였는데

일매 향장 육천마디

하나없이 다 죽였소

일곱을 딱 때리니
칠짜로 아뢰리다
치라하는 저 형리는
칠제마다 괄세 말우
칠제마다 고찰을 말고
드난 칼로 내 목을
뎅그렁 비어 주오
여덟을 딱 때리니
팔자로 아뢰리다
팔도방백 수령님에
팔거리 공사가 웬일인가
골골마다 다니면서
일곡배학 하던 일을
이제 와서 모두 다 생각하니
오날일이 다 지녔에
아홉을 딱 때리니
구짜로 아뢰리다
내가 죽어서 구천에 돌아간들
이도령을 잊을쏘며
어서 바삐 죽여 주오
열을 딱 때리니
십짜로 아뢰리다
십분 용서 못하는
당신들은
예매하고 무고하니
이 세상을 원근 불안이라
요이부동 하는망정

나 하나 죽어지면
이 동네 방성 각인각성 대주님네
원삼치를 풀을테니
어서 바삐 짓이겨라

절판 났겄다. 이리 한참 치니. 이때에 정애비 어머니가 들어오더
니, 열 손을 만지며 애통하고 우는데.
아이고, 이런 영 죽었네.
때려 부대야지
떵꿍

상청을 서른 여덜
중청은 시물 여덜
하청은 예 여덜
우중방 남수비
좌중방 여수비
저리 좀 비켜요. 예, 저리 좀 비켜

(이하 청취 불능)

청중 아이구 수고허셨서. 수고하셨습니다(박수 소리) 거 참, 노인이 정
      말 참 성공했시다.

이용우와 지갑성의 경기도 남부굿 마달

이 자료는 국립문화재연구소에서 간행한 경기무악에 대한 음반 음원의 사설을 정리한 것이다. 그러므로 음반의 사설은 경기도 도당굿 이해에 일정한 도움이 될 수 있는 자료라 판단하여 정리한 것이다. 이보형이 대담하고 이용우와 몇 몇 인물들이 연주에 동참한 결과물임을 알고 자료로 삼아야 할 것이다.

1(CD-14). 제석섭채

(소리 : 이용우. 장구 : 지갑성. 피리 : 이충선. 해금 : 임선문)

산이 또는 화랭이가 앉은 상태에서 장구를 잡고 마달을 하는 것을 확인하게 된다. 필자의 경험으로 동막도당굿에서 앉은 청배로 이 마달을 이용우화랭이가 제석굿에서 구연한 바 있다. 먼저 도살풀이로 시작해서 발뻐드레로 마무리한다. 세 가지 청배 방식의 유형이 있다. 도살풀이-발뻐드레의 유형, 가래조-도살풀이-발뻐드레의 유형, 굿거리-자진굿거리-발뻐드레의 유형 등이 그것이다.

〈도살풀이〉

대암 제석

소암 제석

제불 제천 낙산 관악[1]

석암 문전 쥔 제석[2] ~ 에이

제석본은

게 어디 제석본일러냐

천하궁 본이로구나

제석님의 어머니는

용궁뜰 용녀 부인

혼인 동중 인연 맺어

석 삼년 후에

한 두 달에 피를 모아

다섯 살에 반짐 받어

십삭만에 낳아놓니

저 애기 거동 봐라

팔자 하나 기박허고

사주 불길 하야

다서 살에 부선망에

여섯 살에 모선망에

갈 바리 전햐 없어

---

1) 관암의 와음이다. 관세음의 뜻이며 범어 'avalokitesvara'의 음역이다. 관세음이
란 세간의 음성을 관하는 이라는 뜻이며 또 중생에게 온갖 두려움이 없는 무외심
(無畏心)을 베푼다는 뜻으로 시무외자(施無畏者)라고도 하며 천수천안관세음보
살 등으로 다양하게 쓰이는 것을 볼 수 있다.
2) 젠제석으로 와음되기도 한다. 가령 모든 제석의 뜻을 지니기도 한다. 다른 지역
에서는 서인제석, 석가제석, 제인제석, 석항제석 등으로 다양하게 일컬어진다.

아잡 삼촌 집에 가서
고공살이 허노라니
아재비는 내 아재비요
아주매미는 남의 전처
찬 밥뎅이 던져 주며 에이
이 밥 먹고 낭글 가라
아재비는 글을 배라
저 애기 거동 봐라
나무 연장 움켜 쥐고
나무를 가는구나
문 밖 나서면서
나무 나무 나무 가자
문 밖 서서 외치니
누군들 낭굴 가랴
저 애기 허릴 없이
나무 연장 들어 미고
나무를 허는구나
청금산 내려 가서
아래 퍼진 떡갈 나무
위 퍼진 광대 싸리
한 전 두 전 하노라니
내려온다 내려온다 내려온다 내려온다
중이 하나 내려온다
저 중은 어떤 중이냐
육환(대사) 명을 받어
권선문 높이 들고
시주 집이 내려 갈제--

산을 넘어서며 들도 건넜구나
한 곳을 당도 하니
소구한 울음 소리가
바람결 들리니
조그만 중 하나가
나무꾼 --
아나 애야 말을 물어보세
달로도 많은 달이며
날로도 많은 날에
한산 나직인데
어적 낭글³⁾ 가겠느냐
저 애기 대답하되
사주가 불길하야
팔자 하나 기박하야
아잽 삼촌 집에 가서
고공살이 허노라니
아재비는 내 아잽이요
아지메미는 남의 전처
흰 밥뎅이 찬 밥뎅이
여기 저기 던져주며
이 밥 먹고 낭글 가라
의지 읎어 왔나이다
네가 정녕 그럴진대
나알 따러 가세
저 애기 거동 보소

---

3) 산의 나무를 하러가겠는가 하는 말이다. 낭굴은 나무를의 방언적 표현이다.

나무 연장 다 버리고

저 중 따러 절에 갈 제

한 곳을 넘어가니

산도 웅장하다

큰 법당 삼 층 절에

하날 만큼 솟어 있고

작은 법당 이 층 열안 허궁에 솟았구나

그 때에 재가 들어

여러 중이 모두 앉어

염불 공부 힘을 쓴다

저 애기 거동 보소

천자를 배울 적에

천자 유학 사략 초권

동몽선습 논어 맹자

시전 서전 사서삼경 읽어낸다.

(중의 글이란 문신 급제헐 글이라)

이 글도 못 씨겄다 ---

(경문이나 외워 가세)

하느님전 축수경

땅에는 법화경이요

일가에는 화목경이요

대전으로 읽어낼 제

그 때 당금애기로구나

재질 좋다 하고 인물 좋다 수겨갈제

구경차로 가는군나

저 중에 거동보소
백지포 고깔에다
신임이 다홍 띠 눌러 메고
자주 바랑 들쳐 미고
제석 뜰 내려 가서
아홉 선비 모여 앉아
바둑 장기 두는구나
제석 뜰을 내려 가서
시주 동냥 염불헐 제
이 때에 당금애기는
하날에 트인 곳에
땅에다 베틀놓고
제석 뜰로 나섰으니
나주 지심 모신 성이라 모셨으니라

2(CD-15). 제석청배

(소리 : 이용우. 장구 : 지갑성. 피리 : 이충선. 해금 : 임선문)

〈도살풀이〉

에야 –
공심은 제례주요[4]
제례 남산 본이로구나
집 터 잡으시니

---

4) 무조신인 공심희와 제례주를 말한다.

삼이삼천5) 서른 수요

시물 여덟 땅을 마련

허궁천6) 비비천 삼화는7) 도리천8)

일심화경 되었느냐

천개는 어자하고9) 지벽이 여축하야10)

천야만야 이른 후에

일월성신 마련하는구나

대암 제석에11) 소암 제석

---

5) 불교에서 말하는 삼심삼천을 말하며 이를 욕계, 색계, 무색계 등으로 나누어서 준별한다. 욕계육천(欲界六天), 색계십팔천(色界十八天), 무색계구천(無色界九天)이다.

6) 허공천의 와음이다. 'akasa'의 음역으로 우리의 눈에 보이는 허공을 말하며 빛이 나 모양도 없으며 일체의 모든 것을 온통 휩싸고 있는 천을 말한다.

7) 三度즉 단위를 나타내는 셋이라는 숫자.

8) 도리천은 한자로 도리천(忉利天)으로 표기하며 범어 'trayastrimsa'의 음역으로 욕계 육천의 제 2천이며 33천이라 번역하며 남섬부주의 위에 팔만유순 수미산 꼭대기에 있다고 상정한다. 거기 중앙에는 선견성(善見城)이 있는데 이안에 제석천이 있고 이에 따르는 식구들이 하늘에 살고 있다. 사방 8성(城)과 32성에 선견성을 더해서 33이 된다. 33천은 반달의 3재일마다 성 밖에 있는 선법당(善法堂)에 모여 옳고 그름을 평판한다.

9) 천개어자(天開어자)가 하늘이 자방에서 처음 열렸다고 하는 뜻이다. 맨 처음 열린다는 뜻이다.

10) 지벽어축(지벽어축)은 땅은 축방에서 처음 열렸다고 하는 뜻이다.

11) 불교의 석제환인다라(釋提桓因陀羅)를 말하며 석가제바인다라(釋迦提婆因陀羅)라고도 한다. '제'는 범어 'indra'의 음역이며 '석'은 'sakara'의 용역이고 이름으로서 能이며 설기야(設忱也)의 약칭. 부처의 姓, 불교가 중국에 들어 갈 적에는 처음에는 竺(축)이라고 했으며 진나라의 道安이라는 스님이 불제자들은 모두 서가의 성을 좇아야 한다는 말에 이후로부터 스님의 성으로 썼다. 제석천은 수미산의 꼭대기에 도리천을 다스리는 임금이며 선견성에 있어 사천왕과 32천을 통솔하면서 불법과 불법에 귀의하는 사람을 보호하며 아수라의 군대를 정벌한다는 하늘 임금.

제불 제천 낙산 관악
석암 문전 십이제석
제석님의 근본이러니
게서 어디 본일러냐
천하궁이 본이로구나
제석님의 근본이요
제석님의 본일러니
용궁뜰 용녀 부인
혼인 동중 인연 맺어
한 두달에 피를 모고
다섯 달에 반짐 받어
십삭만에 낳아놓니
저 애기 거동 봐라
한 두 살 말 배고
다섯 살 글을 배워
복희씨 데려갈 적에
사주 하나가 불길하야
팔자 하나 기박하야
다섯 살에 모선망하야12)
여섯 살에 부선망하야13)
갈 바히 전햐14) 읋어
아잽15) 삼촌 집에 가서
고공살이16) 허노라니

---

12) 모선망(母先亡)하여라는 뜻으로서 어머니가 돌아갔다는 말.
13) 부선망(父先亡)하여라는 뜻으로서 아버지가 돌아갔다는 말.
14) 전혀. 경기도 남부의 사투리이다.
15) 아저씨라는 뜻이다.

아재비는 내 아재비요
아주배미는 남의 전처
흰 밥뎅이 던져주며
이 밥 먹고 낭굴 가라
이 밥 먹고 낭굴 가라
저 애기 거둥 보소
나무 연장 들어 멜 적에
굽발 없는 지게에다
등테 없이 짊어지고
세 발 갈퀴를 들어메고
문전을 나서더니
나무 가세---, 나무, 나무, 나무 가세
아무리 외오치니
한산날 아적인데[17)
거 뉘가 나무가랴
저 애기 거둥보소
허릴 없이 혼자 간다
청금산에 청에 조종
황금산에 황에 조종
아래 퍼진 떡갈 나무
위 퍼진 광대 싸리
한 전[18) 두 전 허노라니

---

16) 고공(雇工)살이라고 하는 것을 말한다. 일련의 머슴살이와 같은 것을 한다고
    해석된다.
17) '한식 날 나절인데'로 전혀 명절인데도 일을 하고 나무하는 처지를 이른다.
18) 한 전에서 '전'은 낫으로 나무나 풀을 베거나 깎아서 놓을 적에 한 무더기를
    나타내는 말이다. 그것이 나중에 짐이 되었다.

내려온다, 내려온다 내려온다
저기 저 중 내려온다
저 중은 어떤 중이냐
육환대사 명을 받어
권선문을[19] 높이 들고
시주 집이를 내려 올 제에
석가 문안에 들려 오네
들도 넘고 산도 넘어 ――
한 곳을 바라보니(청취불능)
조그만한 –

〈발뻐드래〉
한 곳을 당도하니
큰 법당 삼 층 절에
하날만큼 솟아 있고
적은 법당 이층 열안
허공에 솟았구나
천자 유합 동몽선습
사략 초권 논어 맹자
시전 서전 주역 사괘
사서삼경을 읽어내니
(청취불능)
하나님전 축수경

---

19) 권선(勸善)이라는 것이고 이것을 달리 권진(勸進)이라고도 하며 착한 일을 하라
고 권하는 것을 말하기도 하고 불도에 들어오게 하거나 불사를 위해서 시주하는
것을 말한다.

땅에는 법화경

부모에는 효성경

일가에는 화목경

동기간에는 우애경

동네는 화우경

팔만대장경 읽어내니

중의 도법 완연하다

그 때 당금애기

재질 좋다 나라 가득

인물 좋다 소문 듣고

구경차로 가는구나

저 중에 거동 보소---

권선문 높이 들고

제석 뜰로 내려 갈제

아홉선비님네

(이하 청취불능이나 아홉선비집에 가서 염불하고 당금애기와 만나는 장면이 이어진다. 그래서 문전에서 염불을 하면서 천수경을 외우는 과정이 연행된다. 한 가지 특이한 일은 이 이하에서 이루어지는 제석의 아버지인 중과 당금애기의 사연이 이루어지고 제석의 내력담이 상세하게 이어지지 않는다. 예컨대 이용우, 오수복, 조광현 등의 제석본풀이에 이러한 일이 동일하게 나타난다. 아마도 확실하지 않으나 축소 전승에서 생기는 현상으로 이해된다.)

3(CD-16). 제석노래가락

(소리 : 이용우. 장구 : 지갑성. 피리 : 이충선. 해금 : 임선문)

〈거리노랫가락〉

＊거리노랫가락은 경기도 남부에 존재하는 각별한 노랫가락이다. 서울굿이나 경기도 북부 지역의 굿, 경기도 서부의 굿에서도 노랫가락이 쓰이는데 남부의 화랭이들이 하는 굿과 판이하게 다르다. 흔히 연행자들이 두 마루 반의 노랫가락이라고 말하는데 장구 산이들이 반복해서 부르는 대목이 결합하는 특색을 갖는다. 세줄 시의 마달을 형성하지만 특징적인 것은 초장과 중장이 서로 반복되며 이 반복에서부터 장구잽이와 일어서서 하는 산이가 함께 부르며, 후렴구처럼 '제석이 와겨를 서셔 놀구나 가고-' 등이 반복되는 특성을 지니고 있다. 사설은 서울굿의 불사노랫가락과 전혀 다르게 되어 있으나 그렇다고 완전히 다른 것은 아니다. 가령 일치하는 것이 반복되기도 한다.＊

> 놀우소서 놀우를소사 대암 제석님의 놀우를소사
> 놀우소사 놀우를소사 대암 제석이 놀우소사
> 제석이 와겨를[20] 서셔 놀구나 가-
>
> 놀우소사 놀우를소사 대암 제석이 놀우소사
> 놀우소사 놀우를소사 소암 제석이 놀우를소사
> (제석이 와겨를 서셔 놀구나 가-)
>
> 남산은 천 년 산이요 한강수는 만년수
> 남산은 천 년 산이요 한강수는 만년수세
> 제석이 와겨를 서셔 놀구나 가-

---

20) 와서 계신다고 하는 말이다.

젖히고[21] 젖혀를 주세 요귀(妖鬼) 사귀(邪鬼)를 젖혀주세
젖히고 젖혀를 주세 요귀(妖鬼) 사귀(邪鬼)를 젖혀주세
제석이 와겨를 서셔 놀구나 가-

불어주고 도와를 주세 부귀 공명을 도와주세
불어주고 도와를 주세 부귀 공명을 도와주세
제석이 와겨를 서셔 놀구나 가-

남산에 눈 비가 오니 솔포기마다 매화로세
남산에 눈 비가 오니 솔포기마다 매화로세
제석이 와겨를 서셔 놀구나 가-

창 밖에 유자를 심어 유자 나무에 학이 앉아
창 밖에 유자를 심어 유자 나무에 학이 앉아
제석이 와겨를 서셔 놀구나 가-

남산에 달래를 캐어 한강수에 흘리시세
남산에 달래를 캐어 한강수에 흘리시세
제석이 와겨를 서셔 놀구나 가-

삼정승 심으신 낭게 육판서 앉어 물을 주어
삼정승 심으신 낭게 육판서 앉어 물을 주어
제석이 와겨를 서셔 놀구나 가-

놀우소사 놀우를소사 소암 제석이 놀우소사

---

21) 요귀와 사물을 젖혀준다고 하는 뜻이다.

놀우소사 놀우를소사 대암 제석이 놀우소사
제석이 와겨를 서셔 놀구나 가~

4(CD-17). 제석만수받이

(소리 : 이용우. 장구 : 지갑성. 피리 : 이충선. 해금 : 임선문)

〈만수받이장단〉

*만수받이 장단으로 하는 것이 만수받이이다. 만수받이는 신을 청배
하는 한 가지 방식이다. 화랭이들이 만수받이를 하는 것은 좀체로 만나
기 힘든 것인데 이용우와 지갑성이 한테 어울려서 만수받이를 했다. 서
울굿처럼 규칙적인 장단 배분을 하면서 반복창을 하지 않고 선창자가
장단을 건너뛰면서 판패개제 성음으로 소리를 하면 후창자와 대창을 형
성하지 않을 수 없다. 그래서 다성적 선율로 이어가는 각별한 방식의
만수받이를 형성한다.*

대암 제석
소암 제석
어라 제석
어라 제석
소암 제석
소암 제석 대암 제석
제불 제천 낙산 관악
서가 문전 생긴 제석
아들 애기 나신

명 가사 품으시고
어라 제석
어라 제석이로구나
어라 제석이로구나
어라 제석 석가 제석이로구나
천비가 다라질 적에
대암은 제석
석암은 제석
어라 제석
복을 많이 점지하였구나 아--
어라 제석
명을 많이 점지 하였구나 - 아 -
어라 제석
어라 제석
어라
명도 많이 불어 주시던
삼불 제석님네 오실 적에
어라 제석이야
대암 제석
소암 제석
어라 제석이야
어라 제석이야
소암은 제석
대암은 제석
어라 제석이로구나
어라 제석
석암은 제석

소암은 제석

한- 들어 메고

인간은 - 들어

대암은 제석

소암은 제석

대암은 제석

어라 제석

이 정성을 들이논 연후에

이 굿을 맞었네

어라 제석

공든 탑이 무너지랴

심근 나무 꺽어지랴

어라 제석

어라 제석

대암은 제석

소암은 제석

어라 제석

5(CD-18). 조상굿청배 가래조

(소리 : 이용우 장구 : 지갑성 피리 : 이충선 해금 : 임선문)

〈가래조, 중두박산〉

*가래조는 조상굿이나 군웅굿에서 쓰이는 독자적인 청배 장단이다. 가래조는 엇모리와 한배가 맞는 장단이다. 그런데 엇모리와 한배가 맞

기는 하나 안밖으로 바꾸어서 치기 때문에 다소 기이하게 들린다. 또한 가래조는 전악과 소리꾼이 서로 번갈아서 소리를 하기 때문에 악기의 선율과 소리꾼의 소리 교대되는 기이한 체험을 하게 한다. 먼저 피리와 해금이 선율을 가래조 장단에 맞추어서 하고 이어서 화랭이가 마달을 한다. 마달은 장단과 사설이 규칙적으로 붙는 것은 아니다. 불규칙하게 붙으며 가변적인 붙임을 하는데 엇붙는 것은 아니다. 둘의 소리 교대에 는 일정한 장단을 규칙적으로 반복하지 않고 피리와 해금은 대체로 네 장단을 연주해서 고정적인 장단 운용을 한다. 우리 음악에서 이러한 방 식이 전혀 없었던 것은 아니다. 〈壽齊天〉과 형식에서도 한 장단 가운데 앞에서 피리가 선율을 연주하고 난 뒤에 이를 이어서 해금과 대금 등이 주선율을 받아 이어서 연주하는 連音形式과 일치한다. 차이가 있다면 한 장단 내에서 교대하는 것과 다르게 가래조에는 몇 장단을 거푸 연주 한 다음에 바꾸는 것과 일치한다.＊

(피리와 대금이 장고 장단에 맞추어서 가래조 장단을 연주한다. '합-따 쿵- 쿵-따 쿵-/3+2+3+2'이 한배가 되는 장단이다. 이것이 모두 다섯 장단이 연주된 다. 먼저 한 장단은 장구만 연주한다. 나머지 네 장단은 피리와 해금이 선율을 연주한다.)

> 대월은 서른 날이요
> 소월은 이십 구일이요
> 금년은 열 두 달이라
> 삼백은 예순 날이요
> 동삼색 하삼색 추삼색
> 군웅 왕신 마누라
> 신청 전물에 와겨서

　　나라님 전물로[22) 나리오

(가래조 네 장단에 다시 피리와 해금이 선율을 연주한다.)

　　　하날은 언제 나며
　　　땅 언제 나겨신고
　　　천지 읍신지하니
　　　한 기운 뿐이라
　　　태극이 어린[23) 후에
　　　음양이 교호하야
　　　지리가 생겼구나
　　　천황씨 천하 마련
　　　지황씨 지하 마련
　　　염제 신농씨 황제 신농씨
　　　태호는 복희씨라[24)
　　　실농씨 마련헐 제
　　　첫번 오시는 군웅 왕신님
　　　인간 마련하시고
　　　신청 잡아 나리신 와겨셔서
　　　나라 일체로 나리오
　　　(가래조 장단에 피리와 해금이 네 장단 연주한다)
　　　높은 산 제일봉은

---

22) 전물은 만신들이나 굿을 하는 이들이 하는 말로, 진설상에 차려놓은 음식 등을
　　일컫는다.
23) 태극에 의해서 만물이 생성한다고 하는 뜻을 이른다.
24) 태호 복희(太昊 伏羲)씨는 중국의 전설적인 임금인데 팔괘를 처음 만들고 그물
　　을 발명한 이이고 뱀의 몸에다 사람의 얼굴을 한 모습이라고 한다.

산악이 조종이요
산제룡 흘러 들어
천하 구주 되었어라
천하가 적단 말쌈
공자의 대국이요
노국이[25] 적단 말쌈
우리 모르노라

(이 대목에서 장단이 가래조에서 잦은 가래조로 이동하는데 이 장단은 올림채
와 한 배가 맞는다. 느린 장단에서 빠른 장단으로 이동하면 장단 자체도 한배가
달라지면서 이름도 달라직 된다. 막판에는 잦은 올림채를 모리에 가깝게 연주하
나 장단의 틀은 무너지지 않는다. 그리고 이 과정이 끝나면 끝에 다시금 가래조로
회복한다.)

천지를 바라 꽃이 바라보니
태양이 현무 되고
동산은 주작이요
천태산 청룡이요
금강산 백호로구나
진시황 만리장성은
벼리로[26] 삼어 두시고
남경(南京) 웅천부(熊川府)
북경(北京) 순천부(順天府)

---

25) 공자의 고향이 노(盧) 나라이기 때문에 이른 말이다.
26) 그물 위 쪽 코를 꿰어서 올렸다 내렸다 하게 만든 줄이 원뜻인데 여기서는 토대를
삼는다는 뜻이다.

동남 한실[27] 간 데 없고

오희는[28] 어디를 가며

지당은 어디 간고

세간 문물이

남가일몽이라

구주 첫 번 치국 마련하실 제

첫 번 치국을 잡는구나

경상도 경주 서울은

김비 대왕 치국이요

두 번을 잡는다 나주

전라도 전주 서울은

공민왕 치국

세 번을 잡으시니

충청도 부여 백제왕 치국이요

네 번을 잡는다

개성은 선덕물이라

왕건 태자 최일 장군

삼지창 받어 오시고

다섯 번째 시지 한양

아태조 치국

뉘라서 잡었던고

강남서 나온 무핵이

당글 영쇠 띄워놓고

---

27) 한나라의 왕실을 한실이라고 한다.

28) 오희(吳姬)늘 오나라와 월나라가 싸울 적에 남편을 싸움터에 보낸 고사인데 오
   나라와 월나라의 미인(美人)을 말하며 채련곡에 나온다.

지두서 앞에 놓고
대궐 터 잡는구나
동구안 대궐 터는
장군이 출두형이요[29]
새문안 대궐터는
옥녀가 탄금형이라
경복궁 새 대궐 터
차례로 마련을 헐 제
정승은 삼정승
판서는[30] 육판서
도감은 오도감
낭청은 팔낭청[31]
각도 각읍
각도 방백 수령을
차례로 마련을 헐제
일품을 잡는구나
광해는 일품
광주 이 품에
수원은 삼품을 마련
동네로 잡으시니
남문 밖 내달어서
동네 방성 --이라

---

29) 장군이 출두하는 형태라고 하나, 다른 곳에서는 장군이 말을 타는 등마형이라고 한다.
30) 판서는 조선조 육조의 으뜸 벼슬이며 정이품이다.
31) 비변랑(備邊郎)이라고도 하며 국내외의 군사 기밀을 관리하던 종육품 벼슬아치를 이른다.

정성을 들일 적에

오시는 임신네는

유태끼고

앞 내물 질러 가니

용이라 놀던 곳은

비리32)영정 금하시고

뒷 내물 질러 가니

학이라 노던 곳을

누리33) 영정하고

공중에 소슨34)

물은 쉰 일곱 스물 한박

상탕에 머리 감고

중탕에 목욕하야

하탕에 열손 발원

시위송신주단마35)

신연백모를36)

각으로 들여노시고

---

32) 비린내 난다는 뜻이며 깨끗한 물을 길어서 굿을 해야 되는데 비린내 나는 물은 사용할 수 없다는 뜻이다.

33) 누린내 나는 물을 말한다. 신은 비리고 누린 것을 싫어하고 이를 금기시하여 이르는 말이다.

34) 솟은.

35) 시위송신조단마(侍衛送神調緞麻)로 이 말의 원뜻은 앞 내에서 물을 뜨고 뒤 냇물에서 물을 떠 와서 주단과 성긴 베를 입고서 신을 모셔 오고 보낸다는 뜻이다.

36) 중국의 탕왕(湯王) 고사에서 나온 것인데 칠 년 동안 가뭄이 들자 직접 왕이 손발톱을 깎고 머리를 자르고 상림원(上林苑)에 가서 기우제를 지내자 그 비가 수천 리에 내리게 되었다고 하는 고사성어에서 유래된 말이다. 흔히 신영백모 전조 단발(身嬰白茅 剪爪斷髮)이라고 하며 판소리나 민요 등의 사설에서 이러한 대목 이 등장한다.

오시는 임신네는
초가망
초두 부정
이가망
이두 부정
즐거이
다녀 가시고
오시는 임신네는
칠성 어비양이
즐거이 다녀 가고
오시는 임신네는
제석이 오실 적에
제석은 삼불 제석
즐거이 다녀 가시고
오시던 임신네는
군웅이 오시느니
잡어오시던

(가래조 장단으로 다시 돌아와서 연주하면서)

군웅 왕신님 전물에 와겨셨던
전물로 나리오
(가래조 장단에 피리와 해금이 연주한다)

6(CD-19). 조상굿 섭채

(소리 : 이용우. 장구 : 지갑성. 피리 : 이충선. 해금 : 임선문)

*조상굿은 조상을 청배하고서 섭채 장단에 다시금 조상을 청한다. 도
살풀이와 섭채는 서로 동일한 장단인데, 때로는 섭채라고 하고, 때로는
도살풀이라고 한다. 도살풀이는 느린도살풀이-빠른도살풀이-느린모
리-빠른모리-느린발뻐드레-빠른발뻐드레 등으로 이행한다.

〈도살풀이〉

~ 에야 ~ 굿이로구나.

공심여래는 산 집터 잡으시니

삼이 삼천수요

천하 마련헐 적에

우어 어어어허-

이 굿 뉘 굿이로구나

아하-

대한 가중 조상님 임네여

이 정성을 들이는데

조상님 이 들어오신다

조상님 오시는데

중기팔만 사천문을 열어

청장간 들어오소사

청산에 청나비는

잎에 걸려 못 오시고

홍산 홍나비는

꽃에 걸려 못 오시고

월하동산 나비는

줄에 지쳐 못 오시고

조상님네는 달에 걸려 못 오실제

앞도 진언[37] 뒤도 진언

증구업진언[38] 증삼업진언[39]

진언을 외워 던졌구나

잡귀 잡신을 굴복 사래를[40] 드리시고

십대조 할아버님 할머니

양우분이 영가(靈駕)시고

구대조 할아버님 할머니는

양위분이 영가시고

팔대조 할아버님 할머니는

선대분이 계시니

양우분이 영가시고

오대부텀 봉사로구나

오대조 할아버님 할머니는

양우분이 영가시고

삼대조 할아버님 할머니는

양우분이 영가시고

---

37) 진언(眞言)은 산스크리트 원말로 되어 있는 일종의 주언이다. 가령 정구업진언,
천수경 등에서 이러한 말의 원래 내력을 말한다.

38) 정구업진언(淨口業眞言)인데 천수경의 한 구절이며 지금까지 입으로 지은 모든
죄를 깨끗이 하고 거짓이 없는 참된 말만 하겠다는 진언임.

39) 정삼업(淨三業)을 말하는데 삼업이란 몸으로 지은 죄로서 살생, 도둑질, 음탕한
짓이 있고 입으로 지은 죄는 거짓말, 이간질, 꾸미어 말한 짓이 있으며 뜻과 마음이
일치하여 지은 죄는 탐내는 말, 성내는 말, 어리석은 짓을 말한다.

40) 진언을 외워서 잡귀 잡신을 굴복시킨다는 뜻이다.

사대조 할아버님 할머니는
영가시고
삼대조 할아버님 할머니
양우분이 영가로 솟아나시고
원진살을 짖어두고

(청취불능)

(장단이 이 위에서부터는 발뻐드래로 바뀌고 있다.)
　이 정성을 바치는구나
　이 정성을 들일 적에
　차차례로 정성을 들일 적
　아홉네 혼신 영가 시고
　금이차41) 오시는 임신네는
　상청에 나 앉으시고
　중청에 나 앉으시던
　영 가시오 ----
　말 안애 드던 무상
　말 밖에 나던 무상
　덩기덩 받으시고
　즐거이 다녀 가시고

─────────
41) 그 다음에 오는 신격이나 위계에 의한 신을 이렇게 말한다.

7(CD-20). 조상굿 오니굿거리

(소리 : 이용우, 장구 : 지갑성, 피리 : 이충선, 해금 : 임선문)

〈잦은굿거리〉

군웅님이 들어오실 제

그 밑을 바라보니

삼백 쉰 돌림 --

삼백 댓동 양진 사립[42]

대모 갓끈[43] 달어 쓰고

푸르니 청태 철육

누르니 홍포 철육

대귀 띠며 광대[44] 우띠

흉복통을 눌러 메고

군웅님이 들어오실 제

대장이하(大將以下) 일등패(一等牌)

오칠장창[45] 우기병이라[46]

이등패(二等牌) 육팔장창[47] 좌기병이라[48]

삼사낭사 구십당파[49]

---

42) 사립(絲笠)으로서 명주실로 짜개를 하여 만든 갓을 이른다.
43) 대모관영(玳瑁冠纓)를 말하며 패영의 한가지이다. 대모와 구술 따위를 번갈아 꿰어서 만들며 여름에 관원들이 주로 쓴다.
44) 융복(戎服)에 두르는 넓은 띠를 말한다.
45) 오칠장창(五七長槍) 긴 창을 말한다.
46) 우기병(右旗兵), 즉 우측에 정렬해 있는 병사이다.
47) 육팔총창(六八叢槍), 육척이나 되는 긴 창이다.
48) 좌기병(左旗兵) 즉 좌측에 정렬해 있는 병사와 깃발.
49) 삼사랑사구십당파(三四狼筅九十鐺把), 많은 수의 사람들이 북을 들고 와자지

　　　장일패(將一牌) 기승(騎乘)이로구나

　　　각방(各方)에 표를 허고

　　　동방 칠면(東方七面)에 청기50)를 세웠으되

　　　각항저방심미기(角亢氐房心尾箕)51)

　　　각방에 표를 허고

　　　남방 칠면(南方七面)에 적기52) 세웠으되

　　　규루우묘필자삼(奎婁胃昴畢觜)53) 세웠으되

　　　서방 칠면(西方七面)에 백기54) 세웠으되

　　　두우여어위실벽(井鬼柳星張翼軫)55)

　　　각방에 표를 허고

　　　정귀유성장익진(斗牛女虛危室壁)56)

　　　각방에 표를 허고

　　　북방 칠면(北方七面)에 흑기를57) 세웠으되

　　　대장 청도 들어 올제

　　　청도58) 한 쌍 홍문 한 쌍

껄하게 떠든다는 뜻이다.

50) 청기(靑旗) 음양오행에서 동방은 청색을 나타낸다.

51) 중국의 천문에서 황도를 따라 천구(天球)를 스물 여덟로 나누어서 구분을 하는데 그 각 구역에 있는 별을 나타낸 것이다. 동에는 角·亢·氐·房·心·尾·箕이며 서에는 奎·婁·胃·昴·畢·觜·參, 남에는 井·鬼·柳·星·張·翼·軫이며 북에는 斗·牛·女·虛·危·室·壁으로 구분한다. 각각의 구성에 의해서 별자리를 구분하는 방식이다.

52) 적기(赤旗) 남쪽은 음양오행에서 빨간 색이니 붉은 기를 세운다.

53) 규루우묘필자삼(奎婁胃畢觜參)인데 이는 남쪽을 나타낸다.

54) 백기(白旗)는 서방을 나타낸다.

55) 두우여허위실벽(斗牛女虛危室壁)은 북방을 나타낸다.

56) 정귀유성장익진(井鬼柳星張翼軫)은 남방을 나타내는데 위의 사설에서 보이는 것은 뒤바뀐 것이다.

57) 북방에는 흑이 방위이다.

주작 남동각 남서각 남초 홍문 한 쌍

저 한쌍 바라 한 쌍 나각 한 쌍

물밀 듯이 들어 가서

삼색실과 가진 포에 어동육서 좌포우혜

군웅님이 들어오셔서

즐거이 받으시고

한 잔 잡수시고

즐거이 받으시고

주인님께 올리는데

왼갖 술을 들여---

청유리 황유리 도연명의 국화주

홍로반59) 빛을 받아

감로주 빚어내어

한 잔 따러 내어

주인께 올리니 군웅님이 감하시고

또 한 잔을 따러내어

대주님께60) 올리실 제

만사---

자손 사망61) 왼갖 복을

---

58) 청도(青道, 清蘯)로 표기하며 옛 군대에서 군기나 대기치(大旗幟)의 한 가지이다. 행군을 할 적에 앞에 서서 길을 치우는데 사용하며 둘이다. 바탕은 남빛이고 가장 자리와 화염각은 붉은 빛이며 "청도"라고 써 있고 깃대 길이는 여덟 자이고 영두(纓頭)와 주락(珠絡)이 있으며 깃대는 창인(槍刃)으로 되어 있다.

59) 홍로반(紅露盤)인데 이슬이 맺어서 붉은 빛의 술이 된 것임을 말한다.

60) 대주는 굿을 의뢰하는 집의 주인 남자를 말한다. 이런 용어는 한수 이북의 강신무들이 굿을 하는 지역은 이런 용어를 쓴다.

61) 사망은 소망의 와음이고 서울 사대문 밖의 굿을 할 적에는 복을 많이 가져가라고 무녀가 그 집의 식구들한테 치마폭에다 "사망이야" 하면서 복을 담아주는 굿법에서

자손 창성 ~ 이 ~
빌어주시는구나.

8. 남창 서낭 굿 중거리

(소리 : 이용우. 장구 : 지갑성. 피리 : 이충선. 해금 : 임선문)

〈굿거리〉
팔도 서낭이 들어온다.
팔도 서낭이 들어 온다.
경상도 태백산 서낭님이 들어 와
거기서 썩 내달아
전라도 지리산
온갖 뜨던 서낭님이 들어온다.
충청도 계룡산 서낭님이 들어온다.
거기서 썩 내달어
황해도 자모산에 서낭님이 들어 온다.
온갖 뜨던 서낭님이 들어온다.
거기서 썩 내달어
강원도 금강산 서낭님이 들어온다.
거기서 썩 내달어
강원도라 금강산에
온갖 뜨던 서낭님
거기서 썩 내달어

나온 문서이다.

갈 곳을 모르더니

경기도로 내려 와서

삼각산에 --

거기서 썩 내달어

--- 쉬이 하고

서문 밖 썩 내달어

배다리 지내서 --

거기서 얼른 지내 --

좌우 숙수 허고 --

수원을 당도하야 --

도와주고 불어주고

불어주고 도와주고

도와주고 벌어주고 불어주고

자손 창성 부귀 공명---

상청은 서른 여덟 수비[62]

중청은 스물 여덟

하청은 열 여덟 수비

문 밖을 썩 나서니

우중강[63] 남수비 여중강 남수비

좌중강 여수비 몰아내고

해산 영산[64] 마루 넘던 수재[65] 넘던 수비 수살 영산 재결 영산[66]

---

62) 수비는 잡귀잡신을 말하는데 어원은 미상이며 전국에 걸쳐서 이런 용어가 쓰인
다. 우두머리 수비가 종류가 스물여덟이나 된다고 하여 이렇게 사설을 구송하며
이하 중청, 하청도 마찬가지이다.

63) 오른쪽에 있는 잡귀잡신이 있다가 들어오는 것을 말하는데 중강은 흔히 멀리
있던 잡귀 잡신도 굿한다는 말을 풍편에 듣고서 들어온다는 말이다. 남수비나 여중
강 수비도 같은 뜻이다.

그저 ~ 많이 먹고 가소.

9. 남창 새성주굿 푸살

(소리 : 이용우. 장구 : 지갑성)

〈푸살〉
공심은 제레주요
제래 남산본이로구나.
집 터를 잡으시니
삼이삼천 서른 에이 ~
(합창) 에이요, 에이 에이 에이요.

산이로구나
산이로구나
에이요, 에요 ~

높은 데는 밭을 갈고
얕은 데는 노을 풀어서
구백구식 씨를 던져

---

64) 애를 낳다가 죽은 영혼을 말하는데 무녀가 애 낳다가 죽은 영혼을 흉내를 내면서
    소리도 하고 재담도 한다. 이런 뒷전에서는 많은 잡귀 잡신을 풀어먹여야 되기
    때문에 온갖 재담과 "짓거리"를 무녀가 능청맞게 하는데 경상남북도에서는 원 양중
    이(남자) 이런 것을 한다.
65) 산마루를 넘다가 죽은 잡귀 잡신을 풀어먹인다는 말이다.
66) 자결 영산을 말하는데 자결은 목매달아서 죽은 것을 말한다.

매거니 가꾸거니
에이요, 에이요,
(합창) 에이요, 에이요, 에라 ~

산이로구나,
산이로구나
에이요, 에이요
- 어찌하야
저 공산 섯는 나무
톱으로다 비여내어
금도끼로 다듬어 에이 ~
(합창) 에이요, 에에이요

산이로구나
산이로구나
에이요 ~
방아 나무를 걸 적에
경신년 경신월 경신일이니 에이요 ~
강태공의 조작 방아
덩그렇게 비어내어
에이요 산이로구나
산이로구나
(합창) 에이요 에이요

우줄우줄 찧어내어 옥미가 되는구나
우리나라님 맞춰놓고
그 나머지는 가지구서 에이 ~

(합창) 에이요, 에이요 에에

산이로구나
산이로구나
에이요 에에이요~

(자진모리)
어여어여 어여차 어기여차 지경이야
(합창) 어여 어여차 어기어차 지경이야
(합창) 어허어허 지경 닷는

(중중모리)
동방을 다을 적에
동방 닷는 지방네들
청학에 묻었으니
학이 머리를 다칠세라

(합창) 어어어이여 지경이야
에이여 여차 어기어차 지경이야
남방 닷는 지방네들
적학 하나 묻었으니
적학 머리를 다칠세라
가만가만이 닷는다.
(합창) 에에이요, 어기여차 지경이야. 어 ~

10. 남창 새성주굿 고사 덕담

(소리 : 이용우. 북 : 지갑성)

셍겨드리자[67] 고사
셍겨 드리자 고사
하날은 언제 나며
땅은 언제나며
천지없시 한 기운 뿐이로구나.
태극이 어린 후에
음양이 모호하야
지리가 생겼구나.
천황씨는 천하 마련
지황씨는 지하 마련
염제 실농씨는
농사를 마련 허실 적에
높은 데는 밭을 일궈
얕은 데는 논 풀어서
구백 곡식 던져 여기저기 뿌려놓고
매거니 가꾸거니 성실히 지어내어
겉 곡 어찌하야
저 ~ 공산 들어가니
돋은 나무 나무를 마구 비어내어
뭍으로 메고 금보로 다듬었다.
방아 나무 걸을 적에

---

67) 섬겨 들이자의 뜻이다.

경신년 경신월 경신일[68] 모두 타고

방아 나무 걸을 적에

그도 그럴쏘냐.

청숫돌 확을[69] 파고

버드 나무 공이 맞춰

대추 나무 상대 끊고

이 집 확돌 걸었는데

덩그렇게 걸어놓고

이수 인간 청해내어

여기저기 붙여놓고

방아를 찧어서

방아를 찧어내어

나라 전씨에다 대궁 받쳐

그 나머지 가지구서

여러 인간 먹게 마련 하였으니

두루 하얏으니

쓰게 마련 하얏으니 --

조선 치국 마련허실 적에

첫 번 치국 잡는다.

경상도 경주 서울은

---

68) 흔히 이런 글자를 방아공이에다 써놓으면 액을 막는다고 하여 이런 사설이 붙었
다. 또한 김만중의 「구운몽」에는 서천서역국에서 중국의 당나라 형산으로 온 노승
(老僧)을 일컫는데 일명 육관대사 또는 육여화상(六如和尙)이라고도 한다. 성주
굿에서는 지역마다 서사적인 무가의 내용이 다른데 서울 경기도는 하우양씨가 등
장하며 강태공이 등장하는 지역은 제주도 지방이 그러하다.

69) 돌이나 철로 만든 절구를 통틀어 말하는 것인데 절구의 아가리에서부터 밑바닥
까지의 구멍을 말한다.

금비 대왕 치국이요.

두 번째 치국 잡는다.

전라도 전주 서울은

공민왕 치국 마련허고

세 번째 충청도 공주

백제 왕이 치국이라.

개성 덕물산 최일[70] 장군

삼지창을 받어 오시던 날

다섯 번째 서울 시지 한양 아태조

거 뉘가 잡었드냐.

저 ~ 강남 나오시는

무학이라 허는 중생이[71]

당글영쇠 띄워놓고 지두서를 품에 놓고

대궐 터를 잡는다.

동구 안 대궐 터는

장군의 출도형 이요,

새문 안 대궐 터는 장군의 출도형이라.

경복궁 새 대궐 터를 차례로 마련헐 제

일품을 잡는구나.

광해[72] 일품 광주 이품

수원은 영산품에[73]

---

70) 여말선초(麗末 鮮初)의 최영 장군을 말하는데 흔히 무속의 사설을 구송을 할
적에는 이렇게 부른다.

71) 무학대사를 이른다.

72) 강화도이다.

73) 정삼품의 와음인데 위에서 일품, 이품은 이 지역의 수령의 직제(職制)가 그러해
서 사설에 빗대어 위계를 정하여 이렇게 부른다.

금과천은74) 꽃대주 양안성은75) 군수 실령76)

11. 남창 대동굿 손님굿 공수답

(소리 이용우. 고수 : 지갑성)

〈잦은모리〉

여봐라 예이 ~

하날은 언제나며

땅은 언제나며

천지 읎신지라

한 기운 뿐이로구나

태극이 생겼으니 음양이 모호하야

지리가 생겼구나

천황씨는 천하 마련

지황씨는 지하 마련

염제 실농씨는77) 황제

수인씨78) 물을 내어

---

74) 경기도 과천을 말하며 조선 태종 14년에 금천과 병합하여 금과(衿果) 라고 하고
두 달 후에 없앴다.

75) 지금의 안성을 지칭한다.

76) 본디는 현령(縣令)인데 안성이 "현"이기 때문에 이런 사설이 붙었는데 종오품의
문관 벼슬이다.

77) 중국의 전설적인 임금으로서 염제(炎帝)이다. 백성에게 쟁기와 비슷한 따비를
만들어 농사짓는 법을 내고 약초를 가려내어 병을 고치게 하였다고 한다.

78) 수인(燧人)씨인데 중국 고대의 삼 황제 가운데 불을 일으키는 법을 알아내어
사람에게 음식을 익혀 먹게 가르친 이었다고 문화적 창조를 한 신격에 해당한다.

화덕씨 불을 내어

-- 부었다.

전경이 밤이로구나.

실농씨 -

여기저기 - 하야.

- 방아 나무 성실히 지어내어

저 ~ 강남서 무학이라79)

걸영쇠80) 띄워놓고

지두서 앞에 놓고

집 터를 잡으실 제

동구안 대궐 터는

장군의 출도형 이라81)

새문 안 대궐 터는

옥녀가 탄금형이라.82)

치국을 잡는구나

첫 번 치국 잡으시니

경상도 경주 서울은 금비83) 대왕 치국이요,

두 번 치국 잡으시니 전라도 전주 서울은 공민왕 마련

세 번째 치국 잡으시니

충청도 백제 부여 서울은 공민왕

치국을 잡는다.

개성 선덕물 삼지창 받들어 오시는구나.

---

79) 무학대사를 지칭한다.
80) 천기 운수를 보는 지남철이다.
81) 명당풍수의 관점에서 장군이 날 지세라는 뜻이다.
82) 옥녀가 거문고틀 타는 지세를 말한다.
83) 김부대왕, 이를 달리 금부대왕이라고 한다. 신라 마지막 왕인 경순왕을 일컫는다.

다섯 번째 시지한양아태조[84] 치국

거 마런허야 에이 ~

저 강남서 무학이라 걸영쇠 띄워놓고 지두서 앞에 놓고

대궐 터를 잡을실 제

동구안 대궐 터는 장군의 출도형이요,

새문안 대궐 터는 옥녀가 탄금형이요,

차례로 마련 하실 적에 예 ~

남문 밖 썩 내달아 동네 방성을[85] 다니니

00 동네 이런 일 저런 일

이 동네 방성 들어 와서

이 정성을 들이는데

이 도당 할아버지 저 도당 할머니

건곤영산 집 터 본향 오시늘 임신네는[86]

상산 마나님을 위천(爲天)하고 대전헐 제

초가망에 초두 부정

이가망에 이두 부정

삼가망에 삼두 부정

즐거이 들어 와서

즐거이 다녀 사시고 예 ~

---

84) 시지한양아태조(始地漢陽我太祖)로 조선왕조를 열었던 지역이라고 하는 뜻으
로 이러한 발언을 하게 된다.

85) 동네와 방성을 다닌다는 뜻이다.

86) 굿을 하는 장소를 일컫는다.

12. 남창 손님굿

(소리: 이용우. 북: 지갑성)

〈중머리〉
들어온다, 들어온다.
들어온다, 들어온다.
온다, 온다, 와. 들어온다.
어느 임신네가 아니 오시랴.
손님 마누라가 들어온다.
강남은 홍씨 손님
우리나라는 이씨 손님
열편은 도한수라.
나라 찾은 손님이면
시위 찾던 손님일세.
손님 마나님이 들어 오설 제,
당태종 같은 손님 마누라
흐늘거리고 들어오신다.
아서라 그 손님도 아니로구나.
저기 저 전곡물로 물리치시고
진작 손님 마누라 들어오시니
들어오시니 들어온다.
송 태종 같은 손님 마누라
흐늘흐늘거리고 들어오신다.
아서라 그 손님도 아니로구나.
정작 손님 마누라 들어오신다.
들어오시니 들어오시네

운주결승[87] 하시고 특행철기 하시던
장자방[88] 같으신 손님 마누라
흐늘흐늘거리고 들어오시니.

(아니리) 손님 마나님이 그러키 소식도 없이 오실 리가 만무다.
이 동네 여러 대동 방성에서 정성이 지극하고 지성이 감천해서 하야
그 정성이 이 강남으로
서기가 뻗쳐 손님 마나님이 알고 나오시던 것이었다.

〈중머리〉

강남서 훨훨 떠내달어
편닷 줄을 얼른 지나
하날이 요건목을 지났구나.
청국 입국 얼른 지나
월여국을 당도하야
좌우 산천을 구경 허고
국화사 회사국을 지나
대국지경을 당도허니
속산은 이 천 리로구나.
서촉을 바삐 지나
거기서 훨훨 떠나서
남산은 우빙 이요,

---

87) 운주결승(運籌決勝)의 표기이며 장자방이 대나무를 가늘게 쪼개어 만든 셈 가지
로 주역의 괘를 뽑아 전쟁에 이길 것을 점쳤던 일이다.
88) 장자방이고 한나라를 세우는데 큰 공을 세웠던 인물이고 전략에 탁월한 모사였다.

우사에 폭포수사 월여
적벽강 제갈용 아룡강
강태공 이수탈주 지나
강동 칠 백 리
모두 다 구경하였구나.
거기서 얼른 지나
낙양성은 구 백 리요,
동정호는 칠 백 리
금릉은 육 백 리로구나
거기서 훨훨 떠나
거기에서 넘어서
한 곳을 당도하니
어 ~ 디로 당도하는구나.
우사에 폭포수
남산을 돌아 들어
거기서 훨훨 넘어
이수영남 창릉 얼른 지나
화북을 지났구나.
거기서 구경하고
화북을 얼른 지나
화류정을 구경하고
곤륜산을 넘어섰네.
만리장성 구경하고
남경 비룡포를 얼른 지나
안창포를 지나 밧 창문을 지나
거기서 얼른 떠내달어
이수역 지났구나.

거기서 내달어서
내외 창문을 구경허고
요동 칠 백 리를 얼른 지나
압록강을 당도하야
사공아 배 대어라.
저 사공이 이른 말이
어떠하신 행차관데
배 관데[89] 물으시오.
적벽강 동남풍에
세세 동풍에 도감선
행거리라 남은 것은
서실 바람 부지를 제.

13. 남창 뒷전 대동굿

(소리 : 이용우. 북 : 지갑성)

말 : 으뎅이 허고 깨낌꾼 허고 으뎅이는 "唱" 허는 사람이고 "깨낌꾼"
은 앉아 대답허는 사람이 것다.
"암" 이 하는 말이 '네가 누구냐'
(鼓手 : "그렇지")
으뎅이 하는 말이 '나는 몰러' 모르는 타령이 나오겄다.

---

89) 배관대는 곧 배인데의 뜻이다.

〈중머리〉

나는 몰러 나는 몰러

나는 몰러 난 몰러

천지 만물 마련 허던

천황씨가 날 알고

지하 마련 산천 초목

유황씨[90]도 날 알고

등태산 소천하에[91]

공부자도 날 알고

기산여등(箕山黎登) 백로 타던

여등지가 날 알고

한종실 유황숙은

유황숙도 날 알고

기산영수 별건곤 소부허유가 날 알고

적 벽강 추야월에

소동파도 날 알고

나는 몰러 난 몰러

나는 몰러 난 몰러

육국을 조합하던 소진쟁이[92]도 날 알고

나는 몰러 난 몰러

부정 치고 산바래니[93]

90) 유황숙(劉皇叔)을 말함인데 유비가 후한의 현제의 숙부임을 일러 부르는 말.

91) 등태산소천하(登泰山小天下)는 공자가 태산에 올라가서 굽어보니 세상이 작아 보인다고 하던 말이며 맹자에 나온다.

92) 소진 장의(蘇素 張儀)를 말하는데 달변하는 말을 잘 하기로 이름난 중국의 전국 시대의 위나라 사람이며 연횡의 책을 주장하고 소진은 합종설을 주장하였다. 그러한 내력에서 합종연횡이라고 하는 말이 유래되었다.

상산본향이 날 알고

고깔 쓰고 장삼 입고 금 바라 뗑뗑 울리던

살룡[94] 제석이 날 알고

군웅 왕신 논연[95] 후에 이씨 군웅이

나를 아는데 나를 모르느냐.

(鼓手: 그렇지)

말 그런데 그래도 모르것다.

이건 "암" 이 허는 말이요.

자, 뒷전꾼이 그러면 서방님 어머니 행세 예법 예절은 똑똑허나

(鼓手: 음)

팔자가 험해서 서방 하나를 얻어 들입디다.

한 번 얻어 들이는데 이렇게 얻어 들이것다.

(鼓手: 그렇지)

〈자진모리〉

열 다섯에 얻은 서방

급상한에[96] 떨어지고

열 여섯에 얻은 서방

주왕[97] 앉어 죽고

---

93) 본향산을 바라는 것을 말하며 그 마을의 주산(主山)이나 무녀가 자기 고장의
주산을 모실 적에 본향지를 양손에 갈라 쥐고서 사방에 철을 하고 사설을 주워섬길
적에 쓰이는 말이다. 본디는 산에 가서 바래 오거나 하는 것이지만 지금은 마당에
서 하고 굿청으로 들어온다. 강신무에서는 반드시 하는 의식이다.

94) 살룡은 들이나 장독대에 모셔져 있는 신격이다. 장독대는 살룡굿이라고 해서
징만 가지고서 간단한 굿을 하기도 한다.

95) 놀아 준 후에.

96) 급하게 병이 나서 죽고.

97) 조왕(竈王)은 부엌을 말하고 아궁이의 불을 관장하는 신격으로 알려져 있다.

열 일곱에 얻은 서방

나무 동토 걸려 죽고

열 여덟에 얻은 서방

양반 능욕하다 해남으로 귀양 가고

열 아홉에 얻은 서방

범한테 물려 죽고

갓 스물에 얻은 서방

화약고에 불이 나서 천만길이나 눕~ 이 솟아 죽고

스물 하나에 얻은 서방

지가 공중 죽고

스물 둘에 얻은 서방

지가 공중 달아나고

스물 셋에 얻은 서방

담배 불에 데어 죽고

스물 넷에 얻은 서방

그게 바로 서방님 어머니요.

14. 부정청배

(소리 : 지갑성. 장구 : 지갑성. 피리 : 이충선. 해금 : 임선문)

〈도살풀이〉

천개는 어자하고 지벽이 여축하야

상천자 위에를 올라

일월성신 마련허고

중탁자 하외를 나려

산수초목을 마련하고
그 나무 마련헐제
천황씨는 친하 마련
지황씨 지하를 마련하고
염제 실농씨는 태호는 복희씨라.
복희씨 글을 내어 남녀 유별 몸 마련허고
헌원씨 배를 내어 강화를 통달헐 제
실농씨 역산에 따비 일러
구백 곡식 씨를 던져 만인 인간 먹게 마련허고
위에는 걸가지는 밑으로 숨은 뿌리
만인 인간 먹게 마련허고
첫 번 치국 잡으시니
경상도 경주 서울은 금비 대왕 치국이요,
전라도 전주는 백제 왕의 치국이요.
세 번째 치국 잡으시니
우리나라 금부 대왕 세월이 흘렀구나.
함경도 함흥은 능안성은 이씨 왕건 태자
한양 터 잡으실 적에
그 뉘가 잡으셨나.
강남서 나오시던 무학이라 하는 중
당글영쇠 손에 들고 지두서 품에 들고
대궐 터를 잡으실 제
산지조종은 곤륜산이요
수지조종은 황해수라.
천산일수는 가가 벌렸는데
동에는 갑을삼팔목
푸른 주산이 둘러를 있고

남에는 병정철한봉이라.

붉은 주산이 둘러를 있고

서에는 경신사호금이라

흐은 ~ 주산이 둘러를 있고

북에는 건기 일육순데

검은 주산이 둘러를 있고

한 가운데는 현고무곡토로구나.

누른 주산이 둘러를 있고

삼각산이 상상봉이 주춤거리고 나려 와

한양 터 된단 말가.

한양 터 굽어보니 만리재 백호로다.

 동남산이 안산이라

왕십리 청룡이요.

압록강 초수가 되야

아랫 대궐 윗 대궐 경복궁 새 대궐

종로 인경 터를 마련허고

새 문안 대궐은 옥녀가 탄금형이요,

동관 대궐은 장군의 득마형이라.

병조, 이조, 한성부 마련헐제

낭청은 팔낭청 승지는 도승지요,

도감은 오도감이요, 판서는 육판서라.

역으로 역마놓고 촌으로 기봉만 놓아

일품을 다니실제

광해는 이품 광주는 이품

수원은 영삼품이요 냄영은 제명장 금과천 꽃대주로구나.

유화문 내달어

서울로 서울시 종로구 와이엠씨 지접에

이 정성을 들이랴고 좋은 날을 가라랴고

천하궁 올라가니

공무당이 없어 왔고

지하궁에 앉은 박수헌테

낡은 책력을 제쳐놓고 새로 새 책력 내어놓아

일생은 생기 이중은 천하 삼화절 사중유혼 오승상화 육중복덕

칠하절명 팔중귀혼 남생기는 여의복덕 여생기는 남복덕 상길성 가로를 막고

대궁 ~ 한 마루에 붙여놓고

정한 인간은 나갈세라

더런 인간은 들어올세라.---

15. 여창 손님굿

(소리 : 이용우. 장구 : 지갑성, 피리 : 이충선)

⟨늦은 굿거리⟩

강남은 홍색 손님

우리나라 이씨 손님

열편은 도한수라

나라찾던 손님이 들어오시니

시위찾던 손님이 들어오시니

손님 마누라 대한국을 나오실적에

몇 분이나 나오셨나.

쉰 세 분 나오실 적에

남의 나라 받드시고

내 나라 비일손가.

쉰 세 분 남어 있고

단 세 사람 나오실 적에

호사 치레가 장히 좋다.

백수아주[98] 고운 비단

주품맞게 지어 있고---

〈잦은 굿거리〉

거기서 떠나신다.

(이하 사설은 생략. 다음은 〈당악〉, 〈잦은 굿거리〉 순서로 끝을 여민다.)

16. 손굿(집굿)

(소리 : 이용우, 장구 : 지갑성)

〈잦은 모리〉

여봐라 예이 ~ 는 앞의 공수답과 사설이 같다.

17. 조상청배

(소리 : 지갑성. 장구 : 지갑성. 대금 : 이용우. 피리 : 이충선. 해금 : 임선문)

---

98) 백수화주(白水禾紬)가 본디 말이며 품질이 썩 좋은 비단을 이른다.

〈가래조〉

대월은 서른 날이요

소월은 이십구일이요.

금하 금년은 열두 달이라.

삼백은 예순 날이라.

동삼색 하삼색 추삼색 타고

오시던 군웅 마누라 와겨셔[99]

신청 전물로 나리오.[100]

천개는 여자하고 지벽의 여축하야

상천자[101] 위에를 올라

일월성신 마련을 허고

중탁자 하외를[102] 나려

산수초목을 마련헐 제

중두박산[103] 서겨온[104] 마누라

잽이[105] 전물로[106] 나리오.

천황씨는 천하를 마련

지황씨는 지하 마련

실농씨 역산에 따비 일궈

---

99) 와서 계셔의 뜻이다.

100) 내리다의 뜻으로 고어적인 면모가 보인다.

101) 상천자(上天子)를 말하는데 하늘나라를 일컫는다.

102) 분부를 내리거나 처분을 바라는 것을 하회(下回)를 내린다는 뜻으로 말한다.

103) 절에서 재를 지낼 적에 쓰이는 장단이라서 이런 명칭이 붙은 것 같다.

104) 서 계시다의 뜻으로 "문밧긔 셔어겨샤 兩分이 여희 슳제"라고 되어 있으며 이 말은 《석보상절》 19:31에서 보이는 것이다.

105) 악사를 일컫는다. 문헌비고에는 '差備'라고 나오며, 이를 달리 자비다령이라고 하는 말로 쓰기도 한다.

106) 전물(奠物)이며 굿을 할 적에 차린 음식물의 총칭한다.

구백곡식 씨를 던져
위에는 걸가지며 밑으로 숨은 뿌리
많은 인간 먹게 마련 허실 적에
중두박산 서겨온 마누라
신청107) 전물 나리오
첫 번 치국 잡으신다.
경상도 경주는 금부 대왕이 치국이요.
두 번째 치국을 잡으신시니
전라도 전주는 백제 왕이 치국이니
세 번께 잡으시니
우리나라 금부 마마 게 어디 솟았던고
함경도 함흥은 능안성 이씨로구나.
한양 터 잡으실 적에
거 누가 잡으셨노.
강남서 오시는 무학이라 허는 중은
당글 영쇠를 손에 들고 지두서 품에 품고
대궐 터를 잡으시니
산지조종은 곤륜산이요,
수지조종은 황해수라.108)
천산일수는 각각 벌렸는데
동에는 갑을 삼팔목 푸른 주산이 둘러를 있고
남에는 병정철한봉이요, 붉은 주산이 둘러를 있고
서에는 경신사호봉이요, 흰 주산이 둘러를 있고
북에는 건기일육순데 검은 주산이 둘러를 있고

---

107) 신청(神廳)이며 굿을 하는 장소를 말한다.
108) 물의 근본은 황하의 물이라는 뜻이다.

한 가운데에 현고무곡토라 누른 주산이 들러를 있고[109]
중두박산 서겨온 군웅 마누라 신청 전물로 나리오.
임신네 들어오셨다가
즐거이 다녀를 가고
조상님네가 들어오시네.
밤은 원근 조상님네 들어오셨다가
더덩덩 굿이란 말씀을 듣고
받어 잡수러 들어오신다.
좁은 손목 잡고 밀거니 서거니
들어오신네.
오소사 오소사 닭아 닭아 우지마라
네가 울어 날 새면 날새면은 나는 가네.
일년 삼백 육십일이 이 같이 또 쉬이 가면
삼천갑자 못 산다드냐.
가네 가네 나는 가네 굿 받어 많이 잡숫고
극락 세계 연화대로 가네.
조상님네 들어오셨다가
즐거이 다녀를 가시고

---

109) 하도(河圖) 천간(天干)의 원리를 이르는 것이다. 천간의 음양에 의해서 방위와
오행을 관련지어서 해석하는 특별한 방식인데 이것이 주역과 깊은 관련이 있으며
나중에 낙서의 원리와 맞물려서 일정한 의미를 갖는 방식이다. 그런데 이러한
방식이 긴요한 의의를 가지게 되는 것은 유교의 세계관과 함께 불교의 저승관과
배합하여 일정하게 저승의 세계관을 형성하고 시왕의 구성과 깊은 관련을 갖는
다. 하도낙서의 원리와 저승의 발원문이 결합하면서 이룩된 것은 장차 크게 연구
해야 할 과제이다. 구체적으로 방위와 함께 구성된 결과는 "東方甲乙三八木 天
帝將軍靑龍之神 南方丙丁二七火 赤帝將軍朱雀之神 西方庚辛四九金 白帝
將軍白虎之神 北方壬癸一六水 黑帝將軍玄武之神 中央戊己五十土 黃帝將
軍句陳騰蛇" 등으로 변형되어 나타난다.

하졸 수비가 들어온다

〈잦은 굿거리〉

상청은 서른 여덟 수비

중청은 스물 여덟 수비

하청은 열 여덟 수비

우중강 남수비

남중강 여수비

많이 먹고 퇴송허라

18. 긴쇠

(긴쇠 → 넘김채→겹마치)(소리 : 지갑성, 장구 : 지갑성)

〈엇모리〉

중 하나 내려온다

중 하나가 내려온다

저기 저 중 거동 봐라

얼고도 검은 중

검고도 얽은 중

한산 모시 고깔이며

백지포 지은 한삼

다홍띠 눌러 메고

흐늘거리고 나려온다

저 중에 거동 봐라

구리백통 삼절육환[110]
채고리 길게 달고
손 아래애다 늦게 집고
충충거리고 나려온다.
백지포 지은 장삼
검고도 얽은 중
얽고도 검은 중

---

110) 육환장을 말하고 육환장은 본디 석장(錫杖)이라고 하며 중이 지니고 있는 것으
로 길을 갈 적에 맹수를 쫓는 다거나 하는 호신용으로 사용한다.

경기도 도당굿 시나와 마달

| 범례 |

이 글은 경기도 도당굿의 음반 자료를 정리한 것이다. 그러므로 음반에 대한 평면적 해설서이다. 그러나 여기 소개되는 음반은 각별한 자료이다. 1974년과 1977년에 소개된 경기도 도당굿의 내용을 수록하고 있기 때문이다. 1986년 이후에 경기도 도당굿의 주요 연희자인 화랭이들이 대거 사망하기 때문에 이 음반에 수록된 화랭이들의 연주 내용은 경기도 도당굿의 원 마달을 온전히 파악할 수 있을 뿐만 아니라, 도당굿 음악의 원형을 추출할 수 있는 것이기 때문에 더욱 소중하다. 당대 최고의 화랭이들이 이 연주에 참여했다는 점에서도 이 음반은 각별하게 주목할 만하다.

이 음반은 비유해서 말한다면 경기도 도당굿 화랭이 무속 음악을 부활할 수 있는 것이면서 동시에 무속 음악의 영생을 터득했다는 공교로운 의미를 갖는다. 화랭이의 음악은 거듭 다시 태어나게 된 것이다. SP판이 복각되어 세상에 다시 CD로 출생하듯이 이 음반 역시 새로운 생명을 가져 보기를 희망한다.

1. 녹음된 음악과 지갑성의 해설을 일단 언어로 전사한다.
2. 위 음악과 해설이 어떠한 의미를 갖는지 여러 가지 보고서를 통해서 충실하게 채록자 나름으로 해설한다.
3. 이 음반이 1984년 이후의 녹음 자료와 어떻게 같고 다른지 비교하기로 한다.
4. 마지막으로 1974년본, 1977년본, 1984년본과 총괄적인 비교를 시도한다.

1. 경기도 도당굿이란 무엇인가?

경기도 도당굿은 마을 단위로 행해지던 굿이다. 굿은 규모에 따라서 집굿, 마을굿, 나라굿 등으로 삼분할 수 있다. 집굿은 집안의 재수나 우환을 빌거나 물리칠 때에 하는 굿이다. 재수굿, 병굿, 진오귀굿 등은 집안 단위의 집굿에서 행할 수 있는 굿이다. 마을굿은 동네굿이라고 하는데, 마을 규모의 행사에서 하던 굿이다. 주로 마을 수호신에 대해서 내력을 말하고, 마을의 안녕과 마을 사람의 수복강녕을 빌던 굿이다. 나라굿은 나라 단위의 굿인데, 현재는 행하지 않고 고대 시대에 국중대회 형식으로 거행되었다.

예전에는 굿의 규모에 따라 무당의 종류도 달랐다. 현재 이러한 구분은 무너졌으나 거개가 집굿은 개인무들이, 마을무는 마을무들이, 나라굿은 나라무당이 주관해서 하였다. 그러나 현재는 이들 무당이 모두 해체되었다. 무당의 구실이 달라졌기 때문이다. 그런데 경기도 도당굿은 세습남무인 화랭이들이 거의 도맡아 한다는 점이 각별하게 부각되는 측면이다. 경기도 한강 이남의 도당굿은 화랭이들이 주동적인 구실을 하는 점이 주목된다.

경기도 도당굿은 마을굿이라는 점에서 동해안 별신굿, 전라도 당산굿, 황해도 도당굿과 동일한 성격을 가진다. 그러나 세습화랭이가 자신들의 연주 기량을 발휘하고 독창적인 사설을 주도해 부르는 것은 다른 지역의 마을굿에서는 볼 수 없는 현상이다. 동해안 별신굿에서도 화랭이와 같은 양중의 기능은 도당굿과 그리 다르지 않으나, 거개가 빼어난 타악기 주자로 남아 있는 것은 분명히 다른 점이다. 도당굿의 화랭이는 타악은 물론이고 삼현육각의 선율악기와 조화를 이루는 것을 궁극적인 음악 형식으로 생각하는 점이 남다르다. 그러므로 경기도 도당굿은 전국 무속음악의 탁월한 성취와 성과를 보여주는 것이다. 경기도 도당굿 화랭이가 모두 흩어지고 사회에서 천대받으면서 일찍 그 자취를 감춘 것은 안타까운 일이 아닐 수 없다. 그런데도 KBS에서 다행히 그들의 소리를 녹음해 두어서 오늘날 다시 그 원형질적 생생함을 되찾을 수 있게 되었다.

2. 경기도 도당굿의 연주자, 화랭이들

경기도 도당굿판에 다녀본 경험이 있는 사람들은 경기도 도당굿의 화랭이들이 연주하는 그윽하고 흥취어린 무속음악에 쉽사리 빠져들던 기억을 떨쳐 버릴 수 없을 것이다. 화랭이들의 깨끗하고 단아한 자태 역시 천한 직종에 종사하는 이들이라고 볼 수 없는 위엄이 서린 것을 볼 수 있었으리라 짐작된다. 그들은 신을 모셔서 결국 사회사람들에게 천하게 취급되었으나, 그들의 예술은 멸시하는 사람들의 신명에 날개 옷을 입혀주는 구원의 손길과도 같은 것이다. 사회에서 버림받았으나, 예술을 통해서 비록 한정적이기는 하지만 사회를 일거에 예술적으로 감동시키는 위대한 인물이 곧 화랭이들이다.

화랭이와 판소리 광대는 서로 같은 핏줄을 타고 태어났다. 예술적인 경지를 갖는가 갖지 못하는가 하는 질적 차이보다도 어느 쪽에 서는가에 따라서 그 차이점이 부각될 따름이었다. 굿판에서는 화랭이, 판소리 판에서는 광대 정도로 구분된다. 그러나 이들 집단이 평범한 무속 집안에서 화랭이와 광대로 뛰어 오르기 위해서는 특정 시기의 특별한 수련과 연마를 했다는 사실을 결코 잊어서는 안된다. 18세기 무렵에 각고에 노력을 기울여 판소리 광대로 남자 무당들이 진출한다. 이 문제는 우리

예술사의 아주 긴요한 문제이다.

본 자료에서 소개하고자 하는 화랭이들은 모두 **뼈대** 있는 가문출신이다. 여기서 **뼈대**가 있다고 하는 것은 정통적인 세습무 집단의 출신이라는 뜻이다. 1977년에 녹음된 자료에 참여하는 화랭이는 다음과 같으니 이들의 출생년월일, 집안내력 등을 간단하게 소개하기로 한다.

(1) 지갑성(池甲成)

지갑성은 1911년 6월 22일에 서울에서 탄생하였다. 지갑성은 고종 때 사람인 김덕진과 오광산에게서 장단과 마달을 전수받았다. 무악장단에 정통하고 있으며, 장단과 마달은 아주 그 부침새가 정확하다.

(2) 이충선(李忠善)

이충선은 1901년 9월 15일에 경기도 광주에서 태어났다. 이충선은 경기 무악계의 최고 명인이라고 할 수 있는 이덕재의 둘째 아들이다. 이충선의 위로는 이일선, 아래로는 이달선이 있었다. 이충선은 피리의 명인이고 모든 악기에 능통하였다. 이충선은 송파산대놀이 악사기능보유자로 인간문화재로 지정되었다.

(3) 이용우(李龍雨)

이용우는 1899년에 오산에서 태어났다. 대표적인 세습무 출신으로 이종하를 부친으로 두었다. 이종하는 한성준과 더불어 우리 근대 음악의 산증인이었다고 할 수 있다. 이용우는 마달이나 춤, 악기 등에 모두 능통하였다.

(4) 임선문(林仙文)

임선문은 과천 찬우물의 대표적인 세습무가계 출신이다. 임선문은 줄타기의 명수이기도 했으며, 해금에 일가견을 갖고 있는 인물이다.

(5) 정일동(鄭日東)

정일동은 시흥군 출신으로 대표적인 세습무가계 출신이다. 줄타기를 배우다가 중간에 그만 두고 잽이로 일관했다.

(6) 전태용(全泰龍)

전태용은 영종도 세습무가계 출신이다. 전태용은 해금에 아주 뛰어난 재주를 가졌을 뿐만 아니라, 노래에도 아주 일가견을 가졌던 인물이다.

3. 경기도 도당굿의 음악과 마달

경기도 도당굿의 음악과 마달은 매우 훌륭하다. 1977년에 녹음된 자료를 중심으로 경기도 도당굿의 음악과 마달을 살펴보기로 한다. 순서는 먼저 화랭이들이 남긴 녹음자료와 해설을 토막별로 살펴보고, 이에 대한 채록자 나름의 해석과 논평 및 주석을 달기로 한다. 지갑성이 해설을 맡아서 했는데, 지갑성 역시 소리가 온전치 못했음을 말한다. 단절 위기가 이미 1977년 녹음 당시에도 밀려 들었던 것으로 보인다.

1) 길군악

지갑성 악기 연주를 먼저 삼현육각. 삼현육각으로 길군악의 장단을 연주한다. "이것이 우리 나라 경기도, 경기도 내에서만이, 에 허던, 산치성, 대동굿, 도당굿놀이라고 허는, 거기에서만 쓰는 음악입니다. 그러면 요 다음에는, 다음에는 진쇠"

김헌선 길군악은 경기도 도당굿에서 대단히 중요하게 여기는 장단이다. 황토물림이나 부정굿 등에서 신을 당에서 모셔오거나 신의 행차를 가장하여 꾸밀 때에 연주하는 음악이다. 구음과 장단이 씩씩하게 어울리는 장단이라고 할 수 있다. 특히 산바래기나 산치성에 쓰이는 것이 길군악이다.

2) 진쇠

지갑성 "요 다음에는, 다음에는 진쇠, 진쇠라는 국악을 보내 드리겠습니다. 그러면 이건, 어디에서 쓰든거냐허며는, 옛날에 궁안에서 각 골 원님들, 고관들이 모여서 춤추고 노시든 음악입니다."

김헌선 진쇠장단은 매우 복잡한 가락으로 짜여져 있다. 그래서 이 장단은 구음으로 표기하기도 어렵다. 이보형은 '덩구더덕, 덩-, 덩-, 구더덩-' '궁-딱, 딱-, 딱-, 다구궁-, 딱--'이라고 표기한다. 그러나 필자의 경험으로 미루어 보건대 지갑성의 연주나 기타 이용우, 조한춘의 연주에서는 제각기 연주를 해서 일정한 기준을 마련하기 어렵다. 그 이유는 연주자마다 기본적인 가락은 쓰지 않고, 변채가락을 구사하기 때문이다. 그리고 진쇠를 어디에서부터 어디까지라고 해야 할 것인가가 불분명확해서 가락을 끊기 어렵다. 그래서 진쇠장단의 파악은 혼란스럽다.

진쇠장단은 진쇠춤을 출 때에 쓰는 것이다. 진쇠춤은 태평무와 같다. 그래서 지갑성이 궁궐에서 고관대작들이 놀 때에 쓴다고 했으리라 짐작

된다. 태평무는 궁궐에서 추던 춤이라고 알려져 있기 때문이다. 그러나
필자의 생각으로는 궁중 재인으로 드나들던 재인청 인물들이 양쪽에서
실연하다 보니 이러한 분포가 이루어지지 않았나 짐작된다.

굿에서 진쇠장단은 제석거리에서 쓰이는 것으로 나타난다. 진쇠장단
이 쓰이는 곳을 확인하기 위해서 기왕에 조사된 자료를 살펴보자.

1. 신모듬장단(권선장단)
2. 봉동채장단
3. 부정놀이장단
4. 올림채장단
5. 천동채장단
6. 겹마치장단
7. 진쇠장단

신모듬장단은 달리 권선장단이라고 한다. 춤을 출 때에 쓰는 장단으
로, 3+3+2+2/8의 구조로 되어 있다. 3분박과 2분박이 혼합된 장단이
다. 봉동채는 터벌림춤에 쓰이는 장단으로, 달리 반설음장단이라고도
한다. 반설음장단의 구음은 '덩--, 궁--, 딱-따, 궁-따, 딱-딱'으로
표기한다. 3분박 5박자이다. 부정놀이장단은 2분박 4박자이다. 보통 구
음은 '궁-, 닥다, 궁-, 딱-'이라고 표시한다. 올림채장단은 올림채춤에
쓰이는 장단이다. 3분박 5박자 계통이다. 구음은 '궁따따, 궁-따, 궁-
따, 궁-'으로 표기한다. 2분박과 3분박이 합쳐진 10박자이다. 천동채장
단은 달리 권선이라고 한다. 올림채에서 시작해서 천동채로 갔다가 다
시 올림채로 돌아와서 겹마치기, 자진굿거리로 마친다. 천동채는 3·
2·3·2/8의 박자로 되어 있다. 겹마치기는 느진자진몰이와 한 배가 맞
다. 덩덕궁이에 겹가락이 많다. 올림채, 천동채, 겹마치기는 죽이어서

연주한다. 이어서 진쇠장단을 연주한다.

이상에서 정리한 것은 매우 복잡하다. 논자마다 제보자마다 각기 다르게 말하기 때문이다. 혼란을 시정하기 위해서 이를 비교해 보이면 다음과 같다.

1. 신모듬 : 권선, 천동채
2. 봉동채 : 반설음, 터벌림(춤에서 비롯된 모든 장단의 총칭)
3. 올림채 : 3분박과 2분박의 10박자 장단, 빠른 2분박 4박자 장단
4. a. 진쇠, 올림채, 천동채, 겹마치기 순서와 b. 반설음, 올림채, 천동채, 겹마치기순서 및 c. 반설음, 천동채, 겹마치기 순서
   a와 b는 기존에 알고 있던 것, c는 이보형이 새삼스레 주장한 것.(무의식책)
   진쇠→올림채→천동채→올림채→겹마치기 라는 주장도 있다.

진쇠장단은 진쇠춤에 쓰인다. 진쇠춤의 유래는 아황과 여영이 부왕의 병환을 낫게 하기 위해서 이 춤을 추었다고 한데서 비롯된다.

3) 제석굿

지갑성 요 다음은, 요 다음은 제석거리라고 하는 겁니다. 제석거리, 제석거리라고 허는 것은, 어, 부처님 앞에서, 부처님을 우해서 추던, 음악입니다. 부정놀이라고 허는 장단으로서부터, 경기도살풀이루, 노랫가락으루 계속 나가겠습니다.

1. 부정놀이
2. 도살풀이
3. 모리
4. 발뻐드래

도살풀이, 모리, 발뻐드래로 끝났습니다.

김헌선 제석거리 또는 제석굿은 경사굿이나 재수굿에서 최고로 여기는 굿거리이다. 굿에서 차지하고 있는 비중 역시 매우 중요한 굿거리로서 대개 이 굿거리에서 제석본풀이라고 하는 서사무가를 부르는 것이 예사이다. 그런데 서울이북이나 경기남부 도당굿에서 제석거리가 있기는 하지만, 제석본풀이를 부르지 않으니 이 점이 매우 의문스럽다. 대신에 이 굿거리는 무당이나 무부들이 화려하게 굿거리를 짜는 것이 흥미롭고도 돋보이는 현상이다.

위에서 보는 바와 같이 부정놀이, 도살풀이, 모리, 발뻐드래 등의 진행순서로 된 장단배열이 독특하다. 흔히 경기도 지역 시나위라 일컬어지는 점층적 가속의 틀이 바로 그러한 성격을 대부분 입증한다. 경기시나위, 시나위, 산조 등의 형식이 유사한 점을 미루어 보건대, 경기도 도당굿의 제석거리는 중요한 전거를 제공한다. 도살풀이 한 틀과 산조의 틀은 다음과 같이 견주어질 수 있다.

도살풀이	산조
느린도살풀이	진양조
빠른도살풀이	중머리
느린모리	중중머리
빠른모리	자진머리
느린발뻐드래	휘몰이
빠른발뻐드래	

장단이 엄격하게 부합된다는 비교는 아니다. 위의 표는 느린 장단에서 빠른 장단으로 이행하는 형식적 틀의 비교일 따름이다. 굿이 지니는 민속예술적 저층 구실은 이로써 보건대 자명하다.

조사보고서에 나타난 제석거리의 장단과 진행 절차는 다음과 같다.

1. 제석청배 : 권선(심모듬)
2. 부정놀이
3. 올림채
4. 도살풀이
5. 모리
6. 발뻐드래
7. 중타령
   (1) 굿거리
   (2) 만수받이
   (3) 노래가락

제석청배는 제석신의 강림을 기원하는 청배시에 쓰인다. 서사무가인 본풀이가 쓰이지 않고, 권선장단에 청배무가만 부르는 것이 경기 남부 무속의 특징이다. 장단의 한배가 비록 엇모리, 올림채, 화청, 가래조 등과 같으나, 리듬꼴이 다르기 때문에 제석청배는 다른 청배장단과는 다르다. 부정놀이는 춤을 출 때에 쓰는 장단이다. 나머지 장단은 앞에서 살핀 바와 같다. 7의 중타령은 서울식 굿의 진행순서와 같다. 굿거리로 중타령을 하거나 만수받이로 반복창을 하는 것도 같다. 그리고 노래가락은 서울식 굿의 특징을 잘 반영한다.

아마도 경기남부식 굿의 진행과 서울식 굿의 진행이 뒤섞여 있는 듯하다. 전통적인 세습무와 강신무의 복합형식이 이렇게 제석거리로 형상화되어 있는 듯하다.

제석거리는 겉으로 불교적인 신격을 외피로 하고 있으나, 우리네 고유의 신격을 모시는 제차이다. 지갑성이 부처님을 위하던 굿거리라고 하는 것은 겉만 보고, 속을 보지 못했기 때문에 생긴 현상으로 판단된다. 이것이 무속예능인의 한계이다.

4) 부정청배(시루청배)

지갑성 요 다음에는, 에, 요점 순서가 바뀐 것 같습니다만서두, 야, 하도 오래 되고, 안하던 거라, 순서가 한 가지가 바꼈습니다만, 이해해 주시기 바랍니다. 여기에는 부정청배라는 게 또 있습니다. 그러면 장고를 치면서, 여, 노래가 있습니다, 그러나 옛날과 겉이 다 그, 대사라든지 이런 것이, 잊어버리고, 모두, 구비치 못허기 때문에, 잠깐 숭내만 내드리겠습니다.

(부정청배장단)
천개어자 하고 지벽여축하야 에
산천좌우에 올라 일월성신 마련하고
탁자 하외나려 산수초목을 마련할 제
구나무 맑은 여무 억조창생 만민백성
강하로 실려올제
천황씨는 천하를 마련
지황씨 지하를 마련허고
염제라 신롱씨는 태호라 복희씨라
도당씨는 복희씨 글을 내여
남녀유별법 마련하고
헌원씨 배를 내여 강하를 통달할제
신농씨 따비를 내 구백곡식 씨를 던져
우에로 걸 가지며 밑으로 숨은 뿌리
만인인간 먹게 마련을 하실 적에
첫번 치국을 잡으시니
경상도 경주는 금부대왕 치국이요
두번째 치국을 잡으시니
전라도 전주 백제왕의 치국이라

세번째 치국 잡으시니
경기도라 삼각산 상상봉에
봉학이 날아와 춤을 추니
만리재 백호로다
안산이요 청룡이요
압록강 조수가 되어
아랫대궐 웃대궐 경복궁 새대궐이며
종로 인경터를 마련할 때
새문안 대궐은 옥녀탕금형이요
동관대궐은 장군이 등마형이라
병조 이조 한성부 마련할 제
낭청은 팔낭청 승지는 육승지요
판서는 육판서라
역으로 역마 놓고 촌으로 지붕 나누와
일품으로 다니실제
강회는 일품 광주는 이품
수원은 정삼품 남영은 제영장내
금과천 꽃대주
역으로 역마 놓고 촌으로 지붕 나누와
일품으로 다니실제
강화는 일품 광주는 이품
수원은 정삼품 남영은 제영장내
금과천 꽃대주로구나
유아문 내달어 경기도 서울시 방송국 지접에
다(장단 도살풀이)
다 다녀가시고
수비가 들어온다 창청은 스물 여덟 하청은 열여덟에
중탕에 여불기요 상정방 열섯이요
만만춘에 불어 주섭소사

말   이번에 이것이, 부정청배라고두 허고, 시루청배라고도 허는데, 각각 있습니다만서두, 박자와 그 멜로디가 같으니만큼 번복이 되니까, 그냥 이걸로 마치고, 요 다음에는 다른 걸로 하겠습니다.

김헌선 부정청배 장단에 맞추어서 마달을 붙인 것이다. 마달은 사설을 지칭하는 은어이다. 화랭이가 붙인 이 마달은 그 부침새가 영낙없이 정확할 뿐만 아니라, 사설과 장단의 묘미를 한껏 살린 것이다. 장단은 4/4박자이지만, 사설은 자유롭게 붙인다. 멜리스마로 길게 끌어서 장단을 자유롭게 넘나든다. 그러나 마달의 말버슴새가 뚜렷하고 선율도 정확해서 지갑성의 창이 돋보인다.

   부정청배는 굿의 맨 앞에 부르는 무가로 부정한 장소를 정화하는데 그 목적이 있다. 그런데 부정을 물리기 위해서 서두에서부터 천지조판을 말하고 굿하는 장소까지의 시간적 경과를 세밀하게 묘사한다. 이 대목을 일컬어서 치국잡기, 단연주, 지두서 등으로 지칭한다. 굿하는 장소와 시간을 말하고, 부정을 물리치는 과정이 드러난다. 그런데 시루청배와 같다고 했다. 부정굿과 시루말의 유관성을 찾을 수 있고, 시루말은 천지창조신화가 들어있는 대목이기도 해서 이들의 긴밀한 관계를 알수 있다.

5) 터벌림

지갑성 요 다음에는, 다른 걸로 허겠습니다. 터벌림입니다. 터벌림은 뭐냐허면, 에, 강남에 기신 손님마마님을 모셔 들여서 오면서 그 대접을 허면서, 거게서 터를 닦는 겁니다. 터를 닦는데, 터를 배설허기 위해서 거기에 장단과 박자 아울러서 춤을 추다가 터를 배설허는 겁니다.

얼른 말하자면, 이것이 타악으루만, 춤의 반주악입니다만서두, 계속 터벌림이라허구 넝김채, 겹마치기, 자진굿거리루, 계속 나가겠습니다.

1. 터벌림
2. 넝김채
3. 겹마치기
4. 자진굿거리

김헌선 터벌림은 경기도 화랭이가 맡아서 하는 대표적인 굿거리이다. 터벌림은 주로 떠돌이 신격인 손님마마신과 군웅신을 위해서 굿터를 배설하고, 타악장단과 춤으로 신을 위하는 제차라 할 수 있다. 그런데 본디 굿판의 이러한 성격은 변모되어서 화랭이들의 연주 기량과 춤 솜씨를 자랑하는 굿거리라 하겠다. 신을 위하는 면모와 화랭이의 솜씨 자랑이 함께 합쳐져서 구경꾼에게 구경거리를 제공하는 굿거리로 변화되었다. 터벌림장단은 반설음장단이라고도 하는데, 반설음춤을 추는데 쓴다. 화랭이가 꽹과리를 들고 나와서 사방치기를 하면서 자신의 연주솜씨와 춤을 자랑한다. 자진굿거리에 이어서 공수답을 하거나 새로운 굿거리를 진행하기도 한다.

6) 손굿

지갑성 터벌림 끝났습니다, 그러면 요 다음엔, 역시, 이걸, 손님마마님 굿이라구 해서, 손굿이라고 합니다. 역시 반설임과 넝김채, 겹마지기로, 역시, 번복이 되는 거 겉습니다만서두, 약간 약간의 조끔, 조끔 다릅니다.

    1. 반설음
    2. 넝김채
    3. 겹마치기

손굿에, 반설임 끝났습니다.

김헌선 손굿은 터벌림과 같은 순서로 되어 있다.

7) 군웅굿

지갑성 요 다음엔, 강남에 기신 군웅마마님을 모셔들이기 위해서, 모시는, 에, 군웅굿이라고 합니다, 군웅거리라고 헙니다. 청배로서부터, 노랫가락, 가래조, 부정놀이, 올림채, 에, 조임채, 넝김채, 겹마치기, 자진굿거리, 당악까지, 에, 끝이 나겠습니다. 계속해서, 그러면, 이 군웅, 군웅굿거리라고 허는 것은 강남에 기신 군웅님을 모셔다, 전좌시켜놓고, 대접을 허기 위해서, 에, 거리수에 들어간 겁니다. 그러면, 처음에 청배를, 청배를 허는데, 군웅님 청배는, 장단이, 또 역시 달습니다. 요것이, 이 장단 이름은 가래조라고 헙니다. 이 서울에서는, 서울에 있는 악사들은, 이걸 중두박산이라고 합니다만서두, 이게 워는 경기도에서 많이 허는 건데, 가래조박잡니다, 가래조 박자, 그러믄 이것이 어디에서 나왔느냐 허며는, 이것이 절, 옛날에 절에서, 하청, 하청을 치재면, 하청에, 역시 고깔, 장삼을 입고, 혼자 서서 징으로 박자를 맞차가면서, 부르는 즉 노랜데, 이걸 하청이라고 허는데, 절에서는, 이 박자가 이 박잡니다. 가래조라고 헙니다. 그러면 시방 가래조로 청배를 허보겠습니다.

(가래조장단에 군웅청배)

구월 이십 구일. 금화 금년 열두 달인데

동삼색 주삼색 잡어오시던 군웅마누라

신청전물로 나리오 (가래조)

천개는 어자허고 지벽이 여축하야

산천좌우네를 올라 일월성신 마련을 허고

중탁자 하외를 나려서 금수초목을 마련을 헐제,

중두박산은 서겨온 마누라

신청전물로 나리오 (가래조)

천황씨 천하를 마련

지황씨 지하를 마련

염제는 신농씨요 태호는 복희씨로구나

제호는 도당씨요

복희씨 글을 내여 남녀유별법 마련헐제

중두박산 서겨운 마누라 신청전물로 나리오 (가래조)

복희씨 글을 내여 남녀유별법 마련을 허고

헌원씨 배를 내여 강하를 통달헐제

신농씨 역사내 따비질로

구백곡석 씨를 다 던져

남녀유별법 마련하고 먹고 남게 점지를 허고

첫번 치국을 잡으시니 경상도 경주는

금부대왕님 치국이요

두번째 잡으시니 전라도라 전주는

백제왕님 치국이요

중두박산 서겨온 마누라 재비전물로 나리오

  (가래조)

동해는 갑을 삼팔목 푸르른 주산이 둘러를 있고

서에는 경신 사오금 금이요 흰 주산이 둘렀구나

북에는 금기 일육수인데 검은 주산이 둘러를 있구

남에는 병정 이칠화인데 붉은 주산이 둘렀구나
중앙에 금기 일육순데 푸른 주산이 둘러 있구
중앙에 들어오신 재비전물로 나리오
　(가래조)
아랫대궐 웃대궐이며 경복궁 새 대궐이요
종로인경터 마련을 허고 새문안 대궐은
옥녀탕금형이요
동관대궐은 장군이 등마형이라
병조 이조 한성부 (녹음 단절)
도봉산 상상봉이 주춤 나려를 와
한양터 되던 말과 한양터 굽어를 보니
만리재 백호 동남삼이 청룡이로구나
중두박산 서겨온 마누라 재비 전물로 나리오
　(가래조)
군웅님 들어오셨다가 노래가락으로 놀으소사
　(노랫가락으로 이어진다 : 군웅노래가락)

말　"가래조 노래가락으로 끝맺쳤습나다, 요 다음에는 부정놀이, 올림채, 조임채, 넝김채, 겹마치기, 자진굿거리, 당악으로 끝을 마치겠습니다, 요것이 끝 프로입니다, 그럼, 여기에 출연하신 분을 소개 드리겠습니다. 피리에 이충선씨, 대금에 이용우씨, 해금에 임선문씨, 장고에 지갑성씨, 꽝쇠·꽹과리에 정일동, 징수에 전태용이었습니다.

(1) 부정놀이	(4) 넝김채
(2) 진쇠	(5) 겹마치기
(3) 올림채	(6) 자진굿거리

지갑성 이것으로 경기도 도살풀이, 신아위, 도당굿거리의 음악을 전부 마쳤습니다. 감사합니다.

김헌선 군웅굿은 경기도 도당굿에서 가장 성대하게 치루는 굿거리이다. 군웅신은 화랭이들이 활을 들고 그 권세를 보여주는 것으로 보아서 아마도 군신(軍神)의 성격을 지닌 것으로 보인다. 실제로 제주도의 〈군웅신본풀이〉는 군사적 영웅으로서의 면모가 잘드러나고 영웅의 내력이 뚜렷한 점으로 미루어 보건대 경기도의 군웅신 역시 이러한 성격을 갖추고 있다고 하겠다. 잡귀나 악신을 징치하기 위해서 활로 위세를 보여주며 퇴송시킨다. 그런데 군웅신은 악신을 징치하면서도 복을 가져다 주는 조상신의 성격도 갖추고 있다. 제주도에서도 군웅은 조상신의 성격이 뚜렷하다. 군웅신은 외지에서 굿판까지 찾아오는 신격이면서도 이렇듯이 신의 성격이 다면적이어서 경기도 남부의 굿판에서는 높이 모시던 신격이다. 이에 따라서 신을 위하던 굿의 방법이나 순서가 자못 흥청대고 아름답게 배열되어 있다.

가래조장단은 판소리의 엇모리, 전라도의 신임장단과 한배가 맞는 장단이다. 이 장단은 흔히 고형의 장단이고 2분박과 3분박이 어울려 10박을 이루는 것이다. 거개가 신이한 인물이나 고색창연한 능력이나 권세를 가진 인물이나 신격이 등장할 때에, 가래조장단은 쓰인다. 가래조장단에 마달을 부치면서도 동시에 마달을 부르는 인물과 잽이가 서로 음양을 맞춰 나가는 것이 이 장단의 특징이기도 하다. 가래조에 이어서 노래가락이 뒤따르는 것도 특징적이라 하겠다.

현재 행해지는 굿거리에서는 군웅굿에 이어서 군웅노정기라는 화려하고 흥겨운 선증애꾼의 무가가 구송된다. 그런데 여기서는 그러한 절차가 생략된 것으로 보인다.

군웅굿과 손님마마굿은 그 굿거리의 성격이 서로 상통한다. 화랭이가 도맡아서 이 굿거리를 주관하는 현상도 특징적이라 하겠다. 부정놀이, 진쇠, 올림채, 넝김채, 겹마치기, 자진굿거리가 쓰이는 것도 이 군웅굿의 성격을 잘 보여주는 사례라 하겠다.

이상으로 KBS 녹음자료를 전체적으로 정리하면서 지갑성의 말을 정리하고, 필자가 의견을 덧보태 놓았다. 지갑성이 제공한 서울 집굿의 굿거리를 차례대로 개관해야만 지갑성 일행이 제공한 서울굿의 구조가 드러날 수 있으리라 생각한다.

1. 황토물림	9. 서낭굿
2. 초부정	10. 손굿
3. 안반고시레	11. 터주굿
4. 불사굿	12. 새성주굿
5. 성주굿	13. 마굿간굿
6. 제석굿	14. 계면굿
7. 조상굿	15. 뒷전
8. 군웅굿	

위 굿거리는 집굿의 종류 등이 엇섞여 있어서 그다지 선명한 것은 아니다. 그러나 지갑성용이 비교적 선명하게 이 굿거리의 순서나 장단, 마달 등이 비교적 잘 정리되어 있어서 훨씬 도움이 된다. 모두 소개할 필요는 없다고 본다. 앞에서 지갑성이 제공한 굿거리와 장단이 특히 관련된다고 하는 굿거리만을 따로 소개하고, 특이한 장단이 소속된 굿거리를 부연하기로 한다.

불사굿과 제석굿은 굿거리가 흡사하다. 도살풀이, 모리, 발뻐드래 등이 이 굿거리에 쓰인다. 조상굿은 죽은 조상을 모시는 굿거리이다. 조상굿거리에서 가래조, 올림채, 모리, 당악 등이 쓰인다. 경기도 남부 지역의 군웅굿과 동일한 장단 순서를 갖는다. 새성주굿은 푸살이라고 하는 독특한 장단을 주고 받는다.

4. 1977년본 경기도 도당굿 음악의 의의

경기도 남부 지역에 존재하는 화랭이가 이제 역사적 종말에 처하고 있다. 인간문화재로 지정되었던 조한춘이 세상을 떠나면서 도당굿에 쓰이던 음악은 다시금 연주될 수 없는 운명에 놓이게 된 것이다. 화랭이들 몇몇이 생존하고 있으나, 소리판이 깨지고, 서로 버팀목이 되어 소리길을 이어가던 길 자체가 소멸위기에 처하고 있다. 서로의 길을 충실하게 익히 알고 어긋져도 음악이 되고, 어울려도 제 소리를 낼 줄 아는 즉흥 연주의 음악이 시나위라고 할 수 있는데, 임의롭고도 자유로운 소리길, 틀이 있으면서도 틀이 없는 무형식의 형식인 시나위판이 이제 사그러들고 있는 셈이다.

지갑성 일행이 연주한 경기도 도당굿의 도살풀이 시나위는 이러한 생동하는 음악이라는 점에서 매우 값진 의의를 지닌다. 그런데 이러한 생동감은 이제 음반으로만 남아 있다. 달인의 경지에 오른 화랭이들이 원융무애하면서 품격을 잃지 않는 시나위틀을 보여주었다는 점에서 이 음반의 가치가 있는 셈이다.

또한 서울 한강 이북의 무속음악과 한강 이남의 경기도 무속음악이 그 형식, 담당층, 내용에 있어서 현저한 차이가 있음을 증명할 수 있게 되었다. 필자가 본격적인 현지 조사를 시작한 1984년부터 굿판이 점차 깨져나가면서 경기도 도당굿에 서울식 굿의 형식이 침투하고 있음을 실감할 수 있었는데, 지갑성 일행의 연주는 본디 화랭이 굿이 어떠한 것인지 알게 해 주었다. 강신무의 굿이 아닌 세습무, 곧 화랭이 굿의 실체가 무엇인지 정확하게 인식할 수 있는 계기가 되었다.

우아하고 격조 있는 화랭이의 마달이 주목되고, 그간 혼란스럽게 알려졌던 진쇠, 터벌림(발설음), 봉동채, 천동채, 권선 등의 용어와 의미를 바로잡게 된 것도 커다란 행운이 아닐 수 없다. 오니섭채, 부정청배 등도 이제 비로소 그 의미와 어의를 알 수 있게 되었다.

김헌선

전라북도 남원 출생
경기대학교 휴먼인재융합대학 국어국문학과 교수
『한국의 창세신화』
『설화연구방법의 통일성과 다양성』
『옛이야기의 발견』
『한국농악의 다양성과 통일성』 외 다수

경기도 인천 동막도당굿 무가 연구

2019년 3월 21일 초판 1쇄 펴냄

지은이 김헌선
펴낸이 김흥국
펴낸곳 도서출판 보고사

책임편집 이경민
표지디자인 손정자

등록 1990년 12월 13일 제6-0429호
주소 경기도 파주시 회동길 337-15 보고사 2층
전화 031-955-9797(대표)
   02-922-5120~1(편집), 02-922-2246(영업)
팩스 02-922-6990
메일 kanapub3@naver.com/bogosabooks@naver.com
http://www.bogosabooks.co.kr

ISBN 979-11-5516-888-2 93380
ⓒ 김헌선, 2019

정가 28,000원